国家社科基金
后期资助项目

知识产权国际保护：
话语与秩序

INTERNATIONAL PROTECTION OF
INTELLECTUAL PROPERTY:
Discourse and Order

杨静 著

中国社会科学出版社

图书在版编目（CIP）数据

知识产权国际保护：话语与秩序／杨静著．—北京：中国社会科学出版社，2023.7

ISBN 978 – 7 – 5227 – 2459 – 1

Ⅰ.①知… Ⅱ.①杨… Ⅲ.①知识产权保护—研究—世界 Ⅳ.①D913.04

中国国家版本馆 CIP 数据核字（2023）第 155134 号

出 版 人	赵剑英
责任编辑	周　佳
责任校对	胡新芳
责任印制	王　超

出　　版	中国社会科学出版社
社　　址	北京鼓楼西大街甲 158 号
邮　　编	100720
网　　址	http://www.csspw.cn
发 行 部	010 – 84083685
门 市 部	010 – 84029450
经　　销	新华书店及其他书店
印　　刷	北京君升印刷有限公司
装　　订	廊坊市广阳区广增装订厂
版　　次	2023 年 7 月第 1 版
印　　次	2023 年 7 月第 1 次印刷
开　　本	710×1000　1/16
印　　张	13.75
字　　数	246 千字
定　　价	75.00 元

凡购买中国社会科学出版社图书，如有质量问题请与本社营销中心联系调换
电话：010 – 84083683
版权所有　侵权必究

国家社科基金后期资助项目
出 版 说 明

后期资助项目是国家社科基金设立的一类重要项目，旨在鼓励广大社科研究者潜心治学，支持基础研究多出优秀成果。它是经过严格评审，从接近完成的科研成果中遴选立项的。为扩大后期资助项目的影响，更好地推动学术发展，促进成果转化，全国哲学社会科学工作办公室按照"统一设计、统一标识、统一版式、形成系列"的总体要求，组织出版国家社科基金后期资助项目成果。

全国哲学社会科学工作办公室

序　一

改革开放以来，我国经济社会发展的水平日益提高，科学技术和文化创作日益进步，知识经济的特征日益凸显，知识产权制度对科技和经济发展的支撑作用日益加强。2020年党中央、国务院印发《知识产权强国建设纲要（2021—2035年）》，提出了"建设中国特色、世界水平的知识产权强国"的总体要求，对现在以及未来一个时期知识产权制度建设和事业进步作出了整体安排，是新时代知识产权强国建设的政策纲领和行动指南，中国知识产权事业自此又揭开了新的篇章。

中国知识产权制度的建构、知识产权事业的发展、知识产权强国的建设，离不开对知识产权人才的培养、知识产权教育水平的提高和知识产权学术研究的进步。为提高我国知识产权学术研究水平，培育优秀青年知识产权研究人才，中国法学会知识产权法研究会（后改为中南财经政法大学知识产权研究中心）与知识产权出版社自2008年开始，联合组织开展知识产权类优秀博士学位论文评选工作。该项工作以高层次、高质量的人才培养为目标，以提高知识产权学术水平为导向，以推动我国知识产权事业的发展为宗旨，以科学公正、注重创新、严格筛选、宁缺毋滥为原则，以选题新颖、研究创新、逻辑严密、表达规范为标准，每年评选出一批优秀博士学位论文。新书迭见，英才辈出，这一评选活动在总结和传播知识产权教育与学术成果、鼓励青年学人学习和研究、推动知识产权事业发展等方面发挥了作用、做出了贡献。

杨静博士的论文《知识产权国际保护的话语与秩序研究》在2016年度该奖项最后一次评选中获得第一名。该论文从话语角度对知识产权国际保护的法律秩序展开研究，提出了中国参与知识产权全球治理、推动知识产权国际秩序转型的话语策略，在研究视角、学术观点和研究方法等方面具有较强的创新和特色。《知识产权强国建设纲要（2021—2035年）》明确提出"深度参与全球知识产权治理"，更大力度加强知识产权保护国际合作是未来一个时期我国知识产权工作的重要内容，希望杨静博士以成果的出版为起点，坚持问题导向，深入研究，持之以恒，取得更多更好的学术成果。

中南财经政法大学教授、博士生导师
2022 年 10 月 16 日

序 二

前一段时间，我收到了杨静博士发来的根据其承担的国家社科基金后期资助项目完成的书稿《知识产权国际保护：话语与秩序》，以及为该书稿作序的邀请。翻阅书稿，杨静的求学之路历历在目。

杨静本科期间在华中科技大学攻读机电一体化专业，硕士研究生就读于华中科技大学经济法学专业，研究方向是知识产权，之后在工作岗位上成长起来。2011年我入职同济大学后，杨静希望报考我的博士研究生。2012年，杨静如愿进入同济大学在职攻读知识产权方向法学博士学位。她入学前，恰逢我作为首席专家申报国家社科基金重大招标项目"促进自主创新能力建设的国家知识产权政策体系研究"。于是，我请杨静专程从云南昆明至上海驻扎，负责申报书的撰写等具体事宜，她为该项目的中标立下了汗马功劳。在攻读博士学位期间，杨静辗转于上海与昆明两地，勤学好问、善于思考，笔耕不辍，在法学核心期刊等重要刊物发表多篇知识产权学术论文，并在其所就职的高校以优异表现顺利评上了教授职称。

杨静兼具理工科的严谨与较深厚的文字功底，研究思路清晰，学术视角敏锐。本书是她攻读博士学位期间的研究成果。作为指导教师，我见证了其博士学位论文《知识产权国际保护的话语与秩序研究》从文献阅读到选题捕捉、从观点立论到创作成稿、从初具雏形到荣获奖项的全过程。该论文选题新颖，分析严谨、深入，逻辑性强，对策部分回应国家现实需求，对于我国在知识产权全球治理中的话语策略选择，具有重要的参考价值。2008—2016年，中国法学会知识产权法研究会（后改为中南财经政法大学知识产权研究中心）与知识产权出版社曾连续9年联合评选全国知识产权类优秀博士学位论文，旨在提高我国知识产权学术研究水平，培育优秀知识产权研究人才。杨静的博士学位论文在2016年度该奖项最后一次评选中荣获第一名，为其博士生涯做了一个精彩的标记。博士毕业后，杨静持续在知识产权国际保护领域展开深入研究，以该篇博士学位论文为基础申报2020年度国家社科基金后期资助项目并成功立项，再次证明了这一成果突出的学术价值。

  欣闻本书即将在中国社会科学出版社付梓，相信杨静博士以此为里程碑，勤学不辍、建言立说，会取得更多、更好的学术成果，是为序。

同济大学教授、博士生导师
2022 年 6 月 18 日

前　言

当代知识产权国际保护秩序镶嵌在一个广泛的非对称结构的权力关系网络中。以《巴黎公约》《伯尔尼公约》及 TRIPS 协议等国际条约为基本准则，以世界贸易组织、世界知识产权组织等国际组织为协调机构，以西方中心主义范式、注重私权保护为基本特征，在此基础上形成的知识产权国际保护机制围绕功利主义和工具理性的内核，权利保护的单向度独白长期占据着主流话语位置并支配着机制的形成和演化。

本书基于话语视角对知识产权国际保护的法律秩序展开研究。话语研究有助于洞察话语背后的元叙事及话语意义的累积效应，审视借以维持知识产权全球垄断结构的工具和修辞，揭示为主流话语所遮蔽的知识产权国际机制的复杂样态，探索不同行为体话语介入背后的利益诉求和秩序主张。对知识产权秩序缘起的历史考察表明，知识产权保护秩序肇始于无形财产保护方式的话语论争，主流话语以其强大而隐蔽的解释力量规训着知识产权保护的秩序生成与演变。商人集团创设了"作者""发明人""消费者"等浪漫措辞，推进权力话语，并最终以立法的模式确立、固化了商人利益。此种模式成为全球知识产权生产与流通秩序的版本，其理念和架构一直延续至今。

话语既是权力结构的现实反映，又作为一种真实的拟制而成为知识产权复杂机制网络的介入力量，在塑造、影响制度身份与认同，促进机制的演进与重构方面起着能动作用。在西方主流话语支配下，当代知识产权国际保护秩序体现为以知识产权国际条约为核心，以多样化、碎片化的复边、区域、双边知识产权规范为复杂机制网络的国际法律秩序框架。这一规范体系确立的知识产权权力格局服从于强权者利益，规定了全球知识产品利益分配的模式，突出体现为维护发达国家、利益集团和权利人的利益，却在一定程度上排挤、忽略了公共利益的实现。凸显强权政治特点的当代知识产权国际保护秩序一直面临着来自对立主体话语的维系与加固、挑战与质疑，主导性话语和对抗性话语与知识产权保护相伴，为现代知识产权体系所忽略的系列社会关系和重要议题展开了持续论争。

当前，以中国为代表的新兴国家的崛起改变了全球治理中主要行为体的力量对比，改变着建造和维持知识产权国际秩序的权力结构。中美博弈是影响知识产权国际秩序变动的一组重要的权力关系，美国与中国都在寻求"进步"与"增长"的政治经济学中先后走上了强化知识产权保护的道路，但价值观不同导致的差异将在较长一个时期内造成两国知识产权的规则之争。中美两国围绕知识产权问题的话语争夺、利益博弈以及制度竞争与合作将对知识产权国际保护的结构叙事、规则塑造和秩序演化产生深远的影响。中国亟须采取积极的话语构造行动，推动更加公正、合理的知识产权国际秩序的形成，维护本国利益。这既是国家发展进程的行动逻辑，也是大国博弈与对抗的现实选择。

目　　录

第一章　导论 …………………………………………………………（1）
　第一节　研究背景与研究意义 …………………………………………（1）
　第二节　研究对象及其概念 ……………………………………………（6）
　第三节　研究现状述评 …………………………………………………（12）
　第四节　相关理论分析 …………………………………………………（24）
　第五节　结构安排与主要观点 …………………………………………（47）

**第二章　话语视角下的知识产权保护：秩序缘起与
　　　　　当代样态** ……………………………………………………（51）
　第一节　知识产权保护秩序之缘起：话语视角的考察 ………………（51）
　第二节　西方主流话语支配下的当代知识产权国际
　　　　　保护样态 ………………………………………………………（59）
　第三节　知识产权国际保护秩序演化中的话语之争 …………………（73）

第三章　话语与知识产权国际秩序：相互作用及实证分析 …………（79）
　第一节　话语对知识产权国际秩序的施动 ……………………………（79）
　第二节　知识产权国际秩序对话语建构的作为 ………………………（89）
　第三节　实证分析：话语视角下的 ACTA 立法进程 …………………（96）

**第四章　知识产权国际秩序变动：中国角色转换与
　　　　　中美话语政治** ………………………………………………（107）
　第一节　知识产权国际保护秩序的代际演进 …………………………（107）
　第二节　后 TRIPS 时代知识产权国际秩序的变革动力 ………………（112）
　第三节　知识产权国际秩序变动中的中国角色转换 …………………（118）
　第四节　中美经贸摩擦知识产权话语修辞与话语政治 ………………（123）

第五章　推动知识产权国际秩序转型的中国话语方略 ………… (128)
第一节　中国知识产权国际保护话语推进的制约因素 ………… (128)
第二节　中国知识产权国际保护话语建构的理论支持 ………… (150)
第三节　中国知识产权国际保护话语推进的立场、
原则与秩序主张 ……………………………………… (162)
第四节　中国知识产权国际保护话语推进的现实路径 ………… (171)
第五节　案例研究：《马拉喀什条约》缔结中的中国
话语策略 ……………………………………………… (185)

结　语 ……………………………………………………………… (192)

主要参考文献 ……………………………………………………… (193)

后　记 ……………………………………………………………… (207)

第一章 导论

当代知识产权国际保护秩序镶嵌在一个广泛的非对称结构的权力关系网络中,权利保护的单向度独白长期占据着主流话语位置并支配着机制的形成和演化。① 晚近经由双边/区域体制强势扩张的 TRIPS-plus 规则更加剧了现行机制下的利益失衡。知识产权国际保护秩序深刻影响着一国知识产权制度规范的建构和运行,约束着国家创新政策体系的合法边界与运作空间。知识产权国际保护机制为何呈现出现有的秩序并在很大程度上被视作当然?充斥着发达国家利益表达的话语是如何反映并支配知识产权国际保护秩序生成的?不同主体话语强势介入与利益诉求下的现行机制将何去何从?上述问题值得深入探讨。

第一节 研究背景与研究意义

一 研究背景

知识产权已经成为知识经济时代最重要的财产形态和生产要素,知识产权保护对全球财富的生产和分配产生了深远的影响;知识产权规则也已成为全球化中重要的国际治理规则,关涉政治、经济、文化、技术、健康等领域的国际公共事务。知识产权保护本身的极富争议性、社会科学研究的话语转向,以及知识产权国际秩序的当代转型,促成本书从话语视角对知识产权国际保护秩序展开研究。

(一)知识产权保护的话语论争

回顾知识产权制度的发展史,争议与论战从未止歇,大致可以分为四个阶段:第一次争论发生于 17 世纪末到 19 世纪,主要集中于四个问题,

---

① 杨静:《话语视角下的知识产权国际保护秩序:以 ACTA 立法进程为例》,《东方法学》2016 年第 1 期。

2　知识产权国际保护:话语与秩序

包括智力成果如何保护,应否享有产权? 知识产权保护的正当性何在? 知识产权是不是激励发明的最好方式? 是不是保护商业秘密的最佳途径? 上述争议波及面广,持续时间长,涉及法律、哲学和伦理等层面,为现代知识产权法律架构的形成奠定了思维基石和理论基础。第二次争论发生于20世纪50年代的美国,这一时期争论的主题是知识产权制度的角色及其对国家产业实力的影响,学者们着眼于创新、知识产权保护与经济发展之间的关系,分析技术创新、知识产权保护对经济发展和社会福利的影响,并就专利制度对经济发展的影响各执己见。知识产权保护的第三次争论发生于20世纪六七十年代,发展中国家广泛呼吁改造国际经济旧秩序、建立新秩序,知识产权对国际技术转让和科技合作的消极影响是这一时期争论较多的问题。第四次争论发生于20世纪90年代至今,聚焦TRIPS协议的签订及其实施所造成的影响,并延伸至与知识产权相关的诸多全球性问题,如知识产权保护对创新激励、公共健康、人权维护、贸易政策、技术转移、跨国投资的影响等。①

20世纪中后期以降,全球化和知识经济所带来的分配方式与控制力的变迁使知识产权成为国际舞台以及一国内部最具利益纷争与政治争议的命题,关于知识产权国际保护的争论愈加激烈。支持者提出,知识产权是促进技术发展和人类进步的加速器;批评者则认为,知识产权是"穷国的毒药,富国的粮食"。② 在知识产品生产者看来,知识产权带来人类福祉;教会组织、女权主义者和环境保护主义者则认为知识产权对人权保护形成威胁;跨国制药公司认为,专利保护激励新药的研发,发展中国家则批评知识产权保护阻碍贫困人群获取基本药品;发达国家媒体产业认为,版权保护促进了作品创作和文化进步,知识产品的消费者则质疑版权保护筑起了信息流动、知识传播的堤坝。从公共安全与公共健康的角度看,知识产权是一个社会问题;从国家之间利益博弈的视角看,知识产权既是一个经济问题,也是一个政治问题;从全球贸易与国家形象角度看,知识产权是一个外交问题;从人类、自然与技术之间的关系来看,知识产权又是一个伦理问题。鉴于知识产权议题背后紧张激烈的利益纷争和政治博弈,

---

① 熊洁:《知识产权保护的国际政治经济学:一项研究评估》,《世界经济与政治》2013年第2期。

② Commission on Intellectual Property Rights, *Integrating Intellectual Property Rights and Development Policy*, September 2002.

国际社会就此一直论争不断，①知识产权声名鹊起，是众多国际机制、国际会议的常设议题，各种磋商、决议、提案"言不离知识产权"。公共健康、环境保护、人权维护、气候变化、技术创新、文化教育、贸易竞争等领域的各种话语影响着国际与国内层面知识产权相关的立法与决策，参与主体复杂、利益取向多元，制度演化面临纷扰、复杂的环境。

如米歇尔·福柯（Michel Foucault）所述，某种概念的历史并不总是，也不全是观念完善、合理性增加、抽象化渐进的历史，而是概念多种多样的构成和有效范围的历史。②后TRIPS时代，知识产权传统概念经历了来自对立主体的维系与加固、挑战与质疑，知识产权国际保护机制也深深地处于一种复杂的映像与意义网络之中，只有通过多维度的研究和不同角度的透视，才能深刻把握知识产权国际保护机制的理性与谬误、正义与偏颇、力量与软弱、成效与局限，尽可能还原其"原生态"的复杂样态，启发行动者在繁复交错的利益格局当中，展开互动与对话，改善机制自身的结构条件与环境，促进机制的良性发展。③

（二）社会科学研究的话语转向

话语研究兴起于20世纪50年代。葛兰西（Antonio Gramsci）的领导权理论、哈贝马斯（Jürgen Habermas）的话语民主理论、鲍德里亚（Jean Baudrillard）的拟像理论以及罗兰·巴特（Roland Barthes）的泛符号化理论等学说为话语分析注入了理论元素。福柯关于"话语是权力"的著名论断，赋予话语权力和利益的功能，对相关领域的研究方法及思维模式产生了深刻的影响。20世纪90年代出现的批判话语分析提供了对隐藏在话语中的权力问题进行更为精细的经验分析的方法。④

话语分析表明，人类社会长期以来视为既定的、理所当然的某些社会问题实际上是一种经由话语进行社会建构的产物；社会问题及其治理机制均为可审视、可质疑和可批判的。以话语为视角的后现代思想对当代社会科学产生了深远的影响，话语在社会科学研究领域从工具的从属地位上升到本体研究地位，逐渐不再被视为衍生、从属的研究对象。之

---

① 杨静：《话语视角下的知识产权国际保护秩序：以ACTA立法进程为例》，《东方法学》2016年第1期。
② ［法］米歇尔·福柯：《知识考古学》，谢强、马月译，三联书店出版社2007年版，第3页。
③ 杨静：《话语视角下的知识产权国际保护秩序：以ACTA立法进程为例》，《东方法学》2016年第1期。
④ 杨静：《话语视角下的知识产权国际保护秩序：以ACTA立法进程为例》，《东方法学》2016年第1期。

后，社会学、国际关系、新闻传播、人类学、政治学等领域的学者纷纷将话语研究与自身学科进行交叉研究，并取得了丰硕的成果。① 自此，话语分析突破了语言学学科的向度，在其他领域得以展开，社会科学研究出现了话语转向，并呈现波澜壮阔之势。如英国著名批判话语分析学者诺曼·费尔克拉夫（Norman Fairclough）所述："传统上，其他社会科学缺乏对语言的兴趣，并倾向于把语言看作显而易见的东西，这些立场和态度正在发生变化，社会科学之间的界限正在淡化，社会科学出现了语言转向，把语言更多的看作社会现象中的一个作为中心的角色。"② 学界已经普遍认识到话语在社会问题研究方面重要的理论意义和方法价值。

（三）知识产权国际保护秩序转型

知识产权国际保护秩序有明显的代际差异性和权力依赖特征，权力政治是秩序演进中的核心变量。

随着知识产权观念的传承、转换以及权力政治的更迭，不同时期的知识产权国际保护秩序有明显的代际差异性，秩序的确立与变动深刻地反映着国际经贸往来的规则与逻辑，与权力话语的介入和知识经济所带来的分配方式与控制力的变迁密切关联。以《巴黎公约》《伯尔尼公约》《建立世界知识产权组织公约》以及 TRIPS 协议的签订为节点，知识产权国际保护秩序呈现不同的代际演进阶段，不同的阶段有着各异的秩序主导者和秩序关注点。

19世纪80年代，《巴黎公约》和《伯尔尼公约》缔结时期是知识产权国际秩序初创时期。解决知识产权的地域性保护与智力成果的跨国界流动之间的矛盾是这一时期构建统一的知识产权国际保护秩序的初衷。1967年"保护知识产权联合国际局"（BIRPI）的成员国在瑞典议定了《建立世界知识产权组织公约》，并以 BIRPI 为基础成立了世界知识产权组织（WIPO）。这一时期是知识产权国际秩序的推广时期，《巴黎公约》和

---

① 刘少杰：《社会学的语言学转向》，《社会学研究》1999年第4期；肖文明：《社会心理学的话语转向及其学术议题——评〈话语与社会心理学〉》，《社会学研究》2005年第6期；孙吉胜：《国际关系理论中的语言研究：回顾与展望》，《外交评论》2009年第1期；胡春阳：《传播的话语分析理论》，博士学位论文，复旦大学，2005年，第25页；吴宗杰、姜克银：《中国文化人类学的话语转向》，《浙江大学学报》（人文社会科学版）2009第5期；亓光：《政治话语分析的基础理论阐释：理论前提、问题域与实践性诠释》，《政治学研究》2020年第1期。

② [英]诺曼·费尔克拉夫：《话语与社会变迁》，殷晓蓉译，华夏出版社2003年版，第1页。

《伯尔尼公约》构建的知识产权国际保护秩序得到了推广、固化。20世纪七八十年代，利益集团开始深度介入知识产权国际保护秩序的权力中心，1994年乌拉圭回合贸易谈判最终达成TRIPS协议，建立起了全球化、一体化、高标准的知识产权国际保护秩序。

后TRIPS时代WTO提供了知识产权多边主义的合作平台，TRIPS协议统领着WTO成员与贸易有关的知识产权保护的最低标准，WTO完善的争端解决机制落实了TRIPS协议的执行，全球化、一体化、高标准的知识产权国际秩序得以确立，然而利益博弈从未止歇。发展中国家抗争、区域主义兴起、新兴力量崛起以及新技术革命等动力形成合力，促使TRIPS协议下一体化的知识产权国际保护机制发生裂变，离心倾向明显并向多极化发展。各方角力的结果使WTO对话平台逐渐丧失了吸引力。当前，知识产权国际秩序正处于转型发展的历史阶段，中国在新一轮知识产权国际秩序转型中的角色转换引人关注，中国应当采取何种话语策略推动知识产权国际秩序的合理演进值得研究。

二　研究意义

话语研究是揭示社会意识形态运作过程中"权力"和"控制"来源的有力工具。话语与秩序分析的维度为我们提供了深入观察知识产权国际机制的契机。

第一，话语研究方法的适用能够促成知识产权国际保护研究的视域拓展与路径延展。从知识产权的多元属性出发，从不同学科层面和不同的视角揭示知识产权的基本蕴意，保持知识产权研究中的问题导向及方法的开放性，当为题中应有之义。[①] 与物质力量的作用类似，话语同样造就了一种叙述结构，而且决定着国际体系的结构，塑造着对知识产权领域各种标签的公共理解。因为具有此种重要功能，话语研究能够开放出必要的理论研究和学术讨论的空间，为知识产权国际保护研究提供新的视角和素材。

第二，话语研究为我们提供了深入观察知识产权国际秩序的契机。在知识产权国际规范兴起、扩散和内化的生成过程中，话语发挥着重要作用。话语研究有助于洞察话语背后的元叙事及话语意义的累积效应，审视借以维持知识产权全球垄断结构的工具和修辞，揭示为主流话语所遮蔽的知识产权国际机制的复杂样态，探索不同行为体话语介入背后的利益诉求和秩序主张；同时，通过对话语与秩序之间建构性关系的阐释，有助于提

---

① 吴汉东：《知识产权的多元属性及研究范式》，《中国社会科学》2011年第5期。

供一种对现行话语机制及治理秩序进行全面审视与反思的思维和视角，提供一种对知识产权国际立法演变的合理解释。

第三，有助于开展知识产权自主话语的相关研究。中国国力上升的历史性时期，推进全球治理中的中国话语成为学界关注的热点问题，知识产权是其中的重要领域。长期以来，西方功利主义理念和话语操控、支配知识产权国际保护秩序，权利保护的单向度独白占据着主流话语位置。囿于理念背景有异、学术立场不同及样本选择的局限，国外知识产权话语研究的相关成果只具有参考借鉴意义。发展中国家开展独立研究和针对性研究，发展自主话语，争取话语权，向不合理的话语霸权发起冲击，发出自己的声音十分必要。

第四，知识产权国际保护机制的建制和改制是权力如何决定话语方向的最好诠释。代表一定社会现实的话语以一种特定的方式向既定主题提供了具体的观点，同时对既定主题的其他属性或功能有组织地、系统性地保持沉默。话语既是权力结构的现实反映，又作为一种真实的拟制而成为知识产权复杂机制网络的介入力量，在塑造、影响制度身份与认同，促进机制的演进与重构方面起着能动作用。[①] 知识产权话语秩序研究能够验证、丰富和深化相关话语权力理论，话语理论研究能够通过对知识产权国际保护机制的探微寻找灵感与突破。

第二节 研究对象及其概念

本书所涉及的研究对象主要有两个：知识产权话语与知识产权国际保护秩序，后文分别对两者的概念内涵加以描述。概念内涵是概念所反映的事物的本质属性（或特有属性），是从质的方面对研究对象概念的归结。

一 知识产权话语的概念与内涵

（一）话语与知识产权话语

不同学科领域、思想流派对话语（discourse）的理解和界定差异很大，各种话语研究实际上有不同的哲学立场、理论预设与研究方法。诺曼·费尔克拉夫提出，"话语是一个棘手的概念，这在很大程度上是因为

[①] 杨静：《话语视角下的知识产权国际保护秩序：以 ACTA 立法进程为例》，《东方法学》2016 年第 1 期。

存在如此之多的相互冲突和重叠的定义，它们来自各种理论的和学科的立场"。① 在研究葛兰西、阿尔都塞（Louis Althusser）、福柯、哈贝马斯和吉登斯（Anthony Giddens）相关成果的基础上，费尔克拉夫对话语做了明确的、常被作为权威论述而引证的界定，认为话语是对主题或者目标的谈论方式，包括口语、文字以及其他的表述方式。话语的复杂性在于，除了表面所呈现的具体形式外，还有底层结构的存在。任何话语都有两个构成要件：一是表面的具体呈现，即文本；二是社会关系。在不同话语的竞争中，文本自身的真实性、正确性、可信度、立论理由的充分度等要素影响着话语的竞争力，但更为关键的则是话语所处的社会关系网络、话语宣称主体的权力地位以及所占据的资源状况等底层结构的影响。②

在语言学领域，话语是指表达某种思想或含义的，书面或口头的沟通方式。福柯从社会学角度诠释话语概念，认为话语涉及用来建构知识领域和社会实践领域的不同方式，建构了知识体系和社会实践。③ 话语不能被看作单纯的文献，而是一种档案或纪念物。话语结合声音活动（演说和对话）与符号活动（书写和商谈），既有语言意义，也有非语言意义，是"言语""语言""看""说""陈述""撰写或书写""商讨"等行为、活动有机结合的复杂体系。④ 福柯社会学色彩的话语分析强调话语的建构作用，认为话语既是社会实体与关系的反映和描述，又建造、生产社会实体与关系；话语建造社会实体，并将人们置于社会主体的地位。因此，话语不仅被视为现实的镜子和表述的工具，更是一种具备"行事"（performance）能力的社会实践。⑤ 区别于语言学意义上的微观话语（micro discourse），福柯意义上的话语是更抽象的话语，被称之为宏观话语（maro dicourse）。不仅指话语本身、话语的对象，而且包括话语的方式。话语既是权力的体现和工具，又是权力的结果，也因此成为权力的核心。不同的话语相互竞争，都想在社会中处于优势地位，一种话语的主导地位必然反

---

① ［英］诺曼·费尔克拉夫：《话语与社会变迁》，殷晓蓉译，华夏出版社2003年版，第1页。
② 林永波、王崇斌：《政策论述与政策变迁的关联性——批判取向的分析》，《台湾政治学刊》1998年第3期。
③ 王治河：《福柯》，湖南教育出版社1999年版，第159页。
④ 郑华：《话语分析与国际关系研究》，《现代国际关系》2005年第4期。
⑤ 张谊浩、裴平、方先明：《国际金融话语权及中国方略》，《世界政治与经济》2012年第1期。

映了该社会的权力结构。① 在福柯的影响下，学者们开始注重在话语分析的基础上解读社会科学研究的对象，以话语来指称各种构造知识领域、社会实体与社会关系的方式，并关注不同的话语如何在各异的社会条件下结合起来，以建造一种新的、复杂的话语。自此，在实践维度之外，话语还具有了历史的维度。

在语言学中，话语体现为以交谈、对话、叙事、论证为外在表现形式的书面及口头的诸多沟通方式。在社会学视角下，话语具有"行事"能力，是权力的体现、工具、结果和核心。随着后现代理论的兴起，话语的批判维度日益凸显，与实践、权力、意识形态相关联，旨在颠覆西方现代性所承诺的一系列宏大叙事，如真理、自由、人权、权利、法治等。现代社会科学所赋予的新含义使得"话语"一词成为认识、分析与批判社会现实的重要工具，成为发展中国家反抗西方话语霸权的有力武器。② 上述关于话语概念的诠释给予我们诸多启示，作为分析工具的话语兼具批判性功能与建设性功能，对通过话语分析认识知识产权保护的本质和规律有着重要的启示意义。

经由前文对"话语"一词的不同解释的考察，本书将知识产权话语界定为，有关认知和应对知识产权问题及其相关事务的主流信念、核心价值、共识或通则，以及为促成它们所经历的文本表征、沟通讨论、意义争夺过程；其系统地建构了主体及其所言说的对智力成果进行私权保护的世界，并对这一世界进行支配，旨在使之合法化。知识产权话语可以从宏观以及微观层面进行分析，宏观层面是指福柯意义上的关于一整套由权力体现、支配并建构、生产权力的有关知识产权规则和实践的话语，微观层面则是指在法律语境下实际发生的有关知识产权的日常话语的内容和结构方面。前者是社会学意义上的，后者是语言学意义上的。本书主要从社会学意义上、宏观层面对知识产权国际保护领域的话语展开研究分析。

（二）知识产权话语的内涵

（1）知识产权话语是看待知识产权问题或事务的一种共享方式，旨在通过信息解释，将信息联结成连贯的情节或阐释，建立意义和关系，借助一定的信息架构策略和话语修辞策略内化于不同行为体对知识产权问题的认知过程当中，建构一种集体性的认同力量，定义、解释并制约人们应

---

① ［美］约翰·M. 康利、［美］威廉·M. 欧巴尔：《法律、语言与权力》，程朝阳译，法律出版社2007年版，第8页。
② 朱振：《中国特色社会主义法治话语体系的自觉建构》，《法制与社会发展》2013年第1期。

对知识产权议题的思维方式,从而制造关于知识产权问题和事务的常识性的价值观念和话语关系。

(2)知识产权话语与政治权力、知识产品利益实现密切关联。话语是权力的标志,在信息化、全球化时代,知识产权话语不仅是物质性的政治权力现实的映射,也与知识产品利益的驱使密切关联。在表现为认可或禁止、支持或阻碍、肯定或否定以及鼓励或压制的政治权力作用下,通过知识产权话语的推进,促使某些利益得到象征权力的资源分配与制度支持,而另外一些利益则遭到限制。

(3)知识产权话语镶嵌于复杂情境之中。一方面,全球化与风险社会中的各种焦点议题,如公共健康危机、环境保护、食品安全等问题情境不断引发与之相关的、持续的知识产权话语关注;另一方面,知识产权话语作为一种历史事件和言语行动,也在特定时空内的政治、经济、文化情境中生产、传播、演化和发挥影响。情境引发知识产权话语,对知识产权话语的分析也应置于各种话语情境要素中,如"文化、参与者、参与者之间的关系、场景、渠道、对文本的态度、目的以及主题"① 等方面加以考量。

二 知识产权国际保护秩序的概念与内涵

(一)秩序与国际秩序

作为一个复杂的概念,秩序在不同的社会理论中有多种解释。安东尼·吉登斯认为,"秩序是植根于传统的一种正在运行的社会实践,并且反映实践中人们的普遍认识;秩序是通过知识丰富的行动者持续的参与其中,并对已经证明是切实可行的因素进行更新而被创造和再造的"。福柯把秩序界定为"将它自己强加于任何社会实践之上的一种权力结构;秩序由任何话语中所固有的权力创造和再造出来"。哈贝马斯把秩序理解为"一种主体间所共享的一系列有意义的、有效的和有约束力的规范;秩序由生活世界的共同体日复一日地创造和再造出来,并通过合理的对话加以改变"。② 也有学者从控制性和可预期的角度,将秩序界定为"一个社会系统内的可预测性(可预见性)的程度,而这种可预测性通常是因为在一个社会系统内部,行为体的行为、社会交往以及社会结果均受到了一定

---

① Moira Chimombo, Robert L. Roseberry, *The Power of Discourse: An Introduction to Discourse Analysis*, New York: Routledge, 1998, p. xi.

② [德]沃尔克玛·金斯纳、[意]戴维·奈尔肯编:《欧洲法律之路——欧洲法律社会学视角》,高鸿钧等译,清华大学出版社2010年版,第175页。

的调控"。① 从话语分析的角度看，一种秩序的形成，标志着某种话语主导地位及其所代表的利益分配模式的建立。而合法性和正当性决定了秩序的建立以及稳定，也即支撑秩序的价值和原则能否被相对方认同，以及制度安排是否反映了成员的利益。法学意义上的秩序是法律规制下的秩序。

国际秩序是在等级制的权力格局基础上形成的、参与国际活动的主体所遵循的规则，保障这些规则实施所需要的机制，以及这些规则和机制所决定的国际行为主体之间的关系。② 国际秩序的面相是国际社会行为体（包括主权国家、国家联盟和国际组织）为了一定的目标，按照一定的原则、规范，采取措施所建立或维系的国际政治经济运行的机制和整体态势。国际秩序包含反映国际法规范的基本要求的主观方面的内容（主体如何行事），也包含反映国际关系的实际运行情况的客观方面的内容（国家的实力和利益起作用）。③ 作为制度化的利益分配模式和权力政治的延伸，④ 国际秩序可以细分成多个领域，包括国际政治秩序、国际经济秩序、国际环境秩序、国际法律秩序等。其中，接受国际法制约与调整的是国际法律秩序。

本书多次提及国际秩序、国际法与国际机制等术语，三者之间有密切的关联。

各国对彼此相互关系中有限的稳定性和可预见性有着共同的强烈要求，此种要求导致了国际法的形成。⑤ 国际法引领、建立、支撑和维护国际秩序，为之提供得到普遍认可的法律原则。法律最基本的功能就是建立法治秩序，由支撑秩序的法律制度规定当事人的权利与义务、行动方式，并判定是非曲直。国际法律秩序以国际法律制度为框架，通过法律制度的构建来促使整个国际社会的稳定运转，国际法律秩序是国际法律制度实行和实现的效果。国际法是国际秩序的基本支撑和保障，原因在于：构造方面，国际秩序是国际法的作用常态；预期方面，违背国际法的行为须承担对己不利的后果；实践层面，促进国际法规则的制定和变更是国家影响国

---

① 唐世平：《国际秩序变迁与中国的选项》，《中国社会科学》2019年第3期。
② 王赓武等：《国际秩序的构建：历史、现在和未来》，《外交评论》（外交学院学报）2015年第6期。
③ 阮建平：《话语权与国际秩序的建构》，《现代国际关系》2003年第5期。
④ 杨泽伟：《国际秩序与国家主权关系探析》，《法律科学》（西北政法学院学报）2004年第6期。
⑤ [美] 熊玠：《无政府状态与世界秩序》，余逊达、张铁军译，浙江人民出版社2001年版，第10页。

际秩序的基本手段。①

国际机制与国际法之间的联系非常紧密。机制是一组相对稳定的、建构身份与利益的"结构"（structure），这种结构包括将正式的规则和规范法典化后的国际法。② 20 世纪 70 年代的政治经济学分析导出了国际机制的概念，80 年代以后国际机制的理论研究获得了长足发展。例如，霍夫曼（Stanley Hoffmann）指出，国际机制的概念反映了国际关系学领域的新自由主义思潮，旨在把国际体系发展为全球机制，透明度、可靠性、责任性、一致性、非武力等是其基本要素。③ 有学者提出，国际机制与国际法实际上是非常相近的概念，国际机制只是国际法的代名词。从逻辑上讲，无论国际机制概念的范围有多广，国际法始终是协调国际间关系的原则、准则、规则和决策程序的国际机制的核心，国际法的运作就是一种典型的国际机制。④

综上，国际法与国际机制有相同的含义，是国际秩序的支撑和保障、框架和体现，均有维持国际秩序与促进国际合作的效能。由于国际秩序的抽象性，其依托具化的国际法和国际机制来实现秩序稳定和发展的价值追求。因此，本书在分析话语对秩序的影响，以及二者之间的相互作用时，常以具象的国际法或国际机制指代抽象的国际秩序。

（二）知识产权国际秩序

本书认为，知识产权国际秩序是知识产权国际保护的基本法律秩序，是以《巴黎公约》《伯尔尼公约》及 TRIPS 协议等多边国际条约为基本准则，以世界贸易组织、世界知识产权组织等政府间国际组织为协调机构，由上述规则和机制决定的参与知识产权国际活动的主体之间的关系。国际秩序以利益、规范和稳定为基本要素，⑤ 接下来从利益、规范和稳定三个方面分析知识产权国际秩序的内涵。

（1）利益方面。秩序关乎各参与者的利益安排，又与全球秩序的政治权力和经济权力相关联。知识产权国际保护秩序映射非对称结构的权力关系网络，确立了全球知识产品利益分配的模式，突出体现为维护发达国

---

① 车丕照：《国际秩序的国际法支撑》，《清华法学》2009 年第 1 期。
② 刘志云：《国际法研究的建构主义路径》，《厦门大学学报》（哲学社会科学版）2009 年第 4 期。
③ 刘志云：《国际机制理论与国际法的发展》，《现代国际关系》2004 年第 10 期。
④ 刘志云：《国际机制理论与国际法学的互动：从概念辨析到跨学科合作》，《法学论坛》2010 年第 2 期。
⑤ 阮建平：《话语权与国际秩序的建构》，《现代国际关系》2003 年第 5 期。

家、知识产权利益集团和权利人的利益,并使此种利益分配模式制度化和法律化,对国际财富转移产生了深远的影响。

(2)规范方面。规范是对某个给定认同所应该采取的适当行为的集体期望。规范规定了行为体的认同,构成秩序的核心内容。当代知识产权国际保护秩序体现为以多边知识产权国际条约为核心,多样化、碎片化的复边/区域/双边知识产权规范为复杂机制网络的国际法律秩序框架。这一规范体系建构了服从强权者利益的知识产权保护权力格局,规定了国际贸易、技术转移的既定秩序和合理预期。

(3)稳定方面。稳定既是秩序的外在表现,也是秩序建构体追求的内在价值目标。秩序的稳定标志着原则规范的普遍遵从以及机制的平稳运行。当代知识产权国际保护秩序以《巴黎公约》《伯尔尼公约》及TRIPS协议等多边国际条约为基本准则,以WTO、WIPO等政府间国际组织为协调机构,建起了有效的法律协调机制,维持着相对的稳定性。由于东西方阵营之间深刻的利益差异,凸显强权政治特点的此种秩序一直面临着正当性质疑,知识产权建制与改制中的博弈与对抗形成了始终存在的挑战现行秩序的潜在力量。

第三节 研究现状述评

一 知识产权国际保护研究

如英国法官罗宾·雅各布(Robin Jacob)所述,"随着时间的推移,至少就知识产权而言,民族国家时期已然过去"。[1] 国际化是知识产权制度的重要特征,知识产权"法律拟制"的地域性和知识产品跨界流动的传递性、扩散性和可复制性之间存在内在的紧张关系,实现非物质性知识产品的跨国界保护是知识产权制度承载的重要使命,但全球化背景下的知识产权制度趋同也侵蚀和限制了国家行为体政策制定的主权。因此,知识产权的国际保护一直是国内外学界研究的热点问题。

(一)国外学者代表性观点

国外学者从立法动力、基本架构、制度变革、价值取向、体制转换、发展趋势等多个角度对知识产权国际保护制度展开了积极和深入的探索,

---

[1] Robin Jacob, "International Intellectual Property Litigation in the Next Millennium", *Case Western Reserve Journal of International Law*, Vol. 32, No. 3, 2000, p. 516.

部分学者的代表性观点因其理论感召力、现实说服力和思想牵引力而得到广泛认同。就知识产权国际保护制度的建构、发展、演变而言，海尔弗（Laurence R. Helfer）提出知识产权国际保护立法体制转换的论断，认为 TRIPS 协议生效以来知识产权国际立法的发展是体制转换的结果，[①] 该文献已被引用了 1100 多次。郑泰恒（Tai-Heng Cheng）提出，权力在知识产权国际规范发展方面起着重要的作用，各种行为体都试图通过适用权力和引导法律与规范来追求自身利益，应对其他行为体的行动；知识产权国际制度是权力、规范和结果迭代、进化、互动的过程。[②] 丁伍德（Graeme B. Dinwoodie）将动力学方法运用于分析 TRIPS 协议对国内知识产权立法的影响，揭示了现行知识产权立法运行中复杂的、相互影响的动力。[③] 余家明（Peter K. Yu）认为知识产权国际保护制度正处于十字路口并朝着一个未知领域发展，新兴发展中国家向知识产权受益国的切换将对知识产权制度的未来发展产生重大影响。[④]

20 世纪 90 年代，除了法学和经济学专家，一些国际关系学的西方学者也开始进行知识产权研究，如塞尔（Susan K. Sell）、达沃豪斯（Peter Drahos）等学者纷纷加入识产权研究行列，他们超越传统的历史、经济、法律等研究方法，尝试着从国际关系的角度，采用国际政治经济学的分析框架研究知识产权国际保护问题，重点关注知识产权制度对国际政治结构过程的影响以及国际政治的结构过程对知识产权制度的反作用，包括技术创新和跨国转移与全球层面、地区层面和国内政治结构与过程之间的相互影响。[⑤] 他们均认为跨国公司以及知识产权利益集团是知识产权全球治理的主角，通过主导多边国际规则寻求自身利益最大化，并利用西方政府、外交官员以及商业和法律渠道，实施各类赞助、游说、诉讼、施压和扩张

[①] Laurence R. Helfer, "Regime Shifting: The TRIPs Agreement and New Dynamics of International Intellectual Property Lawmaking", *The Yale Journal of International Law*, Vol. 29, No. 13, January 2004, pp. 1 – 83.

[②] Tai-Heng Cheng, "Power, Norms, and International Intellectual Property Law", *Michigan Journal of International Law*, Vol. 28, No. 1, Fall 2006, pp. 109 – 155.

[③] Graeme B. Dinwoodie, "Copyright Lawmaking Authority: An Inter Nationalist Perspective on the Treaty Clause", *Columbia Journal of Law and the Arts*, Vol. 30, No. 1, January 2007, pp. 355 – 395.

[④] Peter K. Yu, "The Global Intellectual Property Order and Its Undetermined Future", *The WIPO Journal*, No. 1, 2009, p. 1.

[⑤] 熊洁：《知识产权保护的国际政治经济学：一项研究评估》，《世界经济与政治》2013 年第 2 期。

活动。① 这些学者的经典论断推动了知识产权国际保护研究的深入化、多元化和规范化。

(二) 中国学者的相关研究成果

知识产权国际保护也是国内学界研究的热点问题。20 世纪 90 年代以来，国内学者对知识产权国际保护的制度特征与功用、制度变革与缺失、制度创新与趋势展开了大量的引介和研究工作，取得了较为丰富的成果。通过 CNKI 检索，截至 2022 年 12 月 30 日，以"知识产权国际保护"为主题的中文文献资料一共有 2615 篇。其中，博士/硕士学位论文有 653 篇，期刊文献有 1646 篇。

1. 知识产权国际保护制度、规则与秩序研究

国内学者对知识产权国际保护制度的研究经历了从引介阐释到创新研讨的发展历程。20 世纪 80 年代初期中国知识产权制度尚未建立，知识产权学术研究处于幼年时期，理论分析相对肤浅，学习借鉴他国制度是当时的主要任务。郑成思先生即因译而研，提出诸多有关知识产权的重要学术观点，在国际上首次提出"信息产权"理论，得到美国、日本、俄罗斯等国家知识产权界的重视推崇和专文推介。《工业产权国际公约概论》(1985 年) 是中国知识产权国际保护研究领域填补空白之作。

继郑成思先生开先河后，知识产权研究逐渐在中国兴起，并成为法学研究的新兴领域。站在发展中国家以及技术后发国家的立场与视角，以及批判性吸收逻辑的自然延伸，国内学者在引介阐释知识产权国际保护制度的同时，也对其存在的诸多问题进行了分析，如知识产权保护与基本人权保障的冲突。吴汉东提出，知识产权国际保护制度是当代国际经济、文化、科技贸易领域的一种法律秩序，TRIPS 协议作为知识产权国际保护的主要法律制度，在其推行过程中显见不足，其主要表现为知识产权与其他基本人权（包括精神权利、表现自由、隐私权、健康权、发展权等）的冲突；此外，TRIPS 协议与传统知识、遗传资源、地理标志保护问题的争议，导致国际知识产权领域新的利益格局的形成，引发了知识产权国际保护制度的变革与发展。②

学者们普遍认为现行知识产权国际规则具有"强保护"特征。邵则

---

① Peter Drahos, "Global Property Rights in Information: The Story of TRIPS at the GATT", *Prometheus*, Vol. 13, No. 1, June 1995, pp. 6-19; Susan K. Sell, *Private Power, Public Law: The Globalization of Intellectual Property Rights*, Cambridge: Cambridge University Press, 2003, p. 1.

② 吴汉东:《知识产权国际保护制度的变革与发展》,《法学研究》2005 年第 3 期。

宪认为全球知识治理危机四伏，"因为智力成果，所以拥有财产权"此种一元、强势的思维方式导致其规则之谬，并从中华传统文化参与全球知识治理的角度提出了有新意的见解和主张。[1] 何华提出"协调—规范—制裁"的国际知识产权规则体系演化路径，彰显出发达国家在知识产权治理上的"一元论"特征，即实现权力导向的知识产权强保护，这种知识产权治理体系与教育、公共健康、环境危机、气候变暖、生物多样性、粮食安全、可持续创新等人类发展重大议题产生了深刻的冲突。[2]

现有研究还对知识产权国际保护秩序的非价值中立、利益失衡等问题进行了分析，但就其成因有不同的解读。熊琦和王太平认为，私人集团对知识产权国际保护立法的推动，造成知识产权国际规则的非价值中立。[3] 古祖雪认为，TRIPS 协议是发达国家的秩序主张，忽视了发展中国家的正义要求和利益关切。[4] 杨健提出，知识产权的私权特性与垄断本质是知识产权国际立法的不公正性的诱因。[5] 李春锋则认为，由于 WIPO 和 TRIPS 的宗旨和运作机制不一致，在平衡南北利益时存在价值冲突，导致发展中国家利益受损在所难免。[6] 宋涛提出，现有国际知识产权保护体系充满不公正的等级权力关系并渗透到全世界，形成再殖民的浪潮。[7]

2. 知识产权国际保护趋势研究

国内学者聚焦于不断扩张的知识产权私权保护，相关研究成果内容丰富，在国际知识产权呈现强保护趋势方面认识较为统一。张建邦认为，"TRIPS-plus"是发达国家推行国际知识产权保护高标准的一种新形式，主要存在于发达国家与发展中国家或者最不发达国家签订的 FTA 中，包括扩大知识产权保护的客体，改变知识产权的保护期限，强化知识产权的保护措施以及限制使用强制许可以及平行进口。这些标准严重"超标"

---

[1] 邵则宪：《昭隆传统之大美：中国文化如何成为全球治理的建构者》，清华大学出版社 2019 年版，第 33 页。

[2] 何华：《知识产权全球治理体系的功能危机与变革创新——基于知识产权国际规则体系的考察》，《政法论坛》2020 年第 3 期。

[3] 熊琦、王太平：《知识产权国际保护立法中私人集团的作用》，《法学》2008 年第 3 期。

[4] 古祖雪：《从体制转换到体制协调：TRIPS 的矫正之路——以发展中国家的视角》，《法学家》2012 年第 1 期。

[5] 杨健：《知识产权国际保护制度：困境分析与正当性价值之追问》，《学术交流》2011 年第 12 期。

[6] 李春锋：《知识产权国际保护 WIPO 体系与 TRIPS 体系的价值冲突与协调——以平衡发展中国家与发达国家的利益为视角》，《知识产权法研究》2011 年第 1 辑。

[7] 宋涛：《再殖民化与抵抗政治——国际知识产权保护的后现代性剧场》，《科技与法律》2011 第 2 期。

且具有"捆绑销售"的性质,对发展中国家优先发展目标的实现和公共利益的维护具有潜在的阻滞作用。① 华劼认为,TRIPS 协议的诞生将知识产权保护引向高标准、高水平、高效率的国际化保护阶段,并讨论了知识产权国际保护扩张趋势的具体表现。② 张惠彬提出,《反假冒贸易协定》代表发达国家推高知识产权国际保护标准的动向和趋势,中国需要警惕其引发的棘轮效应,积极应对发达国家发动的知识产权攻势。③ 陈福利以《跨太平洋伙伴关系协定》知识产权主要内容为考察对象,分析了知识产权国际强保护的最新发展。④ 徐元从霸权稳定理论以及国际公共物品的供给出发,认为美国在全球推行知识产权强保护是其减少国际公共物品的供给、延缓自身霸权衰落的一种政策反应。⑤ 杨健提出,知识产权领域无法脱离经济全球化大环境与大背景,无法回避"TRIPS-plus"不可逆的发展趋势。⑥

学界普遍认同知识产权国际保护标准正在不断提升,形成只进不退的"棘轮效应",如杨静等的研究。⑦ 也有学者对此持不同意见,如张伟君认为,双边或区域性自由贸易或投资协定中的 TRIPS-plus 条款会自动向其他非协定成员扩散的所谓"棘轮效应",缺乏事实和法理依据。⑧ 总体而言,新的高标准知识产权规则会随着协定数量的增加逐步转化为更具普遍约束力的多边条约规则,学界对此并无分歧。

---

① 张建邦:《"TRIPS-递增"协定:类型化与特征分析(下)——基于后 TRIPS 时代知识产权国际保护制度发展趋势的一种考察》,《世界贸易组织动态与研究》2008 年第 6 期。
② 华劼:《知识产权国际保护制度的扩张对发展中国家利益的影响》,《重庆交通大学学报》(社会科学版)2009 年第 2 期。
③ 张惠彬:《后 TRIPS 时代国际知识产权保护新趋势——以〈反假冒贸易协定〉为考察中心》,《国际商务》(对外经济贸易大学学报)2013 年第 6 期。
④ 陈福利:《知识产权国际强保护的最新发展——〈跨太平洋伙伴关系协定〉知识产权主要内容及几点思考》,《知识产权》2011 年第 6 期。
⑤ 徐元:《美国知识产权强保护政策的国际政治经济学分析——基于霸权稳定论的视角》,《宏观经济研究》2014 年第 4 期。
⑥ 杨健:《中美贸易战视阈下知识产权保护"超 TRIPS 标准"发展趋势探究》,《北方法学》2019 年第 6 期。
⑦ 杨静:《美国自由贸易协定中 TRIPS-plus 规则的立法动力分析》,《知识产权》2011 年第 7 期;廖丽:《后 TRIPS 时期国际知识产权执法新动向》,《暨南学报》2014 年第 9 期;冒婷婷、吕苏榆:《美国知识产权保护规则的新一轮变迁——以〈双边投资协定〉为拓展的保护手段》,《科技管理研究》2016 年第 8 期。
⑧ 张伟君:《TPP 等区域贸易协定中 TRIPs Plus 条款对 WTO 成员的影响》,《东方法学》2016 年第 1 期。

3. 中国参与知识产权全球治理研究

由于知识产权国际保护不断扩张的基本共识，中国的应对之策成为国内学界研究知识产权国际保护的"终极"关怀点之一。对于此论题，学界经历了从研究"如何妥善应对"到分析"如何积极进取"的转换历程。

中国是发展中国家和技术后发国家，如何妥善应对知识产权国际保护不断提升的标准和不断强化的趋势，是较长一个时期国内知识产权学者关注的热点问题。学者们提出了诸如"恰当解释现有规则";[1]"维持原则、设置例外、稳定整体、修订局部修改TRIPS，取得制定国际规则的平等话语权";[2]"区别对待设置必要的例外制度";[3]"理性选择知识产权条款，建立形式稳定、内容明确的自由贸易协定知识产权范本";[4]"开展科技和产业创新，完善知识产权制度，吸取他国的经验与教训"[5] 等对策建议。

随着国家实力的持续增长，中国参与国际事务和全球治理的意愿不断提高，能力不断提升。高柏提出，"中国在对外开放领域已到了需要超越'发展中国家心态'的时候，理应在规则、管理体制、产业标准等方面，打造一个有利于自由贸易的环境"。[6] 类似的观点一段时间以来已经成为一种言说主题与思想取向，对知识产权领域也有启示、总结意义。针对中国对知识产权国际保护的参与，学界的研究已经逐步从被动的"应对策略"研究转为主动的"积极参与"研讨。

现有研究成果多倡导中国应当积极、主动参与知识产权全球治理，并从参与的路径、模式、话语权等角度进行分析。杜颖认为，后TRIPS时代知识产权国际保护制度的多极化倾向，对中国而言既是挑战也是机遇，中国对内应当加强自主创新和知识产权保护，完善知识产权制度；对外应当积极开展包括知识产权内容的自由贸易谈判，拟定并推行适应本国国情的知识产权条款范本。[7] 董涛提出，中国应当通过有效的知识产权外交活

---

[1] 刘亚军、张念念：《知识产权国际保护标准的解读与启示——以利益平衡为视角》，《吉林大学社会科学学报》2006年第4期。

[2] 古祖雪：《从体制转换到体制协调：TRIPS的矫正之路——以发展中国家的视角》，《法学家》2012年第1期。

[3] 张建邦：《国际投资条约知识产权保护制度的现代转型研究》，《中国法学》2013年第4期。

[4] 杨静、朱雪忠：《中国自由贸易协定知识产权范本建设研究——以应对TRIPS-plus扩张为视角》，《现代法学》2013年第2期。

[5] 刘银良：《国际知识产权政治问题研究》，知识产权出版社2014年版。

[6] 高柏：《对等开放：中国迈向发达国家的必由之路》，《文化纵横》2021年第1期。

[7] 杜颖：《知识产权国际保护制度的新发展及中国路径选择》，《法学家》2016年第3期。

动参与并重塑全球知识产权治理。① 徐红菊提出,构建蕴含中国理念的知识产权国际秩序的三种径路,包括利用国际组织平台、缔结地区合作协定以及发挥 WTO 争端解决机制解释功能等。② 刘劭君认为,中国需要积极维护知识产权多边体制,不断提升国际话语实力,并有效推进"一带一路"建设,强化知识产权核心竞争力。③ 万勇提出,中国应努力实现由知识产权全球治理的规则内化型参与到规则外溢型参与,在充分考虑外部世界舒适度的前提下参与知识产权全球治理,推动全球治理体系的逐步转型。④ 易继明和初萌认为,中国应将知识产权国际保护提升到战略高度,向知识产权强国迈进,提升国际话语权。⑤

2018 年以来,中美经贸摩擦中的知识产权问题引发国内学界广泛关注。王守文和宋林洁认为,中美经贸摩擦并非简单的贸易之争,而是以知识产权为核心的科技实力竞争,中国应当构建异质且均衡的知识产权保护体系以达到共同发展的目的。⑥ 易继明和李春晖提出,知识产权问题是中美经贸摩擦的抓手,内外合力,变革恰逢其时,中国应进一步完善知识产权及科技法律体系;推进知识产权综合管理改革,树立负责任的知识产权创造和保护强国的形象;调整科技法律政策的导向和重心,从"追赶型"切换到"创新型"。⑦ 李玲娟、温珂从提升国家知识产权全球治理水平以及政府海外知识产权公共服务能力,建立区域性知识产权合作组织等方面提出了建议。⑧

总而言之,随着全球化的深入,知识产权已经成为知识经济时代最重要的财产形态和生产要素,深刻影响着财富在全球的生产和分配以及国家

---

① 董涛:《全球知识产权治理结构演进与变迁——后 TRIPs 时代国际知识产权格局的发展》,《中国软科学》2017 年第 12 期。
② 徐红菊:《知识产权国际秩序构建的中国理念与路径》,《宏观经济研究》2017 年第 4 期。
③ 刘劭君:《知识产权国际规则的内在逻辑、发展趋势与中国应对》,《河北法学》2019 年第 4 期。
④ 万勇:《知识产权全球治理体系改革的中国方案》,《知识产权》2020 年第 2 期。
⑤ 易继明、初萌:《后 TRIPS 时代知识产权国际保护的新发展及我国的应对》,《知识产权》2020 年第 2 期。
⑥ 王守文、宋林洁:《中美贸易战背景下知识产权异质均衡保护研究》,《知识产权》2018 年第 11 期。
⑦ 易继明、李春晖:《我国知识产权制度及科技法律政策之新节点——评 2017 美对华 301 调查报告及我国之应对》,《陕西师范大学学报》(哲学社会科学版)2019 年第 1 期。
⑧ 李玲娟、温珂:《新形势下我国知识产权全球治理环境挑战与对策建议》,《中国科学院院刊》2019 年第 8 期。

之间的合作、竞争与博弈，知识产权国际保护业已成为法学、经济学、国际政治和国际关系等领域的重要研究议题。经过近30年的耕耘，国内学界关于知识产权国际保护制度的相关研究已经取得一定成果，学者们逐步超越了单纯的引介与阐释阶段，从研究"如何应对、解决"转向研究"如何参与、引领"，对中国参与知识产权全球治理的具体问题（目标、路径、进程、模式、话语权等）展开深入研讨，提出了诸多针对性建议。但现有成果仍然存在一些不足，主要表现为研究议题还不够深入；研究视角主要聚焦于法学领域，视野不够开阔；研究方法缺乏多样性，跨学科研究成果少；经验研究缺乏多样性，集中于从文本规范的规则解读和价值判断视角展开研讨；部分文献陈陈相因，缺乏创见，重复研究较为普遍。基于知识产权的多元属性，保持知识产权国际保护研究中的问题导向及研究方法的开放性很有必要。

二 话语分析的相关研究

（一）话语秩序与话语实践研究

话语研究兴起于20世纪50年代。1952年美国结构语言学家Zelling S. Harris首次提出"话语分析"这一术语，[①] 将话语置于语境中进行考察，此后话语分析作为现代语言学的专门术语被广泛使用。福柯关于"话语是权力"的著名论断，给话语赋予了权力和利益的功能，对相关领域的研究方法及思维模式产生了深刻的影响。[②] 福柯在分析权力和话语之间的关系时引申出话语秩序概念。福柯认为，社会生活规则以及用于解释规则的道德、观念等，都是权力话语的产物；权力话语制造规则，服务于某些主体的意愿。权力与话语之间的特定关联，使得控制话语，使话语的生产、流通和分配有序服务于特定秩序的规则成为可能。"话语秩序"概念指出了行为体话语交际过程中的等级差异和权力关系，为话语问题研究开启了政治、历史、文化与社会等视域的研究通路。诺曼·费尔克拉夫提出，话语实践在传统和创新两方面都是建构性的，有助于重塑社会（社会身份、社会关系、知识和信仰体系），同时也有助于改变社会。[③]

（二）话语分析的相关研究

话语研究能够揭示社会意识形态运作过程中"权力"和"控制"的

[①] Zellig S. Harris, "Discourse Analysis", *Language*, Vol. 28, No. 1, 1952, pp. 1–30.

[②] Michel Foucault, "The Order of Discourse", An Inaugural Lecture at the CollÈGe De France, given on Dec. 2, 1970.

[③] Norman Fairclough, *Discourse and Social Change*, Cambridge: Polity Press, 1992.

来源。罗杰·福勒（Roger Fowler）等系统阐述了批评话语分析的理论和方法，用于揭示语篇中所隐含的意识形态及权力关系，由此诞生的批判语言学对社会语言学和语篇分析产生了深远的影响。[1]

20世纪80年代后期以来，社会科学各领域学术群体开始普遍关注话语分析方法，并以之进行跨学科交叉研究，从一种更广泛的社会系统意义考察各种合法性问题，西方社会科学界出现了令人瞩目的话语转向研究。芭芭拉·格雷（Barbara Gray）等探讨了环境冲突中当事人采用的话语策略的范围和类型，其对问题的建构，以及当事人的身份、关系和立场。对环境冲突中的组织和利益相关者的话语修辞展开了研究，分析了话语结构和意义建构的影响，提出了解决环境话语冲突的若干建议。[2] 杰弗里·斯科特·麦基（Jeffrey Scott McGee）从民主治理原则和协商民主理论的兼容性的角度，分析了国际气候变化治理中话语的新兴发展，认为美国和澳大利亚近期倡导的选择性的气候变化论坛体现了"排他性的少边主义的话语"，与国际气候治理中包容性的多边主义话语相对，向国际气候治理中的国际化和民主参与提出了挑战。[3] 上述研究成果对知识产权领域的话语研究有借鉴启示意义。

受西方社会科学话语转向风潮的影响，国内学者也纷纷将话语研究与自身学科进行交叉研究，取得了诸多有现实意义的成果。话语研究方法已为社会学、心理学、政治学、传播学、法学、哲学以及历史学等诸多学科领域所采用。话语研究的对象和范围不断扩展：微观上，逐渐由话语本体向话语生成的心理机制乃至人机对话延伸；宏观上，逐渐由话语本体拓展到了话语主体、话语能力、话语权利、话语文化、话语秩序等宏观的话语社会。[4] 国内外话语分析的相关研究将继续呈现跨学科的深度整合、多学科的交叉融合趋势，并有可能形成跨越学科组织，集合研究人员的研究生态系统开展会聚研究。

---

[1] Roger Fowler et al., *Language and Control*, London: Routledge & Kegan Paul, 1979.
[2] Barbara Gray et al., "The Discourse of Environmental Conflicts: How Stakeholders Construct Their Claims, Their Opponents and Themselves", IACM 2007 Meetings Paper, 2007, pp. 1 – 42.
[3] Jeffrey Scott McGee, "Exclusive Minilateralism: An Emerging Discourse within International Climate Change Governance", *Journal of Multidisciplinary International Studies*, Vol. 8, No. 3, September 2011.
[4] 陈汝东：《论话语研究的现状与趋势》，《浙江大学学报》（人文社会科学版）2008年第6期。

三 知识产权领域的话语研究

（一）国外相关研究成果

西方学者注意到了话语研究在知识产权保护领域的价值，并进行了一些有益的探索，如布拉德·谢尔曼（Brad Sherman）和莱昂内尔·本特利（Lionel Bently）提出，19世纪所形成的知识产权法观念以及由此造成的本体性叙述，影响了人们理解和思考知识产权法的方法，限制了人们的想象以及需求，着手创造新的叙述有重要意义。[①] 贝蒂·容（Betty Yung）认为，目前知识产权保护的主流话语主要基于功利立场，对知识产品授予私权的理念在规范性论证方面是极具争议的。[②] 罗亚·加菲勒（Roya Ghafele）通过自建的小型语料库考察了知识产权国际话语的主流话题，认为目前人们对知识产权法的理解镶嵌在一种既定的秩序中，这种秩序以其特有方式为主流知识产权观念和意识的形成铺平了道路，却对一些替代性的做法保持沉默。一旦被广泛认可并编织进话语参数中，就很难打破既定的社会结构。[③] 克里斯蒂娜·穆里根（Christina Mulligan）和布赖恩·帕特里克·奎因（Brian Patrick Quinn）认为，版权产业在公共和法律话语中将违法行为等同于"盗版"，在修辞上将其作为血腥的失范海盗行为，将知识产权保护和制止暴力盗窃相提并论，掩盖了知识产权的建构性、法律条文与制度价值之间的鸿沟。[④] 上述学者的研究成果揭示了话语在塑造秩序、传播观念方面的功用，也对几成公理的西方主流知识产权话语进行了理性反思，对本研究的开展有借鉴和启示意义。还有一些西方学者从话语角度研究了知识产权社会运动的运作过程，提出了学术话语传播的相关建议，如帕特里克·拉塞尔·古尔德（Patrick Russell Goold）通过版权话语案例研究，认为法律学术功能在规范性意见提供方面出现了弱化和分解，学者应通过直接向公众传播其规范性法律建议，以扩大话语受众，发

[①] Brad Sherman, Lionel Bently, *The Making of Modern Intellectual Property Law: The British Experience, 1760–1911*, London: Cambridge University Press, 1999.

[②] Betty Yung, "Reflecting on the Common Discourse on Piracy and Intellectual Property Rights: A Divergent Perspective", *Journal of Business Ethics*, Vol. 87, No. 1, June 2009, pp. 45–57.

[③] Roya Ghafele, "Of War and Peace: Analyzing the International Discourse on Intellectual Property Law", *Intellectual Property Quarterly*, No. 1, June, 2010, pp. 1–21.

[④] Christina Mulligan, Brian Patrick Quinn, "Who are You Calling a Pirate? Shaping Public Discourse in the Intellectual Property Debates", Brandeis University Department of English Eighth Annual Graduate Conference, 2010, pp. 1–10.

挥话语作用；① 菲利普·莱菲尔德（Philip Leifeld）和塞巴斯蒂安·豪斯（Sebastian Haunss）通过语篇网络分析的方法研究涉及欧洲软件专利的话语，研究结果表明，反软件专利联盟被有效调动起来，并获得控制权，而组织良好的亲软件专利联盟无法获得话语主权；② 安妮玛丽·布里迪（Annemarie Bridy）借鉴哈贝马斯程序民主的商谈理论，分析了ACTA等法案的立法动力，并评估了知识产权国际体制改革中民主性增强的潜力。③

（二）国内相关研究成果

目前，从经济、历史、政治和国际关系维度切入知识产权国际保护研究渐成国内学者的理论自觉，但以话语分析为进路展开研究者尚屈指可数，缺乏系统、全面的话语研究成果。一些学者从西方法律文化渗透、"法治"话语霸权支配的角度对法律秩序的全球化进程进行的研究有启发性，如魏森认为，现行知识产权规则的形成实际上是西方国家强势法律文化对其他弱势国家法律文化征服的过程，西方知识产权制度在世界每一个角落被推广并非因为此种制度具有天然的正当性，发展中国家需要审慎地做出判断，毫无保留地接受观念和照搬制度都是危险而不可取的。④ 魏磊杰分析了全球化时代法律帝国主义与法治话语霸权，认为全球化很大程度上是构建全球垄断结构的工具与修辞，现代性话语掩饰了法律法治的掠夺，赋予不平等的世界秩序以正当性与合法性，在全球范围内构建了服从强权者利益的权力格局。⑤

直接涉足知识产权领域话语研究的成果目前仅有初步呈现：梁志文分析了杰斐逊难题、必要之恶、思想的圈地运动、信息封建主义、生物海盗、文化海盗等隐喻与修辞工具在知识产权制度调试中的运用，认为中国应当认识到隐喻在知识产权制度调试中的重要价值，利用隐喻修辞，在国

---

① Patrick Russell Goold, "The Evolution of Normative Legal Scholarship: The Case of Copyright Discourse", *European Journal of Legal Studies*, Vol. 2, No. 35, March 2013, pp. 23 – 34.
② Philip Leifeld, Sebastian Haunss, "A Comparison between Political Claims Analysis and Discourse Network Analysis: The Case of Software Patents in the European Union", *MPI Collective Goods Preprint*, No. 21, May 2010, pp. 1 – 24.
③ Annemarie Bridy, "Copyright Policymaking as Procedural Democratic Process: A Discourse-Theoretic Perspective on ACTA, SOPA, and PIPA", *Cardozo Arts and Entertainment Law Journal*, Vol. 30, No. 3, April 2012. pp. 1 – 14.
④ 魏森：《法律文化帝国主义研究——以中国知识产权立法为中心》，《法商研究》2009年第3期。
⑤ 魏磊杰：《全球化时代的法律帝国主义与法治话语霸权》，《环球法律评论》2013年第5期。

际层面争取有利的知识产权制度变革，在国内层面适时灵活调整知识产权政策。① 黄海峰从历史视角分析了推动知识产权法制发生与发展的社会力量，论及商人通过话语措辞建构知识产权浪漫观念，使之成为知识产权制度的正当性基础。② 唐艳从语用学的角度分析了知识产权"私权"话语表达之缺陷，认为依托 TRIPS 协议的表述，知识产权私权论成为学界主流学说，"私权"符号隐含了可以优先于政治国家的潜台词，虽然"知识产权私权论"存在但书，然而因传播学的规律但书的实际效果非常有限，"知识产权私权论"在实践中常被误读误用。TRIPS 协议中"private rights"可能的对译词不仅限于"私权"，我国有必要对"private rights"选择更为价值中立的对译词，为建构更具有中国自主立场的知识产权学说作必要的理论铺陈。③ 邵科提出，知识产权国际保护领域挑战知识产权私权的策略是解构其权力话语嬗变过程，但中国的历史经验表明知识产权的产生不必然是权力话语的结果，批判知识产权的全球不合理扩张，并不等于彻底否定知识产权保护。④

（三）推进中国知识产权国际话语的相关研究

国家实力显著上升的历史性时期，提升中国知识产权国际保护话语权成为学界关注的热点问题。吴汉东提出，在知识产权的国际话语体系中，需要进行"中国表达"、发出"中国声音"，修正西方中心主义的国际立法倾向，谋求构建更加公正、合理的知识产权国际秩序；要注重本土理论创新和思想自立，努力探寻适合中国语境和文化背景的知识产权理论，包括法律解释规则和政策适用方法，其最终目的是建构一个发展中大国的知识产权话语体系。⑤ 冯晓青认为，在知识产权国际化的过程中，需要着重探讨如何不断提高我国在知识产权国际保护规则制定和变革中的影响力和话语权，逐步打破西方国家对知识产权国际保护规则制定的垄断。⑥ 马一德认为，中国知识产权话语实力不足和对话渠道缺乏，为了制衡西方

---

① 梁志文：《政治学理论中的隐喻在知识产权制度调适中的运用》，《政治与法律》2010 年第 7 期。
② 黄海峰：《知识产权的话语与现实——版权、专利与商标史论》，华中科技大学出版社 2011 年版。
③ 唐艳：《知识产权私权话语表达之探讨——以对〈TRIPS 协定〉"private rights"的翻译为切入点》，《知识产权》2013 年第 4 期。
④ 邵科：《知识产权公众阵营之后现代主义倾向》，《政法论丛》2014 年第 6 期。
⑤ 吴汉东：《知识产权理论的体系化与中国化问题研究》，《法制与社会发展》2014 年第 6 期。
⑥ 冯晓青：《新时代中国特色知识产权法理思考》，《知识产权》2020 年第 4 期。

"话语霸权",争取更为平等、开放、包容的发展环境,必须加快发展和繁荣知识产权理论根基,牢固构建更具中国特色的知识产权话语体系。①

综上,作为传统的研究热点,目前国内外学术界对知识产权国际保护制度的探索已经取得一定的成果,研究成果覆盖范围广,研究视域延伸到了现行制度框架的构造机理、运作主体、立法动力等动态视角,如何实现正义、公平的知识产权国际保护秩序一直是学界孜孜不倦探求的命题。话语研究作为近年来异军突起的研究方法,已在相关哲学社会科学领域取得重要的一席之地。有关全球化法律秩序、话语分析与各学科交叉研究的既有文献积淀深厚、视野开阔、主题丰富,为本研究的开展提供了理论基础和智慧启迪。国外学者已经注意到知识产权领域话语研究的探索,并取得了一些有影响的成果,但目前国内涉及知识产权话语分析的研究仅有零散、片段化的呈现,以话语分析为进路对知识产权国际保护展开系统分析的成果尚未出现,本论题的开展有广阔的学术空间。长期以来,西方功利主义理念和话语操控、支配知识产权国际保护秩序,权利保护的单向度独白占据主流话语位置。因知识产权议题背后紧张而激烈的利益纷争和政治博弈,国际社会就此一直交锋和论争不断。囿于理念背景有异、学术立场不同及样本选择的局限,国外知识产权话语研究的相关成果只具有参考借鉴意义,发展中国家开展独立研究和针对性研究,向发达国家的话语霸权发起冲击,发出自己的声音十分必要。

第四节 相关理论分析

"我们常常信以为真的一些事物定义,实际上都是经过语言扭曲后的幻象。"② 本节分析知识产权话语与秩序研究的理论基础。福柯的权力话语理论与哈贝马斯的话语民主理论为话语分析提供重要的认识论启发与方法论支撑,有助于研讨知识产权国际保护中的一些议题是如何被确立为正当、合法和真实的,并透视知识产权国际政治中权力的运作、消长和更替,以及话语的生产、流通和推进;③ 有助于评判知识产权国际保护秩序

---

① 马一德:《完善中国特色知识产权学科体系、学术体系、话语体系》,《知识产权》2020年第12期。
② [法]米歇·傅柯:《知识的考掘》,王德威译,麦田出版公司1993年版,第15页。
③ 杨静:《话语视角下的知识产权国际保护秩序:以 ACTA 立法进程为例》,《东方法学》2016年第1期。

的正当性，为改良现有秩序的话语路径提供理论线索。建构主义国际关系理论为话语与知识产权国际秩序之间相互关系的阐释提供了有意义的理论参照。

一　福柯权力话语理论

福柯是继萨特（Jean-Paul Sartre）之后法国最有影响力的思想家。《知识考古学》《词与物：人文科学的考古学》《规训与惩罚》《性史》等著作的完成，确立了福柯有关话语的一系列有价值的观点和视角。福柯认为话语即权力，权力意志之下，公共话语压制非主流话语和个体话语。福柯进一步提出，任何一种话语都是人们施加于事物的暴力，话语不仅包含言说方式，而且背书有言说者的地位和权力。福柯的权力话语理论，使人们对权力的分析延伸到语义的领域，认识到了话语与权力之间的密切关联。

（一）福柯对话语的界定

1. 话语概念

福柯几乎所有的重要著作中均提及"话语"概念。在《知识考古学》一书中，福柯将话语定义为陈述的总体，话语是"隶属于同一形成系统的陈述整体；正是这样，我才能够说临床治疗话语、经济话语、博物史话语和精神病学话语"。[①] 在陈述作为一种符号的功能基础上，福柯意义上的话语概念是抽象的，是事件和事务相加的语言行为系统的全部，是由权力关系构成的规则和话语实践的整体，是社会学意义上的话语。有学者将福柯意义上的话语称为宏观话语（macrodiscourse），对应于语言学意义上的，被称为微观话语（microdiscourse）的，在特定的语境下实际发生的日常话语的言说内容和言词结构。[②] 在《词与物：人文科学的考古学》中，福柯进一步提出了他所理解的话语概念，是指发生于一个社会内部、围绕一个问题或一组问题进行的大范围讨论，是以权力行使的方式创立秩序的一种手段。在福柯看来，话语是介于作为交际工具和思维工具的语言，以及作为语言应用，表现为语词、句子等的言语之间独立的范畴，话语突破语言的抽象性和言语的具体性，强调言说行为的社会性及其传达思想的价值取向，是一种建构知识与行为的方式。话语不仅包括书面文本和口头语

[①] [法] 米歇尔·福柯：《知识考古学》，谢强、马月译，生活·读书·新知三联书店2007年版，第118页。

[②] [美] 约翰·M. 康利、[美] 威廉·M. 欧巴尔：《法律、语言与权力》，程朝阳译，法律出版社2007年版，第12页。

言，一些非言语形式，如图片、标记、符号、建筑、行为、图表等多种形式都可以看作话语的表达。不同主体、阶层之间的话语竞争和利益博弈产生了人类社会规则以及解释规则的知识和观念；规则的制造服务于特定的对象，服从于某些人的意志，用于压制其他主体的利益。

2. 话语实践

福柯在其开创的话语理论中，将话语定义为一个由具有含义的实践所组成的系统，其中的各类实践不仅创造了一系列观念和信念，而且建构了主客体的认同。话语被看作一种规制话语的重要构成要素——"陈述"的框架。福柯运用"考古学"的方法，将话语区分为"谱系分析"（genealogical analysis）和"批评分析"（discursive analysis），认为话语既是进行理性思考的能力和交流思想的手段，也是知识的载体和工具。话语是否被接受为真理，不仅与其内容有关，而且与话语使用者的意向有关。[1] 福柯意义上的话语不仅指谈话本身，还包括谈论事件的方式，话语分析的关键环节是话语的形成，发现话语的真理和权利的栖息之所不在于被谈论什么，而在于谁谈论它和它是怎样被谈论的。[2] 人们谈论话题的方式与其思考问题并最终采取行动的模式密切相关。

在福柯看来，话语是系统形成话语对象的实践过程，其始终与社会制度和社会实践相关联，所有的话语实践及其意义均由不同话语之间的关系来界定，从而导向"互文性"和"互为话语性"。话语并非单纯的语言学上的抽象的符号系统或具象的交际言词概念，福柯关注的话语是具有实践意涵的概念，因为人们能够通过话语生产知识以及意义。在《什么是作者》一文中，福柯挑战了笛卡尔（René Descartes）意义上自主反思主体式的"作者"概念，明确指出任何人的言说和书写都无一例外地深受话语形成规则的支配，作者都不过是在履行某种"作者—功能"。[3] 福柯认为，先在的话语事先以某种不易觉察的、特定的方式规定、控制着议题以及言说者的立场，不是人创设规则来驾驭话语，而是规则选择人来组织、表达话语，这与海德格尔（Martin Heidegger）的"不是人在说语言，而是语言在说人"[4] 相契合。因此，福柯的话语观更关注如何说以及为何这么说的话语实践，而非话语主体（即谁在说）。福柯以此揭示了话语与社会的互动关系——这也是话语最基本的特质——话语与社会实践之间有复

---

[1] 许正林：《欧洲传播思想史》，上海三联书店2005年版，第528页。
[2] 萧俊明：《文化的困惑——关于文明冲突论的断想》，《国外社会科学》2002年第3期。
[3] 周宪：《福柯话语理论批判》，《文艺理论研究》2013年第1期。
[4] ［德］海德格尔：《在通向语言的途中》，孙周兴译，商务印书馆2005年版，第169页。

杂的关联。正是对于话语的实践定位，使福柯为代表的话语研究区别于语言学取向的话语分析对符号意义（字义）的局部关注，进而上升为一种社会政治理论。

3. 话语特征

福柯认为，话语的特征是其具有三个外在的限制性程序以及三个内在的限制性程序。

话语的三个外在的限制性程序分别是关于目标、时代和人员的禁令，理性与非理性之间的分界线，以及真实与不真实之间的分界线。关于目标、时代和人员的禁令意味着一些特定的主题、时代和人员被排除于所谈论的议题之外。理性与非理性之间的界限，意味着禁止某些出格的思考和谈论的方式出现在话语中。真实与不真实之间的区别，也包含着对不符合主流概念的知识和推理方式的排斥。

话语的三个内在的限制性程序分别是评论、对作者而言文本的归属以及各种规训中（语言、标准、方法、职业团体）知识的组织化。评论是一种控制话语推理过程的手段，此种手段使对主流知识的偏离被限制在很小的范围内。把文本和作者联系起来，目的是使谈话具有连贯性，并且对文本的创造者来说，谈话要在主流思想的限度内进行。知识生产的组织化则有助于在诸如物理学、化学、生物学、人文等学科范围内，创造规训的理论化限制和有条不紊的程序。

除了上述外在和内在的限制性程序，进入话语还受以下三个因素的规制：仪式、运用话语的团体以及原则。进入话语首先受仪式限制，个体为了了解参与话语的仪式，必须被话语共同体社会化。话语的组织者是各种话语团体，如各种对技能行使强有力控制的职业团体。① 原则是指话语的结构有一套固有的原则，决定认知的形式与内容，进入话语受到话语结构原则的限制。

4. 话语功能

话语的基本功能在于其创造了价值判断的基本条件，提供了感知世界的原初工具，引入特定的伦理考量和指南，为认知的构建提供手段和路径，并预设、强化人们的社会感知。同时，作为一种社会实践，话语是社会存在的基本形式，话语的存在描述了社会存在的规律性，通过话语互动，形成了随时间推移并适应新社会场景的语境和现实。

---

① ［德］沃尔克玛·金斯纳、［意］戴维·奈尔肯：《欧洲法律之路——欧洲法律社会学视角》，高鸿钧等译，清华大学出版社2010年版，第186页。

福柯以批判态度阐释话语功能。在对话语进行实践定位的基础上，超越话语的"工具性"，强调话语的复合"功能性"，关注话语如何直接或间接地将人"塑造"为主体。福柯认为话语具有三项功能：其一，话语生产知识、战略和实践，决定知识、权力以及伦理的规则，这些规则规定了"话语"的形式，控制言说或写作的主体、可以讨论和记录的客体，以及谁的话语应当被严肃对待。其二，话语建构话语主体与知识对象，以及社会现实和社会关系。福柯把话语看作从各个维度主动构筑社会的过程，是一种建构性的话语观——"话语建构知识客体、社会主体和自我'形式'，建构社会关系和概念框架"。① 其三，话语还能赋权。话语绝不只是语言，它与权力密切相关，是权力的核心，是情景性权力的载体，能在人与人之间分配权力；是结构性权力的载体，能够蜕化成习惯、惯例和制度，成为一种结构性的力量。②

（二）福柯关于权力话语创造秩序的论述

福柯所理解的话语秩序植根于现实的社会权力结构中。他提出，话语与权力交织缠绕，话语是一种以行使权力的方式建立秩序的手段，作为权力的可能性条件"对世界秩序进行整理"。因此，对话语的掌握意味着权力实现的可能，以及整理世界秩序的可能。权力话语阐述是对权力支配下的国际关系与国际秩序现实的一种深刻剖析。

1. 话语、权力与知识

考古学时期福柯的研究侧重于对话语形成的分析，试图发现知识话语的规则，谱系学时期他的研究重点转向话语与权力之间的关联性，把知识当成权力运作的一个不可缺少的策略因素，深入解释并解构各种科学话语或知识论述同权力之间的相互渗透和相互勾结的关系。③

福柯对话语形成的分析不是基于意识形态的视角，而是从权力关系角度切入。福柯认为，话语和权力不可分割。一方面，权力通过话语发挥作用，话语是权力关系装置的组成部分和权力行使的工具，其运载（表现为既能展示、巩固权力，又能破坏、阻挡与削弱权力）并生产权力；另一方面，权力是不同话语安排的总体原则，话语是权力的结果，"权力形

---

① ［英］诺曼·费尔克拉夫：《话语与社会变迁》，殷晓蓉译，华夏出版社2003年版，第2页。
② 庄琴芳：《福柯后现代话语观与中国话语建构》，《外语学刊》2007年第5期。
③ 高宣扬：《当代法国思想五十年》，中国人民大学出版社2005年版，第268页。

成知识，生产了话语"。① 权力通过一个复杂的系统以及相互作用的各种话语创建和维持。从这个意义上来讲，权力不是有形的对象，而是存在于不同的话语秩序之间的结构性关系，通过秩序的施加，话语分类、判断、解释和限制社会行为。

福柯的"权力"概念与近现代政治学中的权力观念不同，是一种没有中心位置的"微观权力"，关注的是社会边缘、底层的权力关系，而不是军队、警察、法院等国家机器；是一种强调"纪律"力量的"规训权力"；是一种压制性与生产性并存的力量。压制性体现为压迫性、排斥性、破坏性或掩盖性的权力的暴力的一面；生产性体现为制造话语、知识、对象和主体，以及现实、实践与准则等权力的活力的一面。

福柯的"知识"表现为一套元素，是知识考古学的分析对象，是人们在某个话语实践中可以谈及的东西，包含某个话语根据自己的构成规则而生产的对象资料库、陈述方式、概念以及理论选择。福柯认为，权力与知识的生产紧密相关，权力之外无真理，象征真理与自由的知识领域为权力影响下的特定话语结构所左右，"权力和知识是直接相互连带的，不相应的构造一种知识领域就不可能有权力关系，不同时预设和建构权力关系就不会有任何知识"。② 知识具有策略性，即知识的统治以及社会控制功能，统治者借助各种权力——知识综合体，通过话语实践规训群体，进而创造、维持社会秩序。

总之，在福柯关于话语、权力与知识的阐释中，权力与知识具有包含与共生关系，知识就是权力，权力制造真理；权力生产话语，话语背后所隐含的知识和价值与主体相结合，进而巩固并再制造权力；话语是权力——知识的综合体，体现了知识与权力的结合与运作，是一种在各种权力交锋中暂时形成的知识陈述。

2. 话语秩序

福柯在探讨权力和话语之间的关系时提出了话语秩序概念。福柯"建构性的话语观"认为话语对话语秩序有建构作用。在既定的社会背景下，给定的对象均处于彼时的话语秩序之中。话语在不同层面建构自我、规范、知识等社会关系和观念框架。话语主体通过各种方式表达观念、意图和视角，以及对事物、事件的立场、认识与看法，建立社会关系，定义

---

① 朱振明：《权力的消失：被扭曲的福柯——基于〈话语与社会变迁〉的分析》，《国际新闻界》2020年第4期。
② [法]福柯：《惩罚与规训》，刘北成译，生活·读书·新知三联书店2019年版，第29页。

社会物品的本质和相关性,建构起了意义体系。这一话语过程也是确立主导话语,排除、排斥、压制和诋毁异质性话语的过程。① 也即,话语会产生一种话语秩序或话语结构,会像物质结构一样直接影响行为体的行为。②

福柯的话语秩序是一种被建构出来的话语发生、运行的隐蔽法则和规律,象征着暴力和强制性等级差异,意味着人们言说、书写的话语中,存在一种抑制和排斥性的规制。在话语秩序之下,部分群体的话语权被剥夺,部分有话语权的群体则以一种支配性的方式言说、写作和思考。通过各种话语实践重复具体的话语安排,进而概括出某个特定话语领域的类型学特征,话语秩序能够以不同的表达方式加以实现。基于等级差异性,福柯提出的话语秩序也是一种社会秩序的现实体现。

3. 话语对抗、权力螺旋与秩序建构

在福柯看来,决策过程和秩序建制是一种零和博弈,统治者与被统治者在行使正当权力方面存在冲突,一个群体的胜利就意味着另一个群体的失败。为了成功,参与者必须拥有权力并努力扩张权力。博弈的基本法则就是通过权力的行使来实现权力的积累。强势群体长期积累权力的结果是,决策领域按照等级划分为处于权力核心位置的群体,以及处于权力边缘位置、被统治的群体。但是这种等级划分并不稳定——处于被统治地位的群体形成了某种始终存在的挑战现行秩序的潜在力量。③ 边缘化群体由于不能充分表达反对观点和利益主张,导致强烈的压迫感和挫折感,激起网络呼吁、街头抗议等形式的话语反抗。风起云涌的社会运动可能瓦解政府决策的合法性基础,使决策结果缺乏认同与支持,进而影响决策的执行与实施。无效率的权力愈加行使,越缺乏公众信任,反而导致权力的减损和销蚀,权力的螺旋式通胀过程因此而变成了紧缩性的,④ 预期的政策与治理秩序无法确立。

通过话语表达生产和再生产秩序的模式描述,福柯阐释了运行在政策话语中的权力是话语作用于秩序形成过程中最重要的因素。权力存在于决

---

① 杨静:《话语视角下的知识产权国际保护秩序:以 ACTA 立法进程为例》,《东方法学》2016 年第 1 期。

② 孙吉胜:《语言、身份与国际秩序:后建构主义理论研究》,《世界经济与政治》2008 年第 5 期。

③ [德]沃尔克玛·金斯纳、[意]戴维·奈尔肯:《欧洲法律之路——欧洲法律社会学视角》,高鸿钧等译,清华大学出版社 2010 年版,第 188 页。

④ [德]沃尔克玛·金斯纳、[意]戴维·奈尔肯:《欧洲法律之路——欧洲法律社会学视角》,高鸿钧等译,清华大学出版社 2010 年版,第 189 页。

策领域内占主导地位的知识中,知识掌握在占统治地位的精英之手。与主流范式不一致的知识被清理和排斥,或被置于边缘和局外的位置上,或为主流范式所吸收,失去了批判的潜能,没有机会参与、影响决策过程。话语秩序在真实和非真实之间勾勒出一条清晰的界限,这种秩序产生了决策过程中权力的扩大和收缩所形成的膨胀/紧缩的螺旋效果。

(三) 福柯权力话语理论在知识产权领域的适用

福柯话语理论强调话语对主体及其现实世界的建构,力图揭示话语后面权力与知识之间的连带、包含、共生关系,以及话语对抗、权力扩张与秩序建构的过程。在一系列著作中,福柯关于话语的相关主张可以归纳如下。在早期考古学著作中,福柯提出:(1) 话语的建构性——话语建构话语主体与知识对象,以及社会现实和社会关系,也即社会主体和客体都是话语的建构对象;(2) 互为话语性——话语本身并不自足,其意义是在与其他话语交互参照、交互指涉的过程中产生的。在谱系学著作中,福柯提出:(1) 权力的话语本性——现代"生物权力"(如检查和表白)的实践和技术在相当程度上是话语性的;(2) 话语的政治性——权力斗争发生在话语之内和话语之外;(3) 社会变化的话语本性——话语实践是社会变化的一个重要因素。①

以福柯话语理论为观照,知识产权国际保护秩序的建制与改制,同样是知识的介入与规训、权力的运作与较量、话语的生产与统治的结果。

起源于英、法等国的知识产权保护模式主导着 19 世纪以来以此种模式为唯一版本的全球知识产权游戏规则的固化。在这一过程中,西方国家以早期的军事实力和当下的经济、技术实力为背书,借助于"话语"的方式使全世界(尤其是落后国家与地区)逐步接受知识产权保护意义的侵入与教化,以强势法律文化征服其他弱势国家法律文化,进而形成一种全球性的制度现实。在西方主流话语的引导下,资本主义国家提倡的知识产权私权保护取代了发展中国家传统上的模式,生产出知识产权的规则和标准,此种模式化的思想和知识成为一种全球性的意识。"知识产权保护"一整套知识的倾销过程和植入过程伴随着发展中国家传统理念动摇和制度规范新建的阵痛,然而在后殖民话语所勾勒的共同体想象中,这种阵痛被消解为进入话语系统、赢得说话权力的必然代价。借助"知识产权保护激励创新"这一极具政治性格的话语表达,整个世界最终在一种

---

① [英]诺曼·费尔克拉夫:《话语与社会变迁》,殷晓蓉译,华夏出版社 2003 年版,第 52 页。

模式化的知识权力下实现了系统性的制度规划和观念建构。

因此，当代全球知识产权保护规则与秩序的成型，就是权力运作下精致的主流话语的输出与知识的灌输，建构统一的知识产权全球保护机制并使之合法化与正当化，成为普适性规则的过程。跨国公司在知识产权国际事务领域具有强大的政治、经济及技术影响力，其就是福柯式的"权力—知识"架构中的主角。在知识产权全球保护秩序的改制过程中，建立和完善利于自己的知识产权话语秩序日益成为各国博弈的重要内容。福柯认为获取话语主导权，维护或颠覆符号的含义，就能建构社会现实，生产有效的话语，对"现实"和"真相"按照话语权力者所希望的方向加以诠释。由此，中国知识产权国际话语的推进也是一个以权力和知识为基石，竞争性输出本国理念与实践的生产过程。话语为权力服务，维护并巩固权力；权力的更迭、交替势必引起话语的变化，从而引发新一轮知识规训、话语生产、话语交锋和游戏规则的制定。[1] 福柯权力话语理论对知识产权国际保护的造法无疑有很强的解释力。

二 哈贝马斯话语民主理论

福柯的权力话语理论形成了权力视角的话语分析流派，哈贝马斯的话语民主理论则是基于理性主义视角。

（一）话语民主理论的主要内容

哈贝马斯在其著作《在事实与规范之间》中，基于对政治哲学和法哲学领域的交往行动思考，提出了话语民主理论。

1. 交往行动、策略行为与公共领域

哈贝马斯在商谈（也被译为"对话""协商"或"话语"，英文均为discourse）理论的基础上，建立了话语民主理论，强调对话和自由论辩对于话语交往主体的重要性。哈贝马斯将行动划分为四种类型：目的性行动、规范调节的行动、戏剧式行动以及交往行动。哈贝马斯将人与人之间通过语言达成理解和共识来协调彼此行动的言谈行为称为交往行动。交往行动也是一种言谈行动，交往行动组成的世界是由日常语言支撑的生活世界。

基于功利目的，把其他话语主体当作实现自身目的的工具，通过欺骗、威胁等各种手段而非达成共识所实施的策略行动也是言语行为的一种

---

[1] 杨静：《话语视角下的知识产权国际保护秩序：以ACTA立法进程为例》，《东方法学》2016年第1期。

类型。① 商谈要求参与者采取交往行动而不是策略行动。商谈是一种正式的、理想化的交往行动，商谈行为有内容真实性、道德正当性和陈述真诚性等三个有效性要求，所有商谈参与者都有平等表达、说明、论证、质疑以及不被强制解释有效性要求的机会。商谈过程没有任何强制力量，更好的论据与观点胜出。

商谈过程中任何主体都可以在平等的条件下，借助语言交流的有效性和达成特定规范共识的可能性，自由讨论和做出陈述，任何观点都可以不受限制地交流；参与者要仔细倾听、理性思考他人提出的观点和理由；最好的观点胜出；商谈的唯一目的是相互合作以追求真理，除此之外的动机均被排除。在商谈过程中，理性的权威起作用的规则共识是在平等、自由的理性商谈和意志协调的基础上达成的，而非权力或者金钱的作用。建立在共识的基础之上的陈述才是有效的陈述。

话语民主主要发生于哈贝马斯所设想的公共领域，由于公共权力机关决策机制与过程的非平等协商性，公共行政决策并不适用于话语民主原则。哈贝马斯把社会划分为"生活世界"和"系统"的双层结构，生活世界是交往理性的领地；系统是工具理性的领地，可以分为政治系统和经济系统，其媒介分别是权力和金钱。生活世界包括私人领域（如家庭）和公共领域，公共领域是在政治权力之外，介于市民社会与国家或政府之间，民众自由、平等地进行商谈、讨论公共事务的空间。与传统意义上只有一个维度的标准理性不同，交往理性涉及不同言谈者之间的对话关系，是二元的，在主体间相互理解的范式中被表达。作为非正式的商谈空间，公共领域主要受交往理性的影响，其中的商谈是自发、自由的，不是正式组织，没有决策任务。话语民主既体现在公共领域的商谈上，也体现在公共领域和政治系统的互动方面。公共领域实施话语民主达成的共识会作用于政治系统，影响公共行政决策，并转化为法律或公共政策；系统也具有回过头来介入生活世界的潜能，策略行为强行进入了原本应由交往理性来协调的生活世界，并使之陷入混乱与危机，即工具理性带来的现代性危机，哈贝马斯将其称为"生活世界的殖民化"。

作为政治系统组成部分的公共权力机构以及作为生活世界组成部分的公共领域均分散在不同地区、层级和问题域，因此存在众多分散的决策场所和公共领域空间，决策场所与相应的公共领域发生持续互动。在话语民主模式下，民众更有机会将公共领域的商谈共识转化为法律或公共政策，

---

① 胡润忠：《哈贝马斯的话语民主理论》，《学习时报》2008年7月14日第6版。

以化解矛盾、解决冲突，提升法律和公共政策的合法性。

2. 话语民主的特征与理论解释力

话语民主的主要特征：以交往理性为媒介、以商谈为中心、以自由平等交流为前提、以公共领域空间为主要场所、以扩大民主参与、以提升公共决策合法性为目标。

话语民主理论关注商谈对话与公共审议的作用，有广泛的解释力，对众多规范取向的社会科学研究产生了深远的影响，也为法学理论的研讨提供了研究范式与理论资源的支持。知识产权国际保护秩序存在的问题，就是哈贝马斯所揭示的晚期资本主义社会普遍存在的合理性危机、合法化危机和动机危机的典型例证。在知识产权保护的生活世界与系统中，一方面知识产权专业性强，涉及法学、管理学和经济学等知识门类，内容交叉融合，理解难度大，普通民众对其认知度低，带来知识产权领域生活世界的功能不足；另一方面民众对知识产权立法的参与程度低，利益集团操纵立法情况严重，引发系统的合法性危机与合理性危机。总之，哈贝马斯话语民主理论提供了评判知识产权国际保护秩序的理论工具以及改良现有秩序的话语路径设想。

（二）评判知识产权秩序的理论线索

1. 法律有效性与论证及商谈紧密相关

何种秩序是正当的？何种法律是合法的？哈贝马斯的法律规范论提供了极具解释张力的思维路径。法律合法性的核心要旨在于法律的产生程序是否充分兑现了民主商谈和交往理性的精神。[①] 哈贝马斯认为，在社会日趋多元化的时代背景下，人们难以依靠统一的世界观协调彼此的行动，作为针对"正当"这一有效性主张的实践商谈形式，需要遵循商谈原则："有效性的只是所有可能的相关者作为合理商谈的参与者有可能同意的那些行动规范。"[②] 由此引申出立法程序的民主原则："民主原则应当确定，合法的立法过程的程序是什么。也就是说，这个原则规定具有合法的有效性，只是这样一些法律原则，它们在各自的以法律形式构成的商谈性立法过程中是能够得到所有法律同伴的同意的。"[③]

[①] 韩德明：《法律因何合法、怎样合理？——法律商谈论语境中的考察》，《法制与社会发展》2006年第2期。

[②] ［德］哈贝马斯：《在事实与规范之间》，童世骏译，生活·读书·新知三联书店2014版，第132页。

[③] ［德］哈贝马斯：《在事实与规范之间》，童世骏译，生活·读书·新知三联书店2014版，第135页。

按照哈贝马斯的理论逻辑，法律的有效性与论证或商谈紧密相关。哈贝马斯提出，从经验角度出发，实证法只要依据合法程序通过后获得了法律效力，就被认为是有效的法律（即使法律存在被废止的可能性，但在废止之前也是有效状态），此种合法性判断实际上只有心理学意义。法律的实际有效性与合法性二者不能等同，法律的合法性必须同时满足两个条件才能成立：一是社会的或事实上的有效性，就是被接受；二是法律的合法性或规范有效性，就是法律或规范依据合法程序生效。法律规范的社会有效性，是由事实上可以期待法律同伴接受的程度决定的。"规则的合法性的程度取决于对它们的规范有效性主张的商谈的可兑现性，归根结底，取决于它们是否通过一个合理的立法程序而形成。"[①] 也即，法律之所以广为接受，并被看作是正当的，是因为该法律产生于民主商谈，由受该法直接调整的对象参与制定。

2. 知识产权国际秩序正当性的欠缺

以哈贝马斯的上述理论作为指引观察知识产权国际保护秩序不难发现，由于发达国家利益集团对知识产权立法的主导、多数人的缺位、立法参与的非平等性三个方面的障碍，知识产权国际保护立法程序缺乏民主商谈和交往理性，导致知识产权国际保护秩序的正当性一直备受质疑。

其一，知识产权国际保护立法是发达国家利益集团运作与操纵的结果。按照美国学者苏珊·K. 塞尔的观点，TRIPS 协议就是 12 个美国 CEO 所代表的知识产权私人集团行动的产物。[②] 再以美式双边/区域贸易协定中的 TRIPS-plus 条款为例，政府官员通过"旋转门机制"穿梭交叉、转换角色，成为知识产权利益集团的代言人；利益集团向政府提供信息和专业知识，组成工业职能咨询委员会（ITAC15），直接介入 FTA 知识产权条文草案的拟定，全面审查协议条文草案，活跃于 FTA 知识产权规则台前幕后的博弈中，确保私人产业的利益诉求在贸易协定中能够得到直接体现，如彼得·达沃豪斯所述，精英公司在知识产权保护标准制定过程中起着支配作用。在过去近一个世纪里，大公司以昂贵的社会成本为代价进行着知识产权游戏，游戏的成本由各国公众承担，发展中国家的公众承担了

[①] ［德］哈贝马斯：《在事实与规范之间》，童世骏译，生活·读书·新知三联书店 2014 年版，第 36 页。

[②] Susan K. Sell. Private Power, *Public Law*: The Globalization of Intellectual Property Rights, London: Cambridge University Press, 2003, p. 1.

最终的部分，许多人买不起药品、技术和课本。① 利益集团从一己利益出发，采取纯粹的策略行动，基于功利主义伦理观主导知识产权国际立法活动，与话语伦理的基本要求相背离，压制了其他利益攸关者的商谈地位，甚至将其完全排挤出立法论辩活动，抑制了交往理性的发展。

其二，知识产权国际立法程序中多数人的缺位。从国家行为体的层面看，少数国家主导知识产权国际立法的现象极其普遍。知识产权国际立法往往采取"绿屋会议"等方式，刻意封锁信息，排除多数发展成员的参与，通过小范围磋商，使少数国家妥协，并将决策成果扩大到全体成员。以TRIPS协议谈判为例，在关贸总协定论坛里，采用协商一致的"绿屋会议"形式，由最初的美、欧、日、加四方小组扩充到之后的"10+10组合"（知识产权友好国家加上刻意挑选的10个发展中国家），整个决策过程中由少数发达国家操控议程，制造麻烦的发展中国家在关键节点都被排除在外，表面上"所有国家都得到平等与民主的代表，但实际是直到主席文本成为既成事实，公开放在谈判桌上时，大部分国家都没得到代表"。②

从公众参与的层面看，知识产权国际立法中公众的民主参与情况也不容乐观。首先，以美、欧FTA谈判为例，其往往采取"密室磋商"的谈判方式，协定文本不对外发布，刻意封锁谈判内容，排除利益攸关者参与协商过程，公众对其内容无从知晓。其次，知识产权的保护会在一定程度上限制自由竞争以及公众自由获取信息和技术，但知识产权本身具有专业性，所保护的客体具有无形性而非有形物，区别于直接剥夺私人有形财产所带来的影响的即刻性、显著性，知识产权保护对公众利益的影响往往是渐进和不易察觉的，不会立即引起知识产品消费者的强烈抵触和反对，公众对立法的参与度不高。最后，即使部分公众和中小企业有参与立法的意愿和动力，也未必有能力影响立法。根据奥尔森（Mancur Lloyd Olson）的集体行动逻辑，大型团体的组织成本与收益不成比例，汇集数量众多的知识产权消费者比组织少数知识产权利益集团成本高，分散的公共利益往往得不到代表，也缺乏有效的组织形成干预立法的集体力量和统一行动；而利益集团不同程度掌控着行政权力、经济系统和传媒体系，权力、货币与话语三种媒介都被其垄断，具有强大的游说支付能力。缺乏资金、渠道

---

① ［澳］彼得·达沃豪斯、［澳］约翰·布雷斯韦特：《信息封建主义》，刘雪涛译，知识产权出版社2005年版，第14页。
② ［澳］彼得·达沃豪斯、［澳］约翰·布雷斯韦特：《信息封建主义》，刘雪涛译，知识产权出版社2005年版，第223页。

与影响力的普通公众，时常处于缺席和失语状态。

其三，参与的非平等性。哈贝马斯强调立法过程中主体参与的平等性与非支配性。他认为，理想的交往共同体条件是同等的话语论证权利、屏蔽了阶层等级、排除了内外压制等。在知识产权国际保护秩序的建制过程中，表面上的一致同意掩盖了条款背后的强权与胁迫。包括 WTO 在内的谈判各方实力显著失衡的论坛中，发展中国家与发达国家谈判地位明显不对等，政治胁迫时常发生——"没有专利保护，就没有贸易或援助"。关联交涉策略——利用庞大的国内市场发挥杠杆作用，采取议题挂钩方式，关联知识产权保护与其他贸易利益是发达国家快速提升发展中国家知识产权保护标准的常用手段。在以市场开放、贸易利益作为诱饵和筹码的同时，制裁的威胁也是 TRIPS-plus 规则得以确立的有效工具。以美国为例，特别 301 调查、外交活动、威胁终止经济合作、中断发展援助或断绝政治联系等手段是其使贸易伙伴让步的常用工具。近年来，在"如果没有制裁的威胁，没有什么规则会真正有效"[1] 的理念下，欧盟 FTA 谈判也都以贸易壁垒规则（TBR）制裁威胁为后盾，推行反映自身利益偏好的知识产权规则。

综上，从哈贝马斯话语民主理论的视角观之，知识产权国际保护立法程序存在压制性力量，发达国家利益集团操控的立法未经过充分的论证咨询和公众参与，多数人的缺位以及参与的非平等性否定了立法商谈的民主性。强权压制必然导致知识产权国际规则深刻的不对称和非正义，程序上对话语伦理的背离与实体上不公平的法律之间存在明显的因果关系。缺乏正当性的知识产权国际保护秩序造就了以功利主义为价值取向的专门化世界，侵蚀了人们的交往行动赖以生存的基础——生活世界。

（三）改良知识产权秩序的路径指引

哈贝马斯话语民主理论不仅为评判知识产权国际保护秩序提供了理论线索，也给出了知识产权国际立法程序实现话语伦理的路径指引。

1. 民主商谈

民主商谈是哈贝马斯对如何构建立法程序中的话语伦理给出的答案。哈贝马斯提出了立法程序的民主原则，遵从民主原则的实践商谈就是民主商谈。商谈原则在程序上确保了一种公平：只要关于妥协的谈判是根据确保所有利益相关者都有平等参加谈判机会的程序进行的。只要这种谈判允

---

[1] European Commission, "Intellectual Property: Strategy for the Enforcement of Intellectual Property Rights in Third Countries", August 10, 2015.

许每个人有平等的机会彼此施加影响,并同时为所有的利益创造大致平等的实施机会,那么妥协之协议就是公平的。①

因此,知识产权国际立法的正当化需要以制度伦理为依托,程序正义必不可少,程序正义与民主商谈的结合有助于实现知识产权立法的正当化。具体而言,改进知识产权国际立法的程序,矫正立法与话语伦理的背离,创造条件增进立法进程中的平等协商和广泛参与。一是要使立法和缔约程序更加公开透明,促使利益攸关者和公众能够获得完整信息;二是畅通公众参与立法的渠道,丰富民主商谈的形式,使不同国家、不同主体的声音和诉求都有表达的机会;三是立法程序中允许参与者有平等的机会彼此施加影响,并同时为所有的利益实现创造大致平等的机会。

2. 交往理性

哈贝马斯的理论表明,知识产权国际立法之正当化,还应当遵循交往理性的原则,从工具理性转向交往理性。具体而言,知识产权国际保护的立法过程应当改良立法程序,践行民主商谈,由独立自主的个体按照民主程序互动完成,在立法参与者的主体间性结构中发展交往理性。值得注意的是,知识产权国际规范的建构和适用都应秉持交往理性。只有通过交往理性,符合常人本性的规律或情理才能被融合到知识产权法律规范的制定及其适用过程之中。

工具理性和功利主义伦理观主导当代知识产权国际立法,制度价值旨在促进技术进步和社会福利,而社会整体福利被等同于促进技术创新和产业发展,脱离了主体间的合理关系,知识产权利益集团和跨国公司以此作为强化知识产权保护的正当理由。基于交往理性原则,知识产权国际立法的参与者应当尊重其他价值,考虑其他主体的立场和利益关切,增进知识产权国际立法的权威性以及公信力,以得到绝大多数人的最大共识。

3. 公共领域

哈贝马斯对公共领域概念的阐发揭示了社会生活中一度被忽略的公共领域这一重要维度。以话语为媒介的商谈民主话语的说服力使公共领域具有了将原先分散、对立、冲突的主体集合为话语共同体的特殊功能。公共领域是生活世界借以影响政治系统和经济系统的重要力量,是私人领域与公共权力之间的桥接,对于实现立法程序正义意义重大。公共领域保留着生活世界本真的沟通结构,通过市民社会植根于生活世

---

① 马剑银:《通过公共领域的立法民主——商谈论视角下的立法过程模型》,《清华法治论衡》2009 年第 1 期。

界，话语主体在其中以日常交往的自然语言将话题集中、放大和突出，经由"非正式的、多重分化和错综复杂的沟通之流"，[①] 将问题交由政治系统解决。根据哈贝马斯的设想，独立、自主、活跃的公共领域空间的维护，有助于系统与生活世界的连接，有助于立法程序话语伦理的实现。

公共领域对于知识产权国际保护秩序公正性的实现有重要意义。长期以来，知识产权利益集团和发达国家通过传播知识产权话语、营造知识产权文化、资助学术研究、控制公共媒体、对发展中国家进行技术援助和能力建设等方式，使权力政治渗透进知识产权公共领域，侵蚀了知识产权消费者和中小企业参与商谈的资格和能力。从 TRIPS 协议到美、欧自由贸易协定中的知识产权条款，从 ACTA 到 TPP 知识产权条款，知识产权国际造法程序背离民主商谈原则的事例屡见不鲜。

有学者提出，压制交往理性的力量在于公共领域，解放交往理性的力量同样潜藏于公共领域，互联网的出现和普及使得重新恢复知识产权公共领域的商谈功能具备了技术可能性。[②] 即时通信软件、公众号、自媒体、电子邮件等网络交流方式降低了个人之间联系、协调与组织的成本，破除了陌生人交流的时空界限，网络化、私人化、平民化、普泛化、自主化的舆论场随处可见。具有共同关切的社群聚集起来，消解权力政治对公众舆论的遮蔽和钳制。例如，推行知识共享理念的电子前沿基金会（Electronic Frontier Foundation，EFF）与药品获取（Access-to-Medicines）、科学开放（Open-Science）等反对专利扩张的活动参与者集合在一起，形成了蔚为壮观的 Access to Knowledge 大动员，使 1995 年美国数据库版权保护议案未能在国会通过；成功说服欧洲议会否决计算机软件专利保护指令；促请 WIPO 成立专门委员会以审视知识产权对全球发展的影响。[③] 以互联网为媒介的公共领域在知识产权政策制定、制度建设中的作用可见一斑。

三 建构主义国际关系理论

建构主义国际关系理论兴起于 20 世纪 80 年代，在 90 年代末，其与新现实主义、新自由主义三分天下。"建构主义"一词源自于该理论的核心观点：行为体与结构是互相建构的。建构主义的学术意义在于从本体论

[①] 马剑银：《通过公共领域的立法民主——商谈论视角下的立法过程模型》，《清华法治论衡》2009 年第 1 期。
[②] 胡波：《话语伦理视阈下的专利立法程序》，《法制与社会发展》2010 年第 4 期。
[③] 熊文聪：《后现代主义视角下的著作权的正当性及其边界——从个体权利到基于商谈的共识》，《政治与法律》2010 年第 6 期。

出发，重新设定了国际关系研究的议程，引入哲学和社会学视角，将角色认知引入国际关系理念，为冷战和平结束提供了有说服力的解释。在自成体系的同时，建构主义还推动了现实主义和自由主义的发展，拓宽了国际关系研究的领域。

（一）建构主义与国际关系传统范式主流理论的区别

1. 国际关系理论的"三驾马车"

新现实主义、新自由主义和建构主义构成了当代国际关系理论的"三驾马车"。20世纪七八十年代，国际关系理论研究开始以新现实主义和新自由制度主义为主流理论。新现实主义以肯尼斯·沃尔兹（Kenneth Neal Waltz）的《国际政治理论》为代表，新自由制度主义以罗伯特·基欧汉（Robert Keohane）的《霸权之后》为代表。经历论战之后，新现实主义和新自由主义两个流派呈现出从理论框架到研究层次的趋同。美国学者亚历山大·温特（Alexander Wendt）的《国际政治的社会理论》等一系列著作，系统搭建了建构主义国际关系理论体系。

新现实主义、新自由主义和建构主义都将研究重点置于国际体系层次，并且都以科学实证主义作为认识论基础，但新现实主义、新自由制度主义是科学实证主义的归纳式解释，大部分建构主义者（如常规建构主义流派）是科学实证主义的个性式解释。[①] 更重要的是，新现实主义、新自由主义和建构主义对国际体系、体系单位以及体系因素和国家行为之间的因果关系有泾渭分明的理解。

2. 物质主义与理念主义

新现实主义看重物质力量，强调对国际政治现象的阐释应当注重从国际体系的物质结构、国家之间的物质实力分配状况等角度展开；新自由主义笃信资本利润率与市场竞争是人类社会最好的发展动力，认为国际机制的形成与发展取决于物质力量。新现实主义和新自由主义可以看作国际关系的物质主义分析。与之相对应，建构主义的理论范式是分析构成国际体系的观念要素与物质要素、国家利益判定、国家间关系认知、国际体系结构构成等要素和结构间的互动关系。建构主义特别强调观念因素，如文

---

① 科学实证主义秉承三个基本原则：（1）我们生存的世界其性质与存在既不是逻辑地也不是因果地依赖于思想；（2）我们关于世界的某些理念是正确的描述——即使是不完整的描述——因而是真实的；（3）研究的方法使我们能够发现对于世界的某些理念是真实的。反实证主义与之相对应，否定逻辑上及因果上独立于思想的"真实"存在，或者不认为我们可以知道这一"真实"存在的可能性。参见李颖《西方建构主义国际关系理论评介》，《国际政治研究》2001年第4期。

化、信仰、规范、理念和认同在国际关系中的重要作用。与新现实主义和新自由主义相比，建构主义认为观念比物质的影响更大，不是体系的物质结构而是国际政治中的观念以及相关因素建构了国际体系。也即，建构主义将非物质力量置于首位，更加注重社会关系、价值规范、互动过程以及观念的力量。

总体而言，建构主义与新现实主义和新自由主义的根本区别在于本体论。作为传统国际关系主流理论，新现实主义和新自由主义均属于物质主义，不承认观念的实质性意义。建构主义批判现实主义和新自由主义的物质主义本体论，认为物质客观存在，但物质的意义是观念赋予的，主张注重国际关系中存在的社会规范结构而不是经济物质结构，因此建构主义是观念本体论，应当划归理念主义。

（二）建构主义国际关系理论的基本理念

建构主义国际关系理论有三个典型的基本理念：强调观念因素的作用，共有观念决定国际体系的结构，共有观念建构主体身份与利益。

1. 观念是国际关系的首要因素

"权力和利益之所以具有它们实际上所具有的作用，是因为造就权力和利益的观念起了作用。"[1] 建构主义认为观念是国际关系的首要因素，将观念的作用置于其他因素之上，而非并列或同等作用，如温特所述，"我提出的第二种方式是社会建构方式，它研究的问题是观念在多大程度上首先建构了看上去属于'物质'范畴的原因。正因为物质性原因是由观念建构的，所以，如果把观念视为与其他原因并列的变量，就不能充分理解观念的作用"[2]。

值得一提的是，在强调观念作用的同时，建构主义者绝非否认物质世界的现实，建构主义的观点是物质世界如何塑造、改变和影响人的行为，如何受到人的行为的影响，取决于对物质世界的认知性和规范性诠释。[3]

2. 共有观念决定国际体系的结构

共有观念是建构主义成其为理论的关键概念，是指社会成员共同具有的知识、文化、期待等理念。与新现实主义和新自由主义相区别，建构主

---

[1] ［美］亚历山大·温特：《国际政治的社会理论》，秦亚青译，上海人民出版社2000年版，第167页。

[2] ［美］亚历山大·温特：《国际政治的社会理论》，秦亚青译，上海人民出版社2000年版，第121页。

[3] 秦亚青：《建构主义：思想渊源、理论流派与学术理念》，《国际政治研究》2006年第3期。

义认为共有观念对国际体系结构起着决定性作用,主张从社会学视角,聚焦社会规范结构,而不是从物质经济结构的角度看待国际政治体系。

建构主义认为国际体系的结构是在物质世界之外的意义与知识的世界,是意识相互联系由共有理念所组成的主体间世界。通过主体间世界的理念互动,国际体系的主观结构由国家之间形成的对他方的"看法"与"态度"的总和构成。[①] 因此,与新现实主义的物质利益的"结构"不同,建构主义下国际体系"结构"是"看法""态度"等共有观念的分配结构。

建构主义认为"观念"主导国际行为体的表现,国际社会共有观念的分配形成了国际体系文化,国家之间的互动实践造就了国际体系文化的表现形式——国际规范和制度。共有观念、物质资源以及行为实践是建构主义理论下的社会结构的三种基本成分。行为主体之间共有观念越多,对理解、期待和知识的分享程度越高,彼此之间越容易建立起信赖关系。物质资源也是通过行为主体的共有观念获得意义,意义系统驱使行为主体通过行为实践理解、适应、改变物质环境。因此,共有观念对国际体系的社会结构的构成和物质结构的意义均有决定性影响。

3. 共有观念建构主体身份与利益

建构主义认为,共有观念除了决定国际体系的结构外,对国家行为体的身份及利益形成过程也起着重要的建构性作用。

"身份"是支撑建构主义理论大厦的基石。"身份"一词的英文"identity"包含"身份""特性""认同"等多种含义。建构主义通过对符号互动理论——多数人之间有意识的符号(语言、文字、手势等)互动造就了自我的身份和利益——的借鉴,提出国家行为体的身份和利益的建构与意义化是在自我与他者的互动中产生的。温特认为"身份"在本质上是主体的特征,根植于行为主体的自我领悟,身份引发行为体的动机和行为;而身份认知在不同主体之间的内化会产生物化效果,生成静态的国际制度。

在对"身份"进行概念界定的基础上,基于适当性逻辑和传授机制,建构主义构建了共同观念建构主体身份与利益的基本逻辑,即观念建构身份,身份决定利益,规范理念自上而下传授。玛莎·芬尼莫尔(Martha Finnemore)通过对国际组织主动"传授"的个案分析(包括联合国教科

---

① Matthew J. Hoffman, "Constructivism and Complexity Science: Theoretical Links and Empirical Justification", paper for ISA meeting 1999.

文组织对发展中国家建立教科文体系的指导；红十字国际委员会促使各国善待战俘，推动一系列相关公约的成立；世界银行推动南北援助关系等），展示了观念建构的社会化过程，颇具说服力的验证了建构主义利益产生于身份，身份由规范构成的观点。①

（三）建构主义国际关系理论的语言哲学渊源

建构主义在发展过程中吸收了诸多学科的营养，主要是社会学、语言哲学和其他国际关系理论。建构主义内部流派纷繁，并非建构主义的所有流派都重视话语研究（以温特为代表的结构建构主义未将话语纳入研究视域），但规则建构主义以语言哲学作为重要的思想渊源。

1. 哲学话语转向提供本体论基础

话语本身就具有建构社会事实的功能，包含构成性的规则。有学者认为，哲学出现语言学转向之后，为建构主义、反思主义以及后现代理论提供了共同的本体论基础，因此上述理论在本体论上具有接近、相似之处。②

在语言哲学的影响下，以规则建构主义的形成为代表，国际关系研究也产生了话语转向的变化。作为一门社会学科，国际关系的社会性通过人们对话语的使用得到体现。哲学的话语转向引发了建构主义对话语的关注，带来了国际关系新的研究视角。从话语角度出发，探讨规则与规范等重要社会概念渐成国际关系研究的潮流。话语行为分析能够较好地解释规则的形成、国际关系的转化，从而克服国际关系传统范式理论的不足。

2. 语言游戏论供应理论养分

以维特根斯坦（Ludwig Josef Johann Wittgenstein）的语言游戏论为代表，建构主义的发展受益于语言哲学思想提供的灵感。

维特根斯坦的语言游戏论认为，语言并非对实在对象的孤立、静止描述，不能只关注抽象的语言理论，词语的意义只存在于语言游戏之中，体现在具体使用的语境之中，因此不能脱离语言的具体使用而寻求其绝对的意义。受语言游戏论的影响，建构主义的语言哲学观认为，语言具有模糊性、矛盾性、主观性和建构性等特征，只有考察语言使用的动态过程才能把握语言的意义；使用语言就是主动进行建构，语言的建构发生在人际交往的环境中，是语境下社会互动的结果。通过语言游戏论，国际关系研究

---

① 陈拯：《建构主义国际规范演进研究述评》，《国际政治研究》2015 年第 1 期。
② 秦亚青：《建构主义：思想渊源、理论流派与学术理念》，《国际政治研究》2006 年第 3 期。

从静态分析转为动态分析，从因果分析转向过程分析，更好地呈现出国际关系变动的特点。维特根斯坦语言游戏论为国际关系研究供应了有益的理论养分。

3. 言语行为理论提供思想源泉

塞尔（J. R. Searle）和奥斯丁（J. L. Austin）的言语行为理论对语言学界产生了重大影响，也带动了国际关系研究的话语转向。言语行为理论发现了语言的施为性（实施行为）功能，认为语言是一种行为方式，强调语言的交际特征，为语言研究提供了新的视角。

言语行为理论将言语行为分为三类，分别是以言指事（用语词表达字面意思）、以言行事（以言词表达说话者的意图）和以言取效（言词产生效果或者引起变化）。塞尔在奥斯丁的基础上，延伸、拓展了言语行为理论，将言语系统化，并分析了言语行为的原则和分类标准，认为指令性、指导性和承诺性言语行为对言语活动起到了限制作用。受该理论的影响，研究言语行为的本质和内部逻辑构造开始成为语言分析哲学的核心内容。语用学派进一步强调以言行事的意义，强调在交际过程中有目的性的，充分利用语言的建构功能。受此启发，尼古拉斯·奥努弗（Nicholas Onuf）发展了规则建构主义，将言语行为与社会规则之间的关联纳入研究视角，认为言语行为是行为体与规则之间互构的桥梁，规则通过言语行为建构身份、约束行为、形成统治、建立秩序。

卡琳·菲尔克（Karin Fierke）整合奥努弗规则建构主义思想以及维特根斯坦的语言游戏论，创立了"语言游戏"建构主义理论，在国际关系研究中引入"语言游戏"概念，认为在社会事实的建构中，语言游戏规则是核心。规则建构主义以言语行为、规则和社会秩序等要素及其彼此之间的互构为研究对象，深化了关于语言和规则重要性的认识，具有很强的现实性和指导意义。

（四）建构主义对知识产权话语秩序的适用性

建构主义理论的嵌入更新了国际关系学的逻辑起点和研究议程，其提供了一个新的解释国际关系的理论框架，重提为国际关系主流理论所忽视，或仅作为假设前提、自变量的重要概念，如观念、国家利益、国家身份、无政府状态、规范等，尤其强调观念因素的作用。建构主义对哲学、社会学、语言学、心理学乃至自然科学的一些新成就的广泛吸纳和借鉴阐释深化了国际关系理论的哲学意蕴，推动了国际关系研究对观念变量的重视，强化了国际关系理论的生命力。建构主义的经典理念对知识产权国际保护领域话语秩序的研究也有极佳的适用性和解释力。

1. 对话语与秩序之间相互关系的解释力

建构主义研究行为体与其所处的国际社会之间的互动关系，将规范看作话语过程，认为社会事实是可以建构的，国际制度是施动者在互动实践中建构起来的事实。有学者进而主张将规范看作一种话语与实践过程。规范是不断变动调整的过程性存在，而非确实稳定的实在。规范同语言话语实践密切相关，具有不断重构、变动的可能性。规范驻泊于话语中，其稳定是相对的。在不断的话语互动实践中，规范内容与形式的添补、漂移、增生与逆转都有可能发生。[1] 总体而言，建构主义论证了共有观念建构国家身份、利益、偏好与认同，认为人、组织或国家的行为都是社会建构的，并不遵循一个不变的秩序或原理。建构主义理论令人信服，证明了修辞行动和公民社会倡导制度变革的相关性。上述分析框架和论断同样适用于知识产权国际保护领域。

知识产权国际保护领域的研究也是一种国际知识产权关系的研究，适用于有启示价值、有解释力的相关国际关系理论。建构主义关于国际体系结构由观念建构而成，规范是话语与实践过程，修辞行动与制度变革相关性的分析论证框架可以用于解释知识产权国际保护领域的相关论题。本书提出话语与知识产权国际保护秩序之间的关系问题，把话语作为知识产权国际秩序生成与演变，知识产权国际规范兴起、扩散和内化中的一种非物质性能动变量来考察，建构主义理论提供了重要的思维启示。以芬尼莫尔和斯金克（Kathryn Sikkink）提出的"规范生命周期"（国际规范生命周期由兴起、扩散和内化三阶段构成）论为代表，其研究国际规范的演化，关注规范的形成、社会化机制和跨国倡议网络等内容，能够适用于知识产权国际规范兴起、扩散和内化的过程，对规范演化过程中话语作用的发挥也有很强的解释力。

2. 对中国知识产权话语策略的启示意义

建构主义国际关系理论强调开放、文化、互动、观念等要素，不仅改变了力量、利益等硬性要素长期支配国际关系研究的思维定势，对知识产权自主话语推进、国际话语权建构实践而言，也是直接和重要的国际关系理论。对于中国知识产权话语策略的研究，建构主义国际关系理论能够提供有意义的理论参照，主要启示如下。

---

[1] Emanuela Lombardo, Petra Meier, "Framing Gender Equality in the European Union Political Discourse", *Social Politics: International Studies in Gender, State & Society*, Vol. 15, No. 1, Spring 2008.

其一，话语建构世界，应当重视话语对知识产权国际秩序的建构作用。基于本体论角度，话语建构了国际体系结构，不同话语建构了各异的社会现实。一方面，话语承载着社会事实与文化，是国家和民族独特价值观和思维习惯的表达，是国际关系主体之间互相了解的途径；话语影响着知识产权国际法律制度的规范生成以及规范遵守。另一方面，话语是一种权力结构，为了维护自身的稳定与可控，知识产权国际秩序通过国际法和国际机制下权力网络的运行，作用于话语的建构，通过话语传播理念、界定身份，往往又会触发相应的支持话语、平行话语或对抗性话语。[1] 因此，中国知识产权话语实践必须充分认识到话语的建构作用，对其进行专门研究，进行策略性使用。

其二，话语通过规则建构世界，应当重视话语策略研究中的国际规范问题。对于积极参与知识产权全球治理的中国而言，需要思考知识产权话语策略中的国际规范问题。一方面，需要认真考虑如何应对当前 TRIPS-plus 规范的扩散。中国正在加快实施自由贸易区战略，经由双边、区域自由贸易协定，TRIPS-plus 知识产权保护规则不断蔓延，如何应对、化解高标准知识产权保护规范的制度压力，是中国参与知识产权全球治理必须思考的问题。另一方面，需要研究如何将本国知识产权理念和价值观念进行制度性嵌入，并推动相应规范的扩散与内化。作为世界第二大经济体、技术后发国家和知识产权大国，中国能否倡导形成一些有中国特色、体现东方文化理念的知识产权规范，并以积极的话语策略推动这些规范为国际体系所认可和接纳，也是当下对策研究的重要任务。

其三，国家行为体对规则有能动性，应当重视提升本国知识产权话语表达。话语不但意味着一种言说方式，而且意味着对言说者地位和权力的隐蔽性认同。[2] 目前，话语霸权在包括知识产权国际保护领域在内的国际社会司空见惯，西方国家凭借知识产权话语霸权维持自身技术竞争优势。按照奥努弗的理论，国家作为国际关系中的施动者，在规则面前具有能动性，每个国家都要积极地参与到全球政治、经济、知识等领域的实际对话中来，使各种声音都能够被表达、被倾听，避免自己被边缘化，这样可以把规则的剥削性最小化。[3] 中国应当积极参与知识产权国际组织，努力推

---

[1] 朱雪忠、杨静：《中国知识产权话语策略研究：基于话语与秩序相互建构的视角》，《中国软科学》2017 年第 5 期。

[2] 阮建平：《话语权与国际秩序的建构》，《现代国际关系》2003 年第 5 期。

[3] [美] 尼古拉斯·格林伍德·奥努弗：《我们建构的世界——社会理论与国际关系中的规则与统治》，孙吉胜译，上海人民出版社 2017 年版。

进本国知识产权话语，影响、引领知识产权国际规则的转型发展。

第五节 结构安排与主要观点

一 结构安排

本书系统研究了话语与知识产权国际保护秩序之间的相互关系，探讨了在知识产权国际秩序变动背景下，中国作为发展中国家、技术后发国家和知识产权大国的话语策略。

第一章导论部分，首先提出本论题的研究背景与研究意义。在对必要的研究背景与研究意义进行阐释之后，本部分对研究对象及其概念内涵进行厘定，并梳理、评介知识产权国际保护研究、社会科学各领域的话语研究、知识产权领域的话语研究以及建设中国学术话语体系的相关研究成果，呈现论题研究的出发点、价值和研究空间。然后分析话语与秩序研究的理论基础。福柯权力话语理论、哈贝马斯话语民主理论以及建构主义国际关系等经典理论为研究工作的展开提供了重要的认识论启发、方法论支撑和知识规训。本部分回顾福柯与哈贝马斯经典学说的主要内容，以福柯权力话语理论为观照，知识产权国际保护秩序的建制与改制是权力运作与较量、话语生产与统治的结果；哈贝马斯话语民主理论则提供了评判知识产权国际保护秩序的理论线索以及改良现有秩序的话语路径设想。建构主义国际关系理论有深刻的语言哲学渊源，其认同话语、观念等非物质力量要素对国际体制的建构作用，为话语探讨、机制建构等问题提供了合理的认知路径。本章内容的铺垫使成果主体部分的展开立足于经典理论之上。

第二章从话语视角考察知识产权国际保护的秩序缘起与当代样态。本部分通过对《安妮法》《垄断法案》出台等历史事件触发点的分析，揭示了权力话语作用下的知识产权秩序的起源，审视知识产权历史上权力话语的嬗变，并对西方主流知识产权话语进行了解构：私权神圣的宏大叙事、权利本位的逻辑起点以及工具理性的价值选择。本部分进一步分析了现行知识产权国际秩序的话语建构性、不合理以及不完善之特征；研究了西方主流话语支配下的知识产权国际保护规范的内容，对知识产权国际保护秩序演化中主导性话语与对抗性话语之间的论争进行了深入剖析。

第三章从建构主义的视角对话语与知识产权国际保护秩序之间的相互作用展开分析。话语对知识产权国际秩序的施动主要体现为话语影响规范生成与规范遵守，而通过国际法和国际机制下权力网络的运行，知识产权国际秩序作用于话语的建构，形成了话语的基点，规约话语的规则，最大限度决定"谁有权说并被听到"。本部分通过对 ACTA 立法进程中工具理性话语联盟和价值理性话语联盟的话语内容、话语策略以及话语竞争效果的实证分析，验证了本书的理论假设：话语作为一种非物质力量建构、影响知识产权国际保护秩序的生成。

第四章分析知识产权国际秩序变动中的中国角色转换与中美话语政治。话语意义的争夺往往伴随着秩序的建构或转换，包括权力的分配、结构的改造、文化的变迁和意识的转型等。知识产权国际秩序有明显的代际差异性和权力依赖特征，正面临重大挑战：发展中国家抗争引发秩序松动；小型体制下知识产权区域主义、单边主义的削弱、侵蚀和瓦解；以人工智能为代表的新技术革命带来的冲突；以中国为代表的新兴力量崛起对建造、维持秩序的权力结构的改变。本章分析知识产权国际秩序的阶段性变动，探讨中国从规则学习者、遵循者到参与者、建设者和主动作为者的角色转换，提出中国在知识产权国际秩序转型中的责任担当，并分析了中美两国围绕知识产权问题的话语政治。

第五章提出推动秩序转型的中国知识产权话语方略。第一，分析了中国知识产权话语推进的制约因素，包括知识产权理论基础研究的薄弱和实践经验的不足、西方话语霸权强势地位以及中国知识产权软硬实力发展不均衡。第二，提出了中国知识产权国际保护话语建构的理论支持，包括中国特色知识产权理论创新的必要性、出发点和切入点。第三，分析了中国知识产权国际保护话语推进的立场、原则与秩序主张，提出中国应当采取中性化改进、建设性塑造的方案，倡导平衡与合作，包容与有效的知识产权国际保护秩序。第四，从议程设置、政治操控以及舆论主控等层面分析中国知识产权国际保护话语推进的现实路径。第五，以《马拉喀什条约》为样本进行实证分析，总结了《马拉喀什条约》缔结的话语秩序意义。

结语部分进行研究总结与概括，提出中国亟须积极、深度参与知识产权全球治理，在知识产权理论创新的基础上实施相应的话语构造行动，发出声音应对西方知识产权责难，促进知识产权全球治理权威的重新分配，谋求构建更加公正、合理的知识产权国际秩序。

二　主要观点

在学术观点方面，本书提出以下主要观点。

（1）话语分析是深入研究知识产权国际秩序的绝佳视角。话语视角能够为知识产权国际保护研究开放出必要的理论研究和学术讨论的空间，并提供新的研究生长点。通过对历史的反思，审视各种话语叙述的影响，着手创造出新的叙述，促进多样化的制度想象，对推进秩序的进化有积极意义。

（2）现代知识产权观念和实践由强势集团通过话语建构而成。知识产权秩序生成与演化的历史就是一部话语意义争夺、商业利益主导的嬗变史。商人集团创设浪漫措辞，推进权力话语，并通过立法确立、固化了智力成果私权保护、利益分配的格局与秩序，权利保护的单向度独白长期占据知识产权领域的主流话语位置。

（3）话语与知识产权国际秩序相互影响、相互作用。话语作为一种非物质力量建构知识产权议题、论证立法的合理性、影响国际规范的内化，在塑造制度身份与认同，促进机制的演进与重构方面起着能动作用。秩序有话语生产、话语框定及意识形态功能，通过权力网络的运行，知识产权国际秩序影响话语的生产与传播，最大限度决定"谁有权说并被听到"。

（4）知识产权国际秩序正处于转型发展的历史阶段。知识产权国际秩序有明显的代际差异性和权力依赖特征，当下正处于转型发展的历史阶段，面临重大挑战：其一，发展中国家的抗争引发秩序松动；其二，小型体制下知识产权区域主义、单边主义的削弱、侵蚀和瓦解；其三，以人工智能为代表的新技术革命带来的冲突；其四，以中国为代表的新兴力量的崛起改变了主要行为体力量的对比，改变了建造和维持知识产权国际秩序的权力结构。

（5）加强理论创新，提升软硬实力，推进中国知识产权话语。作为技术后发国家，中国知识产权政策空间受制于包括国际公约普遍性管辖和知识霸权国单边施压在内的外部环境约束。在中美经贸摩擦中，美国以知识产权话语指涉为急先锋，对中国采取各种手段遏制打压。中国亟须加强理论创新，增强知识产权话语力，提升知识产权话语权，应对西方知识产权责难，推动更加公正、合理的知识产权国际秩序的形成。

在研究方法方面，本书从微观话语维度自下而上地切入宏观的知识产权国际保护秩序的研究，综合采用话语分析、历史分析、实证研究、规范分析等方法展开工作，跨学科研究方法的综合运用有助于提升研究的深度与广度。基于建构主义为制度变迁、规则变动等问题提供了更为合理的认知路径，本书从动态的建构主义视角探寻知识产权话语与秩序之间的相互作用，突破学科传统研究范式的局限，有助于确保研究结论的客观性和说服力。

在学科、理论和实践层面，本书具有以下学术价值。

（1）学科层面。基于知识产权的多元属性，从不同学科层面和不同的视角揭示知识产权的基本蕴意，保持知识产权研究中的问题导向及方法的开放性，当为题中应有之义。话语研究开放出必要的理论研究和学术讨论的空间，本书有助于促成知识产权国际保护研究的视域拓展和深入进行，启示了知识产权国际保护研究领域新的视角、素材和生长点。

（2）理论层面。本书有助于验证、丰富和深化相关话语权力理论，并促进话语理论研究通过对知识产权国际保护机制的探微寻找灵感与突破。知识产权国际保护机制的建制和改制是权力如何决定话语方向的最好诠释，本书对知识产权国际秩序的生成与演进提供了一种另辟蹊径的合理解释。

（3）实践层面。作为技术后发国家，中国知识产权政策空间受制于国际公约的普遍性管辖和知识霸权国的单边施压。本书从理论支持和现实路径层面提出了中国知识产权话语方略，为相关决策参考供给相应的理论支持、实践指导和政策建议。

总之，在知识产权国际保护秩序的生成、演进过程中，话语发挥着重要作用。本书从话语研究的视角，旨在考察话语行动的结构性要素，洞悉话语背后的元叙事及话语意义的累积效应，审视借以维持知识产权全球垄断结构的工具和修辞，揭示为主流话语所遮蔽的知识产权国际机制的复杂样态，分析不同行为体话语介入背后的利益诉求和秩序主张。在此基础上，本书从理论支持与实际操作层面提出了在知识产权全球治理中，中国话语建构与推进的对策建议，并以《马拉喀什条约》的缔结为例进行实证分析。

第二章　话语视角下的知识产权保护：
秩序缘起与当代样态

每一阶段的知识产权法律都是历史承继、技术发展与观念转变的混合产物。美联邦最高法院大法官霍姆斯（Oliver Wendell Holmes）曾言，"历史研究之一页当抵逻辑分析之一卷"（a page of history is worth a volume of logic）。[1] 说明与逻辑推理相比，历史情境的考察与研究往往更具有说服力。本章以相关的历史事件为触发点，揭示权力话语作用下的知识产权制度起源的实际面貌，依靠历史微观细节来审视知识产权制度发展史上权力话语的嬗变过程，并解构西方主流知识产权话语及其支配下的当代知识产权全球治理样态，分析知识产权国际法律秩序演化中的焦点争议话题。

第一节　知识产权保护秩序之缘起：
话语视角的考察

在知识财产随着殖民征服、不平等条约和世界范围的自由贸易被移植到全球其他地方之前，它仅生长于西方现代资本主义社会。[2] 19 世纪起源于欧洲的知识产权保护模式作为唯一的版本，框定了全球知识产权保护的游戏规则。因此，对知识产权秩序缘起的研究注目于 17—19 世纪资本主义发展时期，即以英国为代表的欧洲知识产权制度的起源与进化。

如 Susan K. Sell 等所述，"知识产权保护的历史并非线性发展，而是

---

[1] New York Trust Co. V. Eisner, 256 U. S. 345, 1921, p. 349.
[2] 冯象、李一达：《知识产权的终结——"中国模式"之外的挑战》，《文化纵横》2012 年第 3 期。

由论争驱动的"。① 自 17 世纪以来，西方知识产权制度的缘起和嬗变始终遵循商业利益主导的线路，商人集团创设浪漫措辞，推进权力话语，并最终通过立法，以财产权的模式保护版权、专利和商标，确立、固化了商人利益。

一　版权制度确立中的话语表达

以 1710 年英国《安妮法》为表征，版权保护秩序的发端是利益驱动下，以伦敦出版商公会为代表的商人集团权力话语作用的结果。

"版权的出现与马丁·路德（Martin Luther）的教义及 1450 年约翰尼斯·古登堡（Johannes Gutenberg）活字印刷机密切相关。"② 为了监控马丁·路德异教学说的传播，1557 年，英国女王玛丽一世授予伦敦出版商公会皇家特许令状，成立伦敦出版商公会，自此开启了政府与行会长达 100 多年的官商合流史。通过印刷特许令状的发放，政府达到了阻止煽动性言论和宗教异端出版物传播的目的，而出版商人则获得了合法的行业垄断地位，维持了图书出版、发行与贸易的秩序，确保了书商利益的实现。因此，在版权制度的萌芽时期，出版商公会在话语表达方面，强调图书内容审查和民众言论控制的重要性，版权法表现为出版许可法令的形式。

然而，印刷出版垄断一直面临各种批评和反对的声音，以出版许可法令为表现形式的版权法也备受质疑。约翰·洛克（John Locke）指出，出版商多是利用他人的劳动成果获利，出版商公会的垄断令图书的价格上涨。1695 年，来自书商的一封匿名请愿信也对书商公会垄断图书贸易提出批评，认为任何垄断都与国家整体利益相悖。③ 面对反对的声潮和不利的政治环境，伦敦出版商公会转换策略，改弦更张，将洛克财产权劳动学说移植、嫁接至智力成果领域，并寻找能够为当时的政治环境所包容、政治力量所接纳的修辞和理由，作者表达开始浮出水面，出版商人开始极力

---

① Susan K. Sell, Christopher May, "Moments in Law: Contestation and Settlement in the History of Intellectual Property", *Review of International Political Economy*, Vol. 8, No. 3, August 2001, p. 470.
② ［澳］彼得·达沃豪斯、［澳］约翰·布雷斯韦特：《信息封建主义》，刘雪涛译，知识产权出版社 2005 年版，第 32 页。
③ 伦敦出版商公会虽然是书商的行业协会，但其作为大书商的代表，作为一个独立主体，有着区别于其成员和王权的利益诉求。出版商公会在平衡商人利益和王权利益之间发挥着至关重要的作用，在作者、书商的二元主体之外，出版商公会是著作权制度得以产生的重要主体因素。参见肖尤丹《历史视野中的著作权模式确定：权利文化与作者主体》，华中科技大学出版社 2011 年版，第 119 页。

主张作者权利的扩大和版权期限的不受限制,诉诸于作者以及作品财产权的表达。

作者表达的优越性:一方面,作者和出版商人不是竞争关系,通过将一定期限的作品控制权赋予作者这一迂回安排,出版商人同样能够达到限制自由竞争、维持图书贸易秩序的目的;另一方面,垄断已经成为众矢之的,推出作者权利保障的浪漫观念,有助于转移视线,容易为其他政治力量所接受。作品财产权的表达则论证了作者享有财产权利的正当性,给文学财产"这一虚幻的幽灵添上四肢和面容"。[①] 洛克理论的核心观点是"每个人对其自身享有财产权",出版商人将洛克的理论嫁接到智力成果领域,为作者在普通法上的财产权利作了有力的辩护,写作不再被视为基于前人作品和现实生活的衍生和发挥,而是写作者的个性创作,体现作者个性和风格的作品理应成为作者的财产。反对者对此很难加以辩驳。

据此,伦敦出版商公会以作者财产权的话语表达取代先前政治言论控制和宗教图书审查的主张,浪漫作者观念就此兴起,作者表达从此成为版权法的核心概念。"并非作者权利意识的觉醒改变了世界,而是利益群体在面对国会反垄断之役时的游说、联动和蜂攒蚁集,定义了历史。"[②] 1710 年,《安妮法》颁布并生效。以《安妮法》的颁布实施为标志,版权立法上首次正式承认作者的权利,作者成为图书版权的所有者。此外,《安妮法》还规定对版权实行有期限限制的保护。自此,浪漫化的作者观念在版权制度中深深扎根,作者成为名义上的版权权利主体,财产权也成为版权法中另外一项重要的表达,功利主义的话语和逻辑渗透到这一时期的版权法表述中。与此同时,作品也成为版权法的中心概念之一,本为贸易规制制度的版权法转化为以作品为支配对象的准财产权利法,各项规范围绕作者权益展开,原先有关版权的争诉从仅关注图书的重印与盗版,转为也重视作品本身的使用与抄袭问题。此种模式一直延续至今。

《安妮法》的实行明确传递了保护作者权利的思想和观念,也在一定程度上实现了对出版垄断的限制。但实际上,《安妮法》所确立的版权制度是出版商公会内部习惯法意义上的书商版权的立法化,并未改变版权制

---

① [澳]布拉德·谢尔曼、[英]莱昂内尔·本特利:《现代知识产权法的演进:英国的历程》,金海军译,北京大学出版社 2006 年版,第 26 页。
② 邵科:《跨界的视域:西方知识产权研究菁藻与东方观》,《人大法律评论》2019 年第 2 期。

度的整体设计,只是以"作者"表达为中介,延续了出版商人的利益。[1] 建立作者与作品的制度联系并非为了鼓励创造的利益激励,王权对舆论秩序的控制和书商对图书市场秩序的控制才是版权制度确立的关键力量。如福柯所述,作者是现代性的发明,作者(author)观念以作品的私人财产权化为其特质,是18世纪的浪漫建构,此种观念不能严格反映现代写作实践,而只是现代文化的一项功能性概念,借此阻止文学作品的自由传播、使用,以及对作品的自由构造、解构和重构。[2]

二 专利制度发展中的话语转换

与版权制度相类似,专利制度的缘起与演进也有共同的特质。从公开授权到发明人的私权,专利制度的话语也经历了从"促进产业发展的王权授予"到"保护发明人权利"的转变。

1474年,威尼斯政府将长期的专利商业实践惯例法律化,颁布了《威尼斯专利法》,初步确立了专利制度的授予条件、主体、期限等基本要素,此种做法随着国际贸易的发展在欧洲各国传播开来,这一时期被视为专利制度的萌芽时期。16世纪以后,为促进经济自足和工业发展,英国政府实行重商主义策略。与此同时,商人不断诉诸各种表达,游说政府授予新式产业或新发明以独占授权,以1559年意大利商人杰克布斯·阿肯(Jacobs Aken)上书英国女王的请求信为例,信中强调发明人的艰辛与投入,以及发明对于社会进步的推动作用,所用"辛苦努力若无保障,将一贫如洗、无有回报"等措辞最终说服女王,获得了专利授权。[3] 商人的游说与政府的重商主义相结合,经由"发展新式制造业"的话语表达,授权商人进行独占经营的做法获得了某种正当性。这一时期的专利保护采取王室授予商人独占经营的公示令状的形式,王权与商人利益相结合,授予引进新式制造业的商人以独占权利,此种做法逐渐在英国盛行起来。

作为君王特权的行使,独占经营是否授予、授予的期限完全取决于英王的意愿,并在事实上成为增加王室收入、体现王室恩惠的一种手段。获得授权的商人极尽盘剥掠夺之能事,力图在专利期限内获得尽可能多的利

---

[1] 黄海峰:《知识产权的话语与现实——版权、专利与商标史论》,华中科技大学出版社2011年版,第21页。

[2] [法]米歇尔·福柯:《作者是什么?》,逢真译,载王潮选主编《后现代主义的突破:外国后现代主义理论》,敦煌文艺出版社1996年版,第270—292页。

[3] Harold G. Fox, *Monopoly and Patents, A study of the History and Future of the Patent Monopoly*, Toronto: The Universtiy of Toronto Press, 1947, p. 27.

益回报，专利授予逐渐偏离了产业政策目标，导致专利的滥用，招致其他商人的强烈反对，认为这是一种"可恶"的垄断。1601年年底，一些商人向英国议会提交了一项名为"有关公示令状的法律解释"（*An Act for the Explanation of the Common Law in Certain Cases of Letters Patent*）的议案，批评垄断经营，要求君王特权的授予加强透明度，进而开启了围绕专利特权的垄断之争。反对垄断的商人在法院和议会两个层面展开努力，最终促成了1624年英国《垄断法案》的颁布实施。作为商人之间、商人与王室之间利益妥协的结果，《垄断法案》从立法上限制了国王以公示令状形式授予专利的权利，规定符合一定条件的发明专利是垄断的例外情形，并从期限和授予条件两方面对发明专利进行了限制，旨在矫正专利滥用所造成的过度商业垄断。在话语表达方面，《垄断法案》规定专利权授予最初真正的发明人，通过"发明人"话语，发明人理念——发明人付出的辛勤劳动及其社会意义——奠定了发明专利获得垄断权的正当性基础。《垄断法案》作为英国专利制度的第一部正式成文法，确立了对发明创造给予一定期限保护的法律秩序，也被视为现代意义上专利制度的起源。值得注意的是，尽管以成文法的形式加以明确，但在这一时期，专利仍然是一种王权的授予，经由"发明人"表达，专利商人得以维持和延续原有的独占经营模式。

在《垄断法案》施行后的200年间，在实践方面，英国专利案件管辖权经历了从枢密院到普通法院的转变；随着专利说明书的出现，要求发明专利进行公示，同时，在专利新颖性方面的要求也越趋严格。在理念方面，专利保护由商人与国王之间的契约——以从事新式工商业为对价，商人获得王权授予，转化为商人与社会公众之间的契约——以公示发明专利为对价，商人获得一定期限的垄断权利。在话语方面，专利保护在表达上逐渐从王权授予向私人财产权利方向靠拢，权利话语逐渐取代垄断话语成为专利制度的另一种表达，并借助财产权的神圣光环，强化了专利权人权利的正当性。自此，专利逐渐摆脱了君主权力和商人垄断的色彩，从皇室的恩赐特权下解放出来，成为人人可以通过同样的规则获得的权利，它就将"垄断""特权"这些恶的蕴意从自己身上割裂掉，而蜕变成一种人人可享有的财产权利。[①]"发明人"和"权利保护"成为这一时期专利的主流话语。

为了简化专利申请程序，1852年英国议会颁布了《专利法修订条

[①] 和育东：《专利制度与自由主义》，《电子知识产权》2009年第12期。

例》，标志着专利制度进一步摆脱了王权行使的色彩；但与此同时，对专利制度持不同意见的商人也开始发起了声势浩大的废除专利运动，以罗伯特·安德鲁·麦克菲（Robert Andrew Macfie）为代表的反对派否认专利权存在的哲学基础"自然权利说"，质疑专利促进技术信息公开的功能，认为许多发明因其特性并不会在正常的商业形式下披露。反对者还使用了"阻碍技术传播""增加生产成本""损害公共利益""妨碍技术改进"等话语主张废除专利制度。有关专利存废的争论响彻英伦三岛，并波及欧洲大陆。法国经济学家米歇尔·舍瓦利埃（Michel Chevalier）将关税保护和专利垄断相对接、勾连，认为二者"均发端于同样的原理并导致同样的滥用"。① 支持者则以"最大多数人的最大福利""自然权利""激励创造"等话语论述专利制度的正当性，对反对者进行回击。② 此次专利存废的话语交锋推动了立法层面的变动，1883 年英国通过了《专利、外观设计与商标法》，对专利权利要求书做出明确规定，表明如果技术方案的保护范围能够明确识别和界定，则给予私权保护的立场。自此，专利支持者的有效防守和游说消解了专利废除者的主张，专利制度在英国一直平稳延续至今，并形成了保护发明创造的制度与秩序的路径依赖。

三　商标制度演进中的话语嬗变

中世纪欧洲商品经济快速发展，随着商业贸易活动的繁荣，商标的使用日趋广泛，但这一时期商标主要是商人标识其财产所有之用，而并非标示商品的来源。③ 行会兴起之后，出于规制贸易秩序、限制竞争、维持行业区域垄断的需求，商人在其生产的产品上贴附制造标志成为强制性要求和通行做法，制造标志是行会区分商品来源、打击外部竞争、规制市场秩序的重要工具。在这一时期，行会诉诸"监督产品质量"之话语论证商业标志的强制化要求，行会之外的竞争者被斥为"不法之徒"以及"假冒者"。商业标志起到了维持行会垄断、维护行会集体商誉的工具作用。

工业革命后机器大生产广泛应用，资本主义兴起，行会的监督和控制

---

① 欧洲大陆持续多年的反专利运动的详细情况，参见 Fritz Machlupal，Edith Penrose，"The Patent Controversy in the Nineteenth Century"，*The Journal of Economic History*，Vol. 10，No. 1，May 1950.

② 黄海峰：《知识产权的话语与现实——版权、专利与商标史论》，华中科技大学出版社 2011 年版，第 153—159 页。

③ 1353 年英国政府的一项法令规定，在高风险的航海活动中如遇意外事故，如船舶失事或遭遇海盗等，商人可以凭借货物上的标记请求返还财产。参见［美］佛兰克·I. 谢克特《商标法的历史基础》，朱冬译，知识产权出版社 2019 年版，第 31 页。

能力逐渐弱化。为限制竞争、规制贸易秩序,商人开始以"购买者不应当受到欺诈"的话语表达寻求法律上对商标假冒行为的制止。在1824年的塞克斯诉塞克斯一案中,法官按照普通法上禁止欺诈和虚假陈述的规则禁止被告使用与原告相同的商标。① 此后,法院相继遵循这一案例,依据禁止欺诈原则,在普通法上确立了对商标使用的保护,英国商标法自此经历了从商事习惯法到普通法的转变。实际上,"防止消费者被欺诈"的话语表达名义上保护的对象是商品的消费者,但商标保护的损害赔偿是归于商标持有人的,消费者购买商品时因欺诈受到的损害只能按照契约原则寻求赔偿。以欺诈之诉对商标的规制实际上调整的是商业从业者之间就商标使用所产生的社会关系。

商人并未满足于从商事习惯法到具有先例效应的普通法对商标的保护,因为欺诈之诉成立的要求较高,除了要证明被告存在欺诈的故意、实施了欺诈的行为之外,原告还必须证明其长期使用该商业标志并积累了一定的商誉。通过全国一般性立法确认商标是一种财产权成为商人们新的努力方向。1858年伯明翰商会游说政府认可商标的财产地位,并强化立法打击假冒行为。1862年谢菲尔德商会向英国下议院提交议案,提议注册商标可以作为私有财产,按照财产法的相关规则,允许商标财产进行转让。② 英国政府就此成立了一个特别委员会,就"商标是否应当被看作财产"展开激烈争论。支持者将商业标志比作个人签名,以签名确认个人身份此种隐喻,佐证商人应当对商标享有排他性权利,要求建立全国统一的登记注册制度,允许自由转让登记注册商标。反对者以"士兵贩卖徽章"来类比商标的转让,认为如果商标成为私有财产允许自由转让的话,将严重影响商标标示商品来源的基本功能,违背"防止欺诈消费者"的法律宗旨。并且,以登记注册作为商标的确权方式,可能导致商标资源的浪费,或者商标抢注行为。③ 在支持者与反对者僵持不下的情况下,1862年英国《商品标记法令》并未规定商标的统一注册,仅以立法形式确认实践中对于商标的既有保护。

传统的浪漫消费者观念在表达上确立了商标保护的正当性,但是由于必须以消费者是否发生混淆作为侵权成立的依据,这也限制了商标权利范

---

① F. I. Schechiter, *The Historical Foumdations of the Law Relating to Trademarks*, Coloumbia: Columbia University Press, 1925, p. 137.
② 张慧斌:《商标财产化研究》,博士学位论文,西南政法大学,2014年,第56页。
③ 黄海峰:《知识产权的话语与现实——版权、专利与商标史论》,华中科技大学出版社2011年版,第228页。

围的扩张，不符合商人扩张商标权利、维持市场竞争地位的诉求。寻求商标本身的法律权利，以私有财产模式保护商标成为商人孜孜不倦追求的目标。工业革命与市场体制的成熟、兴起，消费者时代的到来，商人政治话语权的提升形成了商标财产化的社会背景，洛克的财产权劳动学说提供了商标财产化的理论基础。商标注册制度的确立（英国国会于1875年通过了第一部规范商标注册的法律《商标注册法令》），为商人昭示其基于无形的商业标记财产的纸面所有权提供了依据与便利，使权利的实体与权利的证据并驾齐驱。1927年弗兰克·谢克特（Frank Schechter）在《哈佛法律评论》上发表文章《商标保护的合理基础》，提出商标保护的唯一合理基础在于维持商标的独特性，[1] 为之后反商标淡化原则的确立提供了表达和理由。"反淡化"的学术理念推动了立法的形成，[2] 进一步强化了商标的财产权形象；而商标转让和许可使用的松动成为商标可作为一种独立财产的具体表征。财产权逐渐成为商标保护的重要表达，商标作为私有财产进行保护的模式在司法实践中被广泛应用，且最终在立法中得以确立（1994年英国商标法修改后，第2条第1款明确规定商标通过注册可以获得财产权）。

在商人的推动下，经由"监督产品质量""防止欺诈消费者""私有财产权"等话语表达，从所有权识别标记及商业秩序管理工具到私人财产，商标作为一种无形资产，以财产权形式加以保护的秩序得以确立，商标法最终成为一个独立的知识产权法域。

综上所述，现代知识产权制度不仅是技术革命驱动的产物和法律生发秩序的展现，也是利益驱动下权力话语作用的结果，其制度起源充分揭示了资本、权力推动下话语塑造的力量。话语形塑着知识产权保护制度的创设与变迁、秩序的缘起与固化。商人通过"作者""发明人""消费者"等话语表达，将版权、专利与商标同"智慧火花""知识财富""防止欺诈"相关联，形成了版权、专利与商标法律保护的正当性基础，推动了19世纪智力成果与无形资产法律保护秩序的生成。

需要注意的是，在"神圣主体"理念的创制之后，在"作者""发明人""消费者"权利（权益）保护的叙述结构之后，是商人以及利益集团

---

[1] See Frank I. Schechter, "The Rational Basis of Trademark Protection", *Harvard Law Review*, Vol. 40, No. 6, 1927.

[2] 1995年美国国会修改《兰哈姆法》（*Lanham Act*），《兰哈姆法》第43条c款对商标淡化进行了明确规定。参见张惠彬《从工具到财产：商标观念的历史变迁》，《知识产权》2016年第3期。

限制竞争、规制贸易、控制市场格局的决心与举措。以版权制度为代表，回顾历史，作者并非19世纪英国文学财产争论的焦点，出版商人也并不真正关心作者的权益；实际上，作为版权保护的推动者，出版商人的目的和利益隐藏在"作者权利"话语之后，正可谓"明修栈道，暗度陈仓"，以伦敦出版商公会（出版垄断行业）为代表的商人集团运用其政治、经济资源推进权力话语，并最终以立法的模式确立、固化了商人利益。实际上创作者只是知识产权保护此种社会构造的附带受益人。挟作者以令诸侯，商人是版权保护制度与秩序最大的受益者。

回顾知识产权制度的嬗变史，话语塑造和权力支配足以引发对这一制度合理性的反思。如布拉德·谢尔曼等所述，19世纪形成的知识产权法观念以及由此产生的本体性叙述，不仅造就了现代知识产权法的构造与特征，也影响了我们思考、理解知识产权法的思维和范式，限制了我们对制度的批判和想象。[①] 如果立法的目的在于满足社会经济文化发展的需求，那么通过对历史的反思，审视各种不同叙述的影响，着手创造新的叙述，促进多样化的制度想象，推进制度的进化有其积极意义。

第二节　西方主流话语支配下的当代知识产权国际保护样态

一　西方主流知识产权话语解构

话语作为意义、符号与修辞的网络，具有意识形态功能，总是与权力相互交织，展现权力、维护权力，致力于使现状合法化。考克斯（Robert J. Cox）将"获得广泛社会认同""被视为理所当然的文化存在"以及"具备足够的力量合法化特定的政策或实践"作为主导性话语的必备条件。[②] 多年来，作为国际贸易与国际技术转让中的核心问题和热点话题，西方国家凭借对"知识产权"话语的垄断，将其意指为"普世价值"，上升为全球贸易标准和法律标准，成为西方制度输出的"基本软件"和通过"软实力"影响他国的"利器"。西方主流知识产权话语传播于全球，构建和维护了西方文明所标榜的经济理性和经贸秩序。

[①] ［澳］布拉德·谢尔曼、［英］莱昂内尔·本特利：《现代知识产权法的演进：英国的历程》，金海军译，北京大学出版社2006年版，第260页。

[②] Robert J. Cox, *Environmental Communication and the Public Sphere*, Thousand Oaks: Sage Publications, 2006, p. 58.

（一）话语表达：私权神圣的宏大叙事

作为跨国资本与霸权国家的主动塑造，西方主流知识产权话语采用了宏大叙事的话语表达。"叙事"（narrative）一词是利奥塔（Jean-François Lyotard）对现代性进行批判而使用的概念。通过讲述统治者、法制以及组织的合法地位的来源，叙事把对象与神圣事物、历史源头或未来愿景相关联，并且重复、建立和维系着社会体制的合法性。大叙事是宏大的、包罗万象的叙事方式，旨在通过一定的逻辑组合将某种知识或经验描述为真理。[1]

德里达（Jacques Derrida）通过解构主义方法论提出，话语叙事的结构服务于等级制度的创建和维护，并非中立、超然于各个阶层。在西方主流话语叙事中，知识产权是不容置疑的、神圣的私人财产权利。TRIPS协议序言部分即明确宣示"知识产权是私权"。私权与公权相对应，强调权利者的意思自治，"公权"则强调国家的管理。将"知识产权"界定为"私权"，以私权名义强调知识财产私有的法律性质的意义：其一，私权叙事使知识产权得到了正名。"知识产权的私权化，是对封建特许权制度的一场变革。近代知识产权的形成，经历了由封建特许权向资本主义财产权嬗变的历史过程。"[2] 如前文所述，版权制度和专利制度均脱胎于王室钦定的行政庇护和垄断特权，此种封建特权不符合现代法治精神。强调知识产权的私权属性，有助于将知识产权叙事从封建特权中抽离，挣脱其制度发生史上曾经的原罪和污名，从而为整个知识产权制度的合法性辩护。[3] 其二，借用私权神圣的理念，为知识产权保护摇旗呐喊。"私权神圣"理念起源于欧洲近代的启蒙思想，17世纪以降，随着商品经济的发展，人格平等、契约自由以及私权神圣等理念逐步确立。私权应受法律保护的观念广受推崇。借助私权神圣的浪漫话修辞，知识产权产生了"天赋之权""普世之权""法定之权"的意指，成为"与生俱来""神圣不可侵犯"的"自然权利"和"法定权利"，从而完成了从特许权到私权的制度变革，由非物质财产的权利形态改造成为私人普遍享有私益的权利、

---

[1] John Stephens, *Framing Culture: Traditional Story and Metanarratives in Children's Literature*, New York: Garland Publications, 1998, p. 3.

[2] 吴汉东：《关于知识产权私权属性的再认识——兼评"知识产权公权化"理论》，《社会科学》2005年第10期。

[3] 唐艳：《知识产权私权话语表达之探讨——以对〈TRIPS协定〉"private rights"的翻译为切入点》，《知识产权》2013年第4期。

私益受到私法严格保护的权利。①

私权叙事以排他的方式规约了知识产权的意义，形成了有关"知识产权"的固定、标准的秩序、结构与想象模式，使西方国家占据了利益分配机制中道义与话语上的主动，并且修正异己声音，建构了自身的合法性。同时，也为部分知识产权人扩张、滥用权利、垄断市场、牟取暴利埋下了伏笔。哈佛大学法学家莱斯格（Lawrence Lessig）批评美国制药公司通过强化"神圣的知识财产权"观念，并塑造这一观念的政治正确性，从而避免了"同样的专利药品在非洲仅卖1美元但在美国售价为1500美元"这一矛盾问题的螺旋升级（引起美国价格监管），其结果可能导致数百万人死亡。②"保护知识产权"这一措辞，知识产权的内涵不明确、保护的外延则可以无限扩大，已成为不容质疑的六字真言，而"盗版""侵权"等话语，无视此类行为之所以产生的前因后果，被任意使用在各类场合。③全球市场中，缺乏知识产权保护或不充分保护的国家被界定为"损失""盗窃"或"盗版"，尽管在这些国家知识产权可能根本未被视为财产。④"神圣的、普世的、不容置疑的、作为人权的西方知识产权的对立面是无耻的、罪恶的、神情麻木的非西方国家的知识产权盗贼。西方在各种场合风度翩翩地认真指出发展中国家的错误，告诉人们特朗普总统再也不能容忍偷盗美国知识产权、获取不义之财的行为。"⑤诸多跨国公司、垄断企业积极利用私权神圣叙事搭建的话语机制服务于一己之利。

（二）话语方式：权利本位的逻辑起点

权利本位是西方主流话语主导下的现代知识产权制度构建的核心理念。"权利"作为一种重要的话语范畴，与智力成果发生联结，深刻地影响了现代知识产权立法进程。在以权利本位作为逻辑起点的西方主流话语中，知识产权被描述为不应受过多限制的，正当和不容置疑的，绝对化的财产权。"在知识产权原教旨主义看来，发达国家的知识产权规则是促进发展的唯一途径，所有的抄袭行为都是偷窃，而盗版与恐怖主义无异。"⑥

---

① 吴汉东：《知识产权本质的多维度解读》，《中国法学》2006年第5期。
② Lewrence Lessig, *Free Culture: How Big Media Uses Technology and the Law to Lock Down Culture and Control Creativity*, London: Penguin Books, 2004, p. 260.
③ 邵科：《知识产权公众阵营之后现代主义倾向》，《政法论丛》2014年第6期。
④ Muzaka V. Linkages, "Contests And Overlaps in the Global Intellectual Property Rights Regime", *European Journal of International Relations*, Vol. 17, No. 4, December 2011, p. 765.
⑤ 邵科：《跨界的视域：西方知识产权研究菁藻与东方观》，《人大法律评论》2019年第2期。
⑥ 曹阳：《国际知识产权制度：冲突、融合和反思》，法律出版社2019年版，第6页。

韩国专利局曾用名"韩国专利与反盗版局",也是以义务设定为形式的权利本位观的体现。

法律领域内的权利本位具体体现为:"从宪法、民法到其他法律,权利规定都处于主导地位,并领先于义务,即使刑法,其逻辑前提也是公民、社会或国家的权利。"① 知识产权领域的权利本位话语确立了无形财产的本体性地位,在保护创造者权益方面起到了理念宣称、观念塑造的促进作用,在制度构建方面起到了规定制度价值和制度规则的引领作用。在此基础上确立起来的知识产权制度以权利为本位,以保护创造者权利为立法重心,以授权性规范为主要内容。

在话语方式层面,以权利本位为逻辑起点的西方主流知识产权话语呈现自我利益实现与维护的单向独白模式:跨国公司及知识产权输出国通过各种媒介发布大量旨在维护其自身利益的报告及演说,反复强调知识产权保护在发展经济、促进技术创新和社会福祉等方面的益处,但对公共健康、人权保护、环境保护、基础教育等棘手议题或言之凿凿,或语焉不详。通过此种"自说自话"的话语模式进行自我认同和利益表达,压制其他话语的传播,使隐含自身思维方式和价值立场的话语通过教育、媒介和制度等方式渗透到大众中去,从而将外在的强制变为内在的认同。

哲学上个人主义,主观诉求上功利主义,社会效应上计算主义的②权利本位话语除了维护固有利益外,还擅长圈地运动式的扩张,趋向于把外在的东西内化为自身的占有。如美国学者玛丽·安·格伦顿（Mary Ann Glendon）所述,"张口权利、闭口权利的公共话语容易迎合一个问题所具有的经济的、眼前的和个体的维度,但同时常常忽视其所具有的道德的、长期的以及社会的内涵"。③ 格伦顿从四个方面对权利话语进行了批判:第一,权利话语是一种绝对化的幻念;第二,权利话语将人理解为孤立的个体;第三,权利话语导致责任话语的迷失;第四,权利话语导致人的社会维度的消失。④ 权利话语批判对于反思当下知识产权领域权利本位论的

---

① 张光博、张文显:《以权利和义务为基本范畴重构法学理论》,《求是》1989 年第 10 期。
② 《魏敦友:权利本位话语的逻辑》,2009 年 2 月 11 日,爱思想网站,https://www.aisixiang.com/data/24787.html。
③ [美] 玛丽·安·格伦顿:《权利话语——穷途末路的政治言辞》,周威译,北京大学出版社 2006 年版,第 226 页。
④ [美] 玛丽·安·格伦顿:《权利话语——穷途末路的政治言辞》,周威译,北京大学出版社 2006 年版,第 15 页。

工具性滥用有重要的启示意义。正是在权利本位话语的驱使下,知识产权制度过度追逐私利、限制竞争甚至抑制创新的负面效应凸显。

(三) 话语取向:工具理性的价值选择

"现有知识产权制度并非知识意志的高扬,而常常是资本意志的体现。"① 资本具有市场稀缺性,与之相比,知识具有外部性,并且其市场价值具有较大的不确定性,因而相对于资本处于弱势地位。资本影响下的西方主流知识产权话语以个人主义、自由主义、理性主义为思想基础,对正义、效率、秩序、安全等价值要素的解读和适用,往往采取实用主义态度,② 倾向于功利主义和工具理性的价值选择,制度规范重在限制竞争,规制商业贸易,保障智力投资预期和商业利润,而非智力劳动者的权利,以工具理性为基础,以经济效益为目标,强调知识产权保护的经济价值性。例如,美国宪法规定国会有权通过立法赋予作者或发明人就其作品或发明享有一定期限内的独占权,以"促进科学和实用技术的进步",彰显支撑美国专利法和版权法的工具理性。再如林肯所述,"专利制度改变了发明人无所依靠的状态,能够为发明的天才之火添加利益的薪柴",也是一种工具理性的价值观念的传递。

马克斯·韦伯(Max Weber)将合理性区分为价值理性和工具理性,二者均是人类理性的重要组成部分。随着科学技术的高歌猛进,在对效率的追求和技术实施的控制过程中,工具理性的张扬和膨胀使其由解放的工具退化为统治的工具,使人类和自然都被奴役于效率和产量之下,形成工具理性和价值理性之间的冲突。吴汉东认为,在法学研究中,价值理性与工具理性的关系表现为实质正义与形式正义、法律目标与法律手段之间的关系。一些法律制度的设计和安排,将作为手段的工具理性当作目的,将作为目的的价值理性当作手段,带来诸多的社会问题。现代知识产权的制度风险,在一定程度上源自"工具理性的越位"和"价值理性的缺位"。③ 工具理性支配下的西方主流知识产权话语反映强势主体和利益集团高水平保护知识产权的诉求,以鼓励经济创造为宗旨,效益是其最高价值追求,公平、人权、环境等价值理性的考量则退居其次。

综上,私权神圣的宏大叙事、权利本位的逻辑起点、工具理性的价值

---

① 胡梦云:《现有知识产权制度的正当性考评》,《湘潭师范学院学报》(社会科学版) 2004 年第 4 期。
② 吴汉东:《知识产权理论的体系化与中国化问题研究》,《法制与社会发展》2014 年第 6 期。
③ 吴汉东:《知识产权的制度风险与法律控制》,《法学研究》2012 年第 4 期。

选择构成了西方主流知识产权话语的本质特征。需要说明的是，本书对于西方知识产权主流话语的反思抑或批判，并不意味着本书否认知识产权私权保护的理念，抛弃权利保护之目的，也不意味着要生硬的拒斥工具理性，而是试图通过对主流话语背后价值观和逻辑思维的解构，解读正义、公平、人权与环境考量下的知识产权话语与实践本来应当具有的品格。

权力支撑下的西方主流话语边缘化了关于知识产权保护的另类叙事。自由无限制的知识接触理论、非市场机制的知识创新奖励制度等主张都被湮没、忽略于西方知识产权主流话语全球化传播的进程中。正如布拉德·谢尔曼和莱昂内尔·本特利所指出的，反对的观点在19世纪狂热的知识产权立法进程中被排斥或边缘化，只有支持知识产权"正史"的观点才得以保留。[①] "人们对知识产权法的理解强烈地镶嵌在一种既定的秩序中，这种秩序以其特有方式为主流知识产权观念和意识的形成铺平了道路，却对一些替代性的做法保持系统沉默。"[②] 现代知识产权概念及实践并非放之四海而皆准的普世价值和原则，系由强势集团依照自身的利益需求炮制而成。

二　西方主流话语支配下的知识产权国际保护规范

由于知识产权客体的无形性和知识产权保护的地域性，主权国家无法单独解决因各国知识产权法律政策差异引发的国际性问题，从而需要协调多元利益并采取合作行动，即主权国家与国际组织、非政府组织、私营部门等非国家行为体共同参与、管理知识产权公共事务。因此，知识产权全球治理体现的是无"世界政府"背景下的多层次，正式与非正式的制度安排，即公、私机构通过参与、谈判、协调、合作、确立认同和共识等方式来实施共同管理；其权力向度是多元的、上下前后的、相互依赖的。其支持规则是常规利益分配思维，即价值链的驱动者制订规则从而享受更多利益，由此形成了以发达国家为中心的知识产权全球治理模式。[③]

在西方主流话语支配下，知识产权国际保护秉持西方中心主义的制度架构、学理基础和立法范式，使西方国家流行的知识产权思维方式、价值

---

① [澳]布拉德·谢尔曼、[英]莱昂内尔·本特利：《现代知识产权法的演进：英国的历程》，金海军译，北京大学出版社2006年版，第26页。

② Roya Ghafele, "Of War and Peace: Analyzing the International Discourse on Intellectual Property Law", *Intellectual Property Quarterly*, No. 1, June, 2010, p. 237.

③ 何华：《知识产权全球治理体系的功能危机与变革创新——基于知识产权国际规则体系的考察》，《政法论坛》2020年第3期。

理念和理论体系得以大行其道。

（一）WIPO条约体系

WIPO体系是专门的知识产权保护国际体系。目前，WIPO管理包括《建立世界知识产权组织公约》在内的26个知识产权国际条约。按照调整内容的不同，WIPO管理的条约分为以下三类：（1）知识产权实体保护方面的条约，如《视听表演北京条约》《巴黎公约》《伯尔尼公约》《WIPO版权条约》《WIPO表演和录音制品公约》《专利法条约》《商标法新加坡条约》等；（2）构建知识产权国际注册登记体系方面的条约，如《商标国际注册马德里协定》《专利合作条约》《国际承认用于专利程序的微生物保存布达佩斯条约》《商标国际注册马德里协定有关议定书》《工业品外观设计国际注册海牙协定》等；（3）关于知识产权国际分类方面的条约，包括《商标注册用商品和服务国际分类尼斯协定》《国际专利分类斯特拉斯堡协定》《建立外观设计国际分类洛加诺协定》《建立商标图形要素国际分类维也纳协定》4个条约。其中，有广泛国际影响力的《巴黎公约》和《伯尔尼公约》所确立的国民待遇原则、独立性原则构成了知识产权国际保护框架的基本原则。从内容上看，WIPO管理的26个知识产权国际条约中，涉及实体保护的主要是界定相关的客体并明确对其提供知识产权保护，涉及注册登记与国际分类的旨在实现国家之间的程序协调。

权利本位和工具理性的思维和话语贯穿于WIPO条约体系中。以WIPO重要实体条约为例，《伯尔尼公约》《巴黎公约》均以知识产权私权保护为重心，强调知识产权对激励创新、增进全球福利的作用，而对保护公共利益、协调知识产权保护与社会发展之间的关系等问题提及甚少。同样，《建立世界知识产权组织公约》序言所阐明的WIPO的主要任务包括：（1）通过国家之间的合作和在适当时候与其他国际组织的协作，促进全球范围内的知识产权保护；（2）保证各联盟之间的行政合作。两项任务的规定彰显WIPO成立的宗旨：以保护私权为核心，快速推进知识产权国际保护水平。WIPO宣称，保护和运用知识产权有助于"谋求共同利益"，有利于经济、社会和文化的协调发展。[①] WIPO条约体系的措辞与叙事方式表明，以WIPO条约为代表的全球治理规范中存在"知识产权就是最好的公共利益"的根深蒂固的观念，对权利人与消费者之间，以及知

[①] Preamble of Convention Establishing the World Intellectual Property Organization, September 28, 1979.

识产权私权与社会公共利益之间的协调未给予足够的关注，也缺乏可操作性的制度安排。

面对知识产权国际保护所伴生的一系列公共危机，WIPO 条约体系暴露出其在保护宗旨方面的局限性。2004 年 10 月，阿根廷和巴西提议，"WIPO 的作用不应该仅仅局限于促进对知识产权的保护"；[①] "知识产权保护本身不应该被当作最终目的，必须采取行动保证在所有国家，保护知识产权的成本不超出通过保护所获得的利益"。[②] 建议在《建立世界知识产权组织公约》任务条款第一项中增加"充分考虑成员国，特别是发展中国家和最不发达国家的发展需求"的措辞，[③] 倡导通过知识产权制度的约束机制实现公共利益和私人利益的动态制衡，对滥用知识产权排除和限制竞争、阻碍创新的行为加以规范，防止产业和个人利益对公共利益的侵蚀。对此，美国在 2005 年 4 月举行的 WIPO 发展议程闭会期间政府间会议上做出回应，认为 WIPO 需要进一步坚持保护知识产权的使命，"把对知识产权的保护作为促进发展的途径"，[④] 竭力维护既有的体制。

随着越来越多的发展中成员国的提议和响应，WIPO 发展议程于 2007 年经成员国大会通过并获得制度性确认。发展议程着眼于 WIPO 自身政策中的发展导向，强调关注知识产权公共领域，包括 45 项建议，主要涵盖技术援助与能力建设、标准设定与公共政策、技术转让与知识获取、效果评估、管辖权以及其他问题等六个方面的内容。WIPO 发展议程旨在从一个更加全面、宏观、均衡的角度考量全球知识产权法律以及政策体系，以解决全球知识产权体系的公平性危机，并应对 WTO 的挑战，恢复 WIPO 在知识产权全球治理架构中的主导地位。

发展议程使 WIPO 关注到了单一强调保护的局限性，但并未改变 WIPO 以促进知识产权私权保护为己任的宗旨。实际上，在增强自身存在感和影响力，与 WTO 合作与角力的过程中，WIPO 非常重视支持发达国家

---

① III Integrating The Development Dimension into WIPO's Activities, Annex, Proposal by Agentina and Brazil for the Establishment of a Development Agenda of WIPO, Document No. WO/GA/31/11.

② II The Development Dimension and Intellectual Property Protection, Annex, Proposal by Agentina and Brazil for the Establishment of a Development Agenda of WIPO, Document No. WO/GA/31/11.

③ Issues And Measures to be Considered, Annex, Proposal by Agentina and Brazil for the Establishment of a Development Agenda of WIPO, Document No. WO/GA/31/11.

④ Proposal by the United States of America for the Establishment of a Partnership Program in WIPO, Document No. IIM/1/2.

的高标准知识产权保护诉求,是发达国家推销自己话语理念和保护标准的重要舞台与场所。

(二) TRIPS 协议

WIPO 知识产权条约体系缺乏必要的执法措施和争端解决机制,法律约束力十分有限,无法满足知识产品出口国的制度需求。出于自身利益最大化的现实需求,在西方国家的推动下,知识产权议题在 GATT 体制内得以提出并上位。20 世纪 70 年代全球经济竞争与摩擦日益加剧,西欧和日本对美国的经济和技术领先优势形成挑战,美国迫切希望通过贸易主题转移与议题挂钩以维护自身的优势地位。在关贸总协定(GATT)贸易体制下,美国利用在位优势制定偏好选项,引导国际社会对全球假货贸易问题的关注,提出了知识产权保护议题。1982 年 11 月,GATT 首次将假冒商品贸易议题列入议事日程。发达国家主张 GATT 制定保护所有知识产权的标准,并通过争端解决机制确保对知识产权的有力保护。1986 年 9 月,在乌拉圭埃斯特角城 GATT 第 8 轮谈判中,尽管发展中国家不同意,但在美国、瑞士等国的力促下,知识产权作为与服务贸易和投资保护并列的新议题被纳入 GATT 谈判中,知识产权与自由贸易之间的关系被提上谈判桌并最终达成了 TRIPS 协议。[①] 美国在 WTO 构建的自由贸易体系之下,经由 TRIPS 协议高水平知识产权保护,铸造了于己有利的知识产权国际保护的制度基础。

在 WTO 成立之前,WIPO 作为致力于知识产权国际保护的专门的国际经济组织早已存在,而 WTO 则是调整货物贸易和服务贸易的国际机构。为了给规制知识产权提供合理和正当的依据,WTO 牵强地在协议名称上加上了"与贸易有关"的字样。在内容方面,TRIPS 协议序言多次提及"对知识产权充分和有效的保护",也肯定了知识产权保护的公共政策目标:"认识到各国知识产权保护制度的基本公共政策目标,包括发展目标和技术目标。"[②] 从上述表述看,协议强调知识产权的公共政策目标是发展的和技术性的,而发展和技术性目标只能通过知识产权机制得以实现。此外,协议所提到的公共政策目标并不包含保护与使用之间的平衡,协议第 8 条明确规定:"在制定或修改其法律和法规时,各成员可采用对保护公共健康和营养,促进对其社会经济和技术发展至关重要部门的公共

[①] Peter Drahos, "Global Property Rights in Information: The Story of TRIPS at the GATT", *Prometheus*, Vol. 13, No. 1, June 1995, p. 13.

[②] Preamble, Agreement On Trade-Related Aspects Of Intellectual Property Rights.

利益所必需的措施,只要此类措施与本协定的规定相一致。"① 由此可见,TRIPS 协议不允许成员方为了保护使用者或公共利益而违反协议规定,虽有关于公共政策目标和利益平衡的界定,但从总体上,把社会福利与经济利益相等同,是西方主流话语工具理性的贯彻和体现。

TRIPS 协议确立了一系列高标准知识产权保护规则,规定了知识产权执法机制和最低保护标准,将原本属于国内立法的实施知识产权保护的程序性规则,纳入国际公约管辖范围内,并以刚性的 WTO 争端解决机制保证其实施效果,知识产权保护的实体与程序性规范均作为 WTO 成员方必须承担的责任和义务,TRIPS 协议自此成为保护水平最高、执行力最强的知识产权国际条约。此外,协议打破了 WIPO 作为知识产权领域专门主导机构的优势地位,在 WIPO 所确立的知识产权国际保护秩序之外,重新划分治理权威,构建了一套升级版的知识产权国际保护秩序。此种秩序通过一个强大的国际组织进行监督,得到一套高标准国际法规则体系的支持,受到一个强有力的争端解决机制的庇护与支撑。② 知识产权国际保护力度得到了前所未有的加强,发达国家从中受益良多。③

以 TRIPS 协议为代表的知识产权国际保护制度由西方国家制定、解释并积极推广,权利至上的观念通过协议的实施推行到全球各个角落,而知识产权制度的应有功能和权利限制在提高保护标准的浪潮中一定程度上被忽视乃至湮没了。对于其他并非以西方主流价值观为原点的国际成员而言,协议存在道义合法性不足和认同缺失的问题。自诞生以来,TRIPS 协议一直备受争议,WTO 体制下的知识产权国际保护秩序和意义不断遭到质疑,并由此生成了各种对抗话语。

(三)双边与区域贸易协定规范

后 TRIPS 时代,在 WIPO 和 WTO 体系之外,双边和区域体制创建了知识产权国际保护的新兴、重要规范。

经由 WIPO 及 WTO 机制,西方主流知识产权话语的传播范围和渗透力量得到巩固和强化。不过,TRIPS 协议实施后,多边体制下的知识产权

---

① Article 8 Principles, Agreement On Trade-Related Aspects Of Intellectual Property Rights.
② 刘笋:《后 TRIPs 时代知识产权国际造法运动的兴起及其影响》,2005 年中国国际经济法学会年会暨学术研讨会议论文,长沙,2005 年 10 月 13 日。
③ 根据世界银行的统计,仅 TRIPS 协议中的专利保护条款就使美国年受益额达到 190 亿美元,而作为知识产权消费国的发展中国家不得不承受 TRIPS 协议带来的诸多不平等义务和沉重的负担——欠发达国家全面实施《与贸易有关的知识产权协议》可能损失高达 200 亿美元。参见 Peter K. Yu, "TRIPs and its Discontents", *Marquette Intellectual Property Law Review*, Vol. 10, No. 2, March 2006, p. 380。

国际保护谈判陷入长期胶着状态：发达国家执意推行知识产权高标准保护的努力由于发展中国家的集体反对不断受挫，多边体制下严格的条约修正程序也制约着发达国家知识产权行动日程的推进。发展中国家虽然取得了《TRIPS 协议与公共健康多哈宣言》（以下简称《多哈宣言》）及《关于 TRIPS 和公共健康的多哈宣言第六段的执行决议》（以下简称《执行决议》）通过的成果，但发达国家以攻为守、步步为营的行动，也阻滞了发展中国家通过改制和建制摆脱仅仅作为规则执行者的被动地位诉求的实现。《巴黎公约》和 TRIPS 协议最低保护标准的协调模式为 TRIPS-plus 提供了国际法依据。鉴于多边体制下的努力难以奏效，美国重返知识产权保护的双边主义，通过体制转换，利用小型体制下不对称的经济力量推进新的知识产权规则，双边/区域贸易协定成为最佳工具。

在双边/区域等小型体制下，强国通过经济力量的施加，议题挂钩谈判方式的适用，以及非正式方法的采用（如观念塑造、技术援助、能力建设等），有效地推动着贸易协定 TRIPS-plus 规则的构建和实施。TRIPS-plus 规则是比 TRIPS 协议标准更高、范围更广、义务更重的知识产权保护规定。贸易协定 TRIPS-plus 规则主要包括以下四类：（1）延长 TRIPS 协议规定的知识产权保护期限，如将版权保护期计算基准延长至 70 年；（2）加强执法义务，如边境措施的强化、刑事制裁范围的扩大等约束性条款；（3）履行额外的知识产权国际条约义务；（4）削减 TRIPS 协议灵活性的条款。[1] 以美国、欧盟近期签订的贸易协定为代表，其中均包含超出 TRIPS 协议保护标准的 TRIPS-plus 条款。

基于下列原因，双边/区域体制下的 TRIPS-plus 规范效力并不仅仅局限于签署协议的缔约方，很可能延伸适用范围，甚至转化为新的国际法规范。其一，在中心辐射型的贸易协定网络系统中，处于轴心地位的节点国家会倾向于把 TRIPS-plus 规则转售给其他贸易伙伴，从而推动规则的多边化。其二，由于 TRIPS 协议国民待遇原则和最惠国待遇原则的适用，WTO 成员在国内法中授予本国国民或者通过贸易协定授予贸易伙伴国国民在知识产权方面的任何利益、优惠、特权或豁免，除 TRIPS 协议规定的例外情况，均应立即无条件地给予 WTO 所有其他成员的国民，从而使得高标准的知识产权保护自动获得传递效应和扩散效应。其三，发达国家致力于通过有顺序的谈判（sequential negotiation）把双边/区域贸易协定

---

[1] 杨静、朱雪忠：《中国自由贸易协定知识产权范本建设研究——以应对 TRIPS-plus 扩张为视角》，《现代法学》2013 年第 2 期。

中的规则推广为多边贸易规则,即成员国通过 FTA 谈判,在获取区域规则主导权之外,还能争取区域合作的外部收益,增加多边体制下的谈判筹码,进而步步为营,将规则制定的主导权复制至范围更大的国际领域。推动 TRIPS-plus 规则的多边化,向 WTO 和 WIPO 体系渗透,在更大范围内提高知识产权的保护水平就是美、欧知识产权行动日程中的下一个目标。正如美国前贸易代表苏珊·施瓦布(Susan C. Schwab)所述,"美国双边贸易谈判的总体目标就是发展一种在某些时候可以转化为多边规则的先例"。[①]

双边/区域贸易安排中的知识产权规范建构了更加严苛的知识产权治理秩序。此类规范助长了知识产权国际保护的棘轮效应,损害了以 TRIPS 协议为核心的知识产权国际保护制度的权威性和稳定性,对知识产权国际保护的进一步协调产生了负面影响。由于各种双边/区域贸易安排相互独立,知识产权规范体系结构缺乏统一性、条款多样化、关注点各异,不同论坛、不同主体制订的知识产权规则交织缠绕在一起,加剧了国际知识产权保护规则的多样化和碎片化。

三 知识产权国际保护秩序:本质与特征

(一)知识产权国际保护秩序之本质

知识产权的全球治理是关于在全球范围内如何通过多元主体合作来有效、均衡地供给全球知识产权公共产品的问题,也是一个集体行动难题。作为国际经济法律秩序的一个重要组成部分,知识产权国际保护秩序归根结底由国际政治经济关系决定,受到权力结构、利益博弈、观念建构的影响,本质上是知识霸权国对发展中国家的"治理";是绝对保护主义理念下,美国知识产权扩张的全球化。[②] 在跨国公司逐利需求的推动下,以维护全球化主导者商业利益及构建高标准保护为目标,美国利用议题挂钩、论域选择、组织转移,多边、双边、单边以及区域一体化多管齐下的方式,通过一系列国际机制安排,建构统一、普适、深度的经贸性法律框

[①] Renuka Rayasam, "Free-Trade Evangelist", U. S. News & World Report, August 14, 2006.

[②] 有不少学者持此观点,如 Susan K. Sell 采用历史制度主义的研究方法,讨论了知识产权国际制度的建设问题。在她看来,国际制度本来就是各国国内制度外化的体现,国际知识产权制度其实是美国国内制度变迁的结果。参见 Susan K. Sell, "The Rise and Rule of a Trade-Based Strategy: Historical Institutionalism and the International Regulation of Intellectual Property", *Review of International Political Economy*, Vol. 17, No. 4, October 2010。

架，吸纳发展中国家进入知识产权全球治理的统一层面。① 表现为抽象的知识——权力型霸权形态的知识产权全球治理秩序，通过抽象化、技术化的法律条款、概念范畴以及原则框架的设定构建起全球贸易新规则体系。新的贸易霸权有利于美国全球贸易利益链条的打造和信息资本主义控制权的争夺，进一步固化了南北利益失衡、不公正的国际经济秩序，使美国的知识产权霸权标准得以推广和实现。

（二）知识产权国际保护秩序之特征

当代知识产权国际保护秩序以维护全球化主导者商业利益及相应的高保护标准为己任，经由国际层面（WTO以及WIPO）、区域层面（如欧盟或区域贸易安排）、行业组织（如各种技术联盟）以及内国层面的多层级交叉的立体网络实现，具有以下特征。

1. 话语建构性

西方主流话语制造了关于知识产权的模式化的想象与规范，私权叙事以排他的方式规约了知识产权的意义，形成了有关知识产权的固定、标准的秩序与结构，作为一套精致的现代性话语和机制，知识产权法治在全球化过程中被逐步建构并合法化与正当化，成为普适性的规则，建构起当代知识产权国际保护的秩序。② 此种秩序又强化了话语陈述的权力网络。

主流话语的支配还造就了知识产权国际秩序的稳定性。整个全球治理秩序所依赖的国际文化结构通常具有抗变能力。此种抗变能力来自于文化自我实现和自我加强的性质；关于知识产权的话语内容和意义（构建性规则和原则性信念）不断通过知识与规训，通过行为体间的实践活动得到加强，从而造就了秩序的结构性稳定，并形成强烈的路径依赖。这是话语为权力服务，维护并巩固权力的体现。但秩序的耐久性是相对的，权力的更迭、交替势必引起话语的变化，从而引发新一轮话语生产和游戏规则的制造，进而带来秩序的变动。

2. 秩序不合理

按照现实主义的理解，体制的规则是根据霸权的国内利益裁剪的。③ 国际权力结构始终向强国倾斜，在制度创设时，利益分配向把持话语权的

---

① 余盛峰：《知识产权全球化：现代转向与法理反思》，《政法论坛》2014年第6期。
② 杨静：《话语视角下的知识产权国际保护秩序：以ACTA立法进程为例》，《东方法学》2016年第1期。
③ Laurence R. Helfer, "Regime Shifting: The TRIPs Agreement and New Dynamics of International Intellectual Property Lawmaking", *The Yale Journal of International Law*, Vol. 29, No. 13, January 2004, p. 13.

发达国家明显倾斜,知识产权国际保护也不例外,利益分配的不公平造就了秩序的不平等、不合理。

发达国家利用自身在知识产权方面的优势来巩固和强化竞争优势,通过国际规则的确立,将知识产权从财产权利演化为对全球经济的掌控权力。[1] 在现行治理秩序下,南北国家实行的是一种"不等价交换",发展中国家承担着与本国发展目标不相适应的高标准知识产权义务,支付执行规则所带来的一系列制度成本,在维护公众健康和社会公共利益、保护生物多样性、促进技术创新和知识传播方面面临多重困难,而发展中国家通过议题交换所获取的市场准入优惠、外商投资等经济利益是暂时的、不确定的。发达国家则通过对知识流动的控制,维护了全球产业链的等差,获取了不公平的利益,拥有强大的"在位者优势"。彼得·达沃豪斯将此种不平等喻为信息封建主义,借助于新形式的圈地运动,知识财产的私有化迅速削弱了国家控制的能力,资本而不是科学家或创作者掌控着人们的生活方式。与思想的圈地运动一样,知识领域不平等的保护秩序和私有化削弱了弱势群体获取信息和积累知识的能力。

3. 规则不完善

规则是秩序的支点。从法制化程度看,知识产权国际保护秩序已经建立,表现为国际社会就知识产权保护已经初步形成了共有文化,认同共有规则,并接受一系列制度的约束。但是,秩序赖以巩固和生长的规则的完整性、统一性、稳定性和有效性等要素均存在不同程度的缺失,这是当今知识产权国际保护机制缺陷的症结所在。

其一,知识产权国际保护的法制化已经成型,但现行规则体系仍然不充分、不完整,尤其是涉及发展中国家利益关切的技术转让、公共健康、遗传资源、传统知识保护的全球机制付诸阙如,缺乏有效的制度供给;其二,多边、复边、区域、双边并存的多重治理机制和复杂的治理网络初步适应了全球化时代治理主体、权力和方式的变化,但也造成保护秩序统一性要素的缺乏:参与主体复杂、利益取向多元,规范多样化和碎片化的特征愈加明显;其三,双边/区域体制下的 TRIPS-plus 造法突破了多边体制下广泛奉行的知识产权原则、准则和规范,治理主体的利益冲突与治理权威的重新分配(如 WTO 与 WIPO 的功能冲突)均对知识产权国际保护秩序的稳定性提出了挑战;其四,在"最大化保护"理念主导下,知识产

---

[1] 何华:《知识产权全球治理体系的功能危机与变革创新——基于知识产权国际规则体系的考察》,《政法论坛》2020年第3期。

权国际保护存在显著的"治理赤字",利益失衡、执法失灵等问题日趋严重,知识产权低法制状态在新兴经济体及发展中国家广泛存在,凸显秩序有效性的缺失。

第三节　知识产权国际保护秩序演化中的话语之争

19世纪中后期以降,知识产权主流话语以其强大而隐蔽的解释力量规训着知识产权国际保护的秩序生成与演变;但在近20年间,主导知识产权立法进程与制度构建的利益集团开始面对各种批评和质疑,反对高强度知识产权保护的人们采取各种行动进行反击,如席卷发达国家和发展中国家的"获取知识"(access to knowledge)运动、"开放获取"(open to access)运动,以及瑞典盗版党的成立。① 从WIPO的"发展议程"(development agenda)到WTO的《多哈宣言》,也试图对现行知识产权治理秩序进行改良。

话语是一种理解世界的共享方式。在知识产权国际保护的动荡年代,主导性话语和对抗性话语就与知识产权保护相伴生,为现代知识产权体系所忽略的系列社会关系和重要议题展开了论争。

一　知识产权与技术创新

关于知识产权与技术创新相互关系的争论由来已久。知识产权保护激励创新的论点是现代知识产权制度建立及赖以正当化的理由。支持知识产权保护促进技术创新的阵营提出,专利制度对技术创新有促进作用,如WIPO认为专利保护有五个方面的作用:其一,鼓励企业研发新技术;其二,确保新技术成功应用于产业创造环境;其三,促进新技术的扩散;其四,为制定技术发展规划和战略提供依据;其五,为吸引外资和引进技术

---

① 瑞典盗版党(The Pirate Party)成立于2006年,以改革著作权法、废除专利制度、保护公民隐私权为宗旨。其成立后发展迅速,在同年9月举行的议会大选中得票率达到0.63%,跻身瑞典第10大党的位置。受此鼓舞,德国、法国、意大利、英国、西班牙、美国、俄罗斯、加拿大、澳大利亚、比利时、挪威、波兰、秘鲁等40多个国家相继成立盗版党。各国盗版党还进一步联合组建盗版国际(Pirate Parties International)以协调立场和行动。盗版党及其支持者建立了大量的站点传播自由下载、网络共享的信息自由理念,国际影响深远。参见杨德桥《论实用性在专利合理性危机克服中的价值》,《北京化工大学学报》(社会科学版)2017年第1期。

提供制度化的结构。① 兰德斯和波斯纳分析了知识产权制度的经济合理性，得出了知识产权法是"最优选择"，能够激励技术创新的结论。② 还有一些学者、专业人士提出，"知识产权制度通过其特有的以利益为核心的激励创新机制保障了创新主体对其创新成果的垄断性收益，使创新主体形成创新—高额投资回报—再创新—再高额投资回报的技术创新良性循环机制"；③ "在一定的知识产权保护强度下，知识产权保护激励创新的作用体现为企业增加对自我研究开发的投入以及对自主创新扩散应用的发展，当知识产权保护强度较高时，这种激励作用增大"。④ "公地悲剧理论""创新源泉""动力引擎""保驾护航"是支持者常常用以佐证私权保护有益于创新的话语和修辞。

也有很多学者认为，知识产权保护与技术创新并非简单的正向关系。此类观点包括：由于产权保护在一定程度上阻碍了模仿，进而阻碍了新知识和新技术通过模仿而形成的知识扩散，从而不利于技术创新。知识产权不仅会扼杀创新精神，还会引起腐败滋生、制度架空。知识产权保护既有鼓励创新的激励功能，也蕴藏着扼杀创新的隐患。⑤ 还有人提出，实施过强的专利保护制度不仅会限制发展中国家的发展能力，而且从长远来看会拖累发达国家的研发速度。⑥ 也有学者认为，知识产权保护对创新投入存在促进作用，而与创新能力形成倒"U"形关系，即加强知识产权保护能促进创新投入与创新能力提升，但是知识产权保护过度将限制创新能力的发展。⑦ 有学者持更为激进的观点，如诺贝尔经济学奖获得者约瑟夫·斯蒂格利茨（Joseph Stiglitz）认为，"专利往往对刺激创新无能为力，在许多领域，广泛的专利保护甚至可能限制创新，导致技术发展缓慢"。⑧ 一

---

① 刘良灿、张同建：《知识产权战略与自主技术创新的联动效应研究——基于我国产业集群升级的视角》，《特区经济》2011年第7期。
② ［美］威廉·M.兰德斯、［美］理查德·A.波斯纳：《知识产权法的经济结构》，金海军译，北京大学出版社2005年版，第15—31页。
③ 周寄中、张黎、汤超颖：《知识产权与技术创新：联动与效应分析》，《研究与发展管理》2006年第5期。
④ 冯晓青：《知识产权制度与技术创新之内在联系研究——以两者内在协同机制、模仿和知识产权保护强度为考察视角》，《时代法学》2013年第2期。
⑤ ［澳］普拉蒂普·N.托马斯、［澳］简·瑟韦斯主编：《亚洲知识产权与传播》，高蕊译，清华大学出版社2009年版，第58页。
⑥ 《专利权会不会在一定程度上阻碍创新？》，2015年9月10日，知乎网站，http://www.zhihu.com/question/26468004。
⑦ 邹彩芬等：《知识产权保护与技术创新关系研究》，《科技进步与对策》2015年第18期。
⑧ Joseph Stiglitz, "Innovation: A Better Way than Patents", *New Scientist*, September 16, 2006.

些学者、专业人士使用"专利危机"①"专利遏杀创新"②"专利危害创新"③等对抗性话语质疑知识产权保护促进技术创新的观点。与支持者相对应，反对者常以"反公地悲剧理论"批评知识产权的过度保护。

二 知识产权与公共健康

全球化背景下，人口频繁流动客观上造成传染病的流行，任何一个主权国家都无法单独应对、解决全球性传染病的防治问题。以新冠疫情为代表，公共健康危机已经成为全球化进程中国际社会所面临的重大挑战之一。知识产权保护与公共健康维护之间日益明显的张力引起了广泛关注。

跨国制药公司认为，专利权对于配置技术创新资源、促进药品研发至关重要，如果缺乏专利保护，新药研发将因缺乏激励而导致创新乏力。美国主流媒体则宣称知识产权保护有利于跨国公司加大原创药生产许可力度，有助于发展中国家吸引FDI、促进新药上市，增加临床试验外包机会以及就业机会，而且便于民众获取新药。④还有学者认为，专利保护不会影响基本药品的获取，如"专利的引入给市场价格带来的影响，事实表明这种关系是微弱的，或者在许多情况下，根本不存在这种关系"；"专利制度对药物的获取没有任何影响"；⑤导致第三世界民众无法获取基本药品的根本原因"是贫困而不是专利"（poverty not patents），⑥此观点受到跨国制药公司的广泛推崇。

TRIPS协议实施后，南北国家知识产权保护的矛盾聚焦于TRIPS协议与公共健康之间的关系。约瑟夫·斯蒂格利茨谴责TRIPS协议的谈判者们将成千上万的非洲艾滋病患者"置于死地"。⑦世界卫生组织（WHO）建议从四个方面评估TRIPS协议对公共健康的影响：新研发的基本药物

---

① ［美］丹·L.伯克、［美］马克·A.莱姆利：《专利危机与应对之道》，马宁、余俊译，中国政法大学出版社2013年版，第5页。
② 辉格：《专利扼杀创新》，《21世纪经济报道》2011年8月20日。
③ ［美］亚当·杰夫、［美］乔希·勒纳：《创新及其不满：专利体系对创新与进步的危害及对策》，罗建平、兰花译，中国人民大学出版社2007年版，第15页。
④ Rohit Malpani, "All Costs, No Benefits: How the US-Jordan Free Trade Agreement Affects Access to Medicines", *Journal of Generic Medicines*, Vol. 6, No. 3, May 2009, p. 217.
⑤ 《药品获得与药品开发》，姜丹明译，载国家知识产权局条法司编《专利法研究（2002）》，知识产权出版社2002年版，第308页。
⑥ John E. Calfee, "Patently Wrong: Free Drugs are No Panacea for Poor Nations", *Washington Times*, Jan. 28, 2003, at A21.
⑦ Joseph Stiglit, *Making Globalization Work*, New York City: W. W. Norton & Company, Inc., September 17, 2006, p. 180.

价格是否比无专利保护下的价格昂贵？仿制药的生产是否被延缓？罕见病的新药研发是否有所增加？对发展中国家的技术转让和外国直接投资（FDI）是增加还是减少了？[1]有学者认为，由于药品的价格受专利影响，增加新的基本药物通常需要等到药品专利期届满进入仿制药大规模生产阶段，新药专利权与药品消费者的健康权存在明显冲突。[2]还有学者提出，TRIPS协议作为由发达国家积极主导、发展中国家被动接受的制度安排，更多地顾及和参照了发达国家的要求和做法，忽视了发展中国家实施高标准知识产权保护在人力、财力和技术上遇到的困难，从而引发了发展中国家，特别是最不发达国家"严重的公共健康危机等新的社会问题"。[3]

艾滋病公共健康危机引发了全球舆论对知识产权保护合理性的探讨，并促使WTO第四届部长会议最终通过了《多哈宣言》，就TRIPS协议与公共健康领域的相关问题进行了澄清，明确了成员方采取措施维护公共健康的主权权利，确认了公共健康应优先于私人产权。作为对后TRIPS时代知识产权国际保护制度的重要调整，《多哈宣言》对WTO发展中成员充分利用TRIPS协议中的弹性条款维护公共健康产生了积极影响，但并未解决TRIPS协议与保护公共健康之间的根本冲突，国际社会关于知识产权与公共健康的论争从未止息。

三 知识产权与人权保护

后TRIPS时代，国际社会十分关注知识产权与基本人权的关系问题，这一议题在WTO、WIPO、WHO、FAO等国际论坛讨论热烈。知识产权的人权属性以及知识产权对人权国际保护的影响是其中争论最多的主题。以TRIPS协议的实施为例，WTO秘书处提出，TRIPS协议第7条"目标"所体现的利益平衡精神已经反映了人权的相互依赖性质，反映了ICESCR第15条第1款中各项权利之间的不可分割性。根据这一条款，WTO成员方在保护知识产权的同时，能够采取措施以保护各种社会公共利益。[4]WHO认为，TRIPS协议下的弹性条款和政策空间使成员方在制定知识产

---

[1] World Health Organization, *Globalization, TRIPS and Access to Pharmaceuticals*, No. 3, WHO/EDM/2001.2: 5.

[2] 何隽：《保障专利药品公平使用》，《中国社会科学报》2015年4月2日。

[3] 冯洁涵：《全球公共健康危机、知识产权国际保护与WTO多哈宣言》，《法学评论》2003年第2期。

[4] World Trade Organization, Secretariat, *Protection of Intellectual Property Under the TRIPS Agreement*, E/C.12/2000/18, p.1, 9.

第二章 话语视角下的知识产权保护:秩序缘起与当代样态 77

权法时能够考虑促进公共健康目标的实现。WIPO 认为,协议的例外与限制条款足以解决其与人权体制之间的紧张关系。① 学界也有学者持同样的观点,如知识产权与人权"不存在冲突",二者之间的紧张关系已经被知识产权的制度改良成功地化解了。削弱知识产权保护不仅会危及创造与创新,而且不利于经济与社会发展,这种行为才是"反人权的"。还有学者提出,知识产权与人权之间不存在现实的冲突关系,而是一种潜在的冲突或紧张关系,关键问题在于 TRIPS 协议的解释和实施。②

一些学者质疑知识产权保护有益于人权维护的观点,认为"由于利益的冲突,在知识产权的实施过程中,与其他人权也发生了权利冲突。随着现代传播技术的发展与经济全球化的影响,冲突越发明显,并以 TRIPS 协议的实施为焦点"。③ 发展中国家、联合国人权机构和部分 NGO 也认为知识产权与人权保护之间存在根本冲突,对 TRIPS 协议提出批评。联合国"促进和保护人权小组委员会"(以下简称"人权小组会")认为,"TRIPS 协议与国际人权法之间存在明显的冲突",由于 TRIPS 协议的实施并未充分反映所有人权的基本性质和不可分割性,包括健康权、食物权、自决权以及分享科学进步收益权,人权小组会要求有关机构、WTO 及 WIPO 等政府间国际组织分析 TRIPS 协议实施对人权保护的影响,关注各国在国际人权公约下的责任。一些有影响力的 NGO 严厉批评不断提高的知识产权保护标准,呼吁澄清知识产权与人权的关系,主张限制知识产权,"从最大化保护到最小化保护",避免其成为人权维护与发展的障碍。

除上述两种对立观点外,一些政府间国际组织、联合国高级官员对知识产权与人权保护之间的关系奉行谨慎的中庸之道,未明确认定知识产权与人权之间存在冲突,只是认为 TRIPS 协议实施与人权保护之间存在一定的紧张关系。例如,UNCTAD 提交的报告中,使用的是"消极影响"一词。

人权被看作保持人类尊严的最根本要求,是超越民族、国家主权的。由于人权的根本性、绝对性以及普世性,人权表达被看作"整个国际社

---

① UN. Secretary-General, *Intellectual Property Rights and Human Rights: Report of the Secretary-General*, E/CN. 4/Sub. 2/2001/12/Add. 1, July 3, 2001.
② 衣淑玲:《国际人权法视角下〈TRIPS 协定〉的变革研究》,厦门大学出版社 2010 年版,第 54 页。
③ 黄玉烨:《知识产权与其他人权的冲突及其协调》,《法商研究》2005 年第 5 期。

会愿望的表达"。① 作为一种有效的制衡工具，人权话语有力地对抗了知识产权强保护话语。以保护人权和促进人类进步为旗帜，公共阵营将利益集团的知识产权扩张运动贴上"圈地运动"以及"信息封建主义"的标签，以此占据道德话语的高地。努力改革现行知识产权制度，使之符合国际人权标准，确为新时代知识产权国际保护制度变革与发展的应然指向。

---

① Laurence R. Helfer, "Regime Shifting: The TRIPs Agreement and New Dynamics of International Intellectual Property Lawmaking", *The Yale Journal of International Law*, Vol. 29, No. 13, January 2004.

第三章　话语与知识产权国际秩序：
相互作用及实证分析

晚近国际法研究对国际关系理论的借鉴蔚然成风。在新现实主义、新自由主义和建构主义国际关系三大主流理论中，建构主义更强调知识、文化、认同、规范、观念、意识形态甚至话语等非物质力量在国际关系形成过程中的作用，认为观念是历史的驱动力量，其能够在"只要遇到似乎是'物质'理论的时候，就探究驱动这种理论的话语条件"。[①] 基于建构主义对话语、观念等非物质力量要素对国际体制的建构作用的阐述与认同，其为话语探讨、机制建构等问题提供了更为合理的认知路径。本章从建构主义的视角对话语与知识产权国际保护秩序之间的相互作用展开研讨，并以《反假冒贸易协定》（ACTA）的谈判进程为例进行实证分析。

第一节　话语对知识产权国际秩序的施动

法学意义上的秩序是法律规制下的秩序。国际保护秩序是由国际法确认、维持和支撑的，抽象的知识产权国际秩序的构建、运行和演化以具象的知识产权国际法律的生成、遵守和变迁为表征。话语对知识产权国际秩序的施动主要体现为话语影响着知识产权国际法律制度的规范生成以及规范遵守。

一　知识产权国际立法议题的话语建构

与知识产权相关的公共性全球问题的存在是知识产权国际保护立法的

[①] 刘志云：《国际法研究的建构主义路径》，《厦门大学学报》（哲学社会科学版）2009年第4期。

逻辑起点。区别于传统研究，建构主义对社会问题的客观性与唯一性进行了解构，认为社会问题并非完全独立于人类主体而客观、唯一存在的，而是个人/群体宣称的产物或集体定义的结果。建构主义对社会问题客观性/唯一性的否定，并不意味着主张问题完全是在人类主体大脑中杜撰出来的，而是强调社会问题的存在仍需要以一些已经发生或正在发生的客观事实为依据。也即，生活世界中的实然状态或现象的存在及变化是人们对其进行问题化的基础。然而，真实存在的客观事实或社会现象到底能不能被视为一种社会问题，则取决于社会主体对它的认知、评价以及相应的反应或应对。不同的客观状况在不同主体的评价与反应下将生成不同的社会问题。社会问题并不是一种自然而然的社会现象，而是作为一个社会过程而存在，是社会主体与客体之间互动的产物。①

"社会问题过程"（the social problems process）被划分为六个阶段：（1）社会或自然世界中存在的某些"令人不安"的状况引起某些人的关注，从而成为"潜在的社会问题"；（2）媒体对"令人不安"的状况进行报道；（3）更广泛的社会公众对上述状况进行关注并产生解决问题的"呼吁"；（4）政府决策者关注到上述"问题"；（5）政府制定并执行政策来谋求解决"问题"；（6）在政策实施的结果作用下，"问题"得以解决或产生出新的"问题"。② 因此，立法议题的形成是一个"社会现象→社会问题→立法议题"的转化过程。当某些社会现象引起人们的不满和忧虑，认为需要加以改变时，就完成了由"社会现象"到"社会问题"的转变。当人们认为需要通过立法的方式解决"社会问题"时，就完成了由"社会问题"到"立法议题"的转变。因此，议题的产生并非基于某种"客观存在"的社会问题，而是一种建构的产物，一种策略性的渲染过程，议题设定通常包含故事的建构以及各种象征与修辞手段的应用，借助一定的话语修辞策略将社会现象问题化，建构一个公共议题，激发公众意见表达和参与的意识，达到社会动员的政治目的，激发深层次的公共意识转型和社会集体行动。

话语是社会现象问题化、议题化的直接媒介工具。议题建构主要涉及

---

① 张海柱：《公共政策的话语建构》，博士学位论文，吉林大学，2014年，第85页。
② Kathleen Lowney, "Claimsmaking, Culture, and the Media in the Social Construction Process", in James Holstein, Jaber Gubrium, eds. Handbook of Constructionist Research, New York: The Guilford Press, 2008, pp. 333 – 337; Thomas A. Birkland, "Agenda Setting in Public Policy", in Frank Fischer, Gerald Miller, Mara Sidney, eds. Handbook of Public Policy Analysis: Theory, Politics Methods, Boca Raton: CRC Press, 2007, p. 71.

社会主体对社会现象的主观诠释与意义赋予活动,因此更多地是一种话语的建构过程。社会现象能否转变为社会问题并经由决策者的认可而成为立法议题,主要取决于话语宣称与建构的成功与否。"一种情况是否被视为是一个政治问题取决于对其进行讨论的话语。"既然议题是经由话语建构而生成,那么它就成了一种策略性的产物,即"社会群体、个人以及政府机构都会自觉地、有意识地对所描述的现实加以渲染,以便能够推行他们所乐于见到的行动过程","对一个政策问题的表述必须要构造得能够将大多数人争取到自己这一边来,并让反对者处于不利的地位"。[1] 因此,在对立法及其实践的考察中,社会问题本身作为逻辑起点,而发挥生产性或建构性作用的各种话语宣称则应当是关注的重点。

以 WTO 出台《多哈宣言》为例,话语在知识产权国际保护规范生成中的重要作用是将实然状态问题化,并发起解决问题的策略性活动的过程。

1997 年,南非艾滋病感染者已经超过全国总人口的 1/10,政府通过《药品和相关物品控制修正案》,规定卫生部长有权批准实施药品强制许可和平行进口,以获取廉价药品。由于该法案损害美国药品产业的利益,美国贸易代表将南非列入特别 301 条款调查名单并威胁制裁。1998 年 2 月,南非医药生产者协会和 39 个跨国医药公司对南非政府提起诉讼,诉称《药品和相关物品控制修正案》第 15C 条违反 TRIPS 协议和南非宪法。该案发生时南非正面临严重的公共健康危机,40 万人因无力支付昂贵的治疗费用死于艾滋病,跨国公司的行为激起了国际社会的强烈抗议。在巨大的舆论压力之下,跨国制药公司于 2001 年 4 月无条件撤诉,并自发地降低药品价格,捐赠相关药品。

艾滋病的感染和传播起初是一个医学问题,是人类社会一定历史阶段的公共健康实然状态,当其与"贫困""专利""望药兴叹"等措辞关联时,就转变为至关重要的人权问题,被表征为一种已经渗透到全球领域、需要迫切面对的"人造风险",成为反思知识产权制度合法性的话语资源。主体通过修辞方式使专利权与基本药品可及性、知识产权与公共健康建构成为公共议题,并进行意义宣称,展开国际对话与协商,经由程序性的合法化过程转化为制度安排并付诸实施。行为体利用其所掌握的资源展开各种策略性行动,包括"国际健康行动"(Health Action International)在内的众多 NGO 积极组织、参与公共健康维权活动;来自 130 个国家的

---

[1] 张海柱:《公共政策的话语建构》,博士学位论文,吉林大学,2014 年,第 88 页。

30万人响应无国界医生组织（Medicines' Sans Frontiers，MSF）的倡议，在要求跨国公司撤消诉讼的国际请愿书上签名，跨国社会运动风起云涌；欧洲议会通过方案要求撤诉；[1] 巴西、津巴布韦和南非等国家要求WHO干预TRIPS协议引发的公共健康问题，并在WTO多哈回合谈判发起修改TRIPS协议的议题，敦促国际社会关注TRIPS协议的消极影响，重视健康权和药品获取权。

上述不同层面的活动建构起一个关于知识产权保护与公共健康的话语性场域，以非政府组织指责、民众街头抗议、相关国际组织发声、发展中国家呼吁为表现形式，搭建了一个挑战发达国家和跨国制药公司知识产权话语的隐喻结构和叙事语境，知识产权保护与公共健康维护这一全球性问题得到充分呈现，获得国际社会的普遍关注。WHO开始正式干预公共健康与知识产权问题，于1998年发布名为"关于TRIPS对公共健康之影响"的指南。联合国经济及社会理事会促进和保护人权分会也于2000年在一份报告中指出："由于TRIPS实施并未充分反映所有人权的基本性质和不可分割性，包括人人有权享有科学进步及其应用所带来的利益、健康权、食品权、自决权，因此TRIPS所体现的知识产权制度与国际人权法之间存在着明显的冲突。"[2] 公共健康与知识产权问题也成为WTO多哈回合谈判的主要议题。2001年11月，WTO第四届部长级会议围绕专利权与公共健康维护的争端，通过了《多哈宣言》。以南非为代表的发展中国家关于尊重生命权、健康权，维护公共利益的呼吁，得到了发达国家的善意回应。以《多哈宣言》和《执行决议》的通过为标志，最终形成了知识产权领域解决公共健康危机的正式国际立法文件。《多哈宣言》的诞生是知识产权国际保护领域的重大事件，这一事件过程凸显话语包装理念、判定关系、建构议题、提出建议、阐述主张及推销方案的功能。各种话语主体在南非艾滋病公共健康危机这一特定情境下，定义问题、提出方案，运用各种策略手段建构议题，最终使"知识产权保护不应妨碍公共健康维护"这一重大意义宣称获得了制度化地位。

---

[1] Medecins Sans Frontieres, "A Matter of Life &Death: The Role of Patents in Access to Essential Medicines", 9 November 2001, https://www.msf.org/matter-life-and-death-role-patents-access-essential-medicines.

[2] UN. Subcommission on the Promotion and Protection of Human Rights, *Intellectual Property Rights and Human Rights*, E/CN, 4/Sub. 2/2000/7, August 17, 2000.

二 知识产权国际立法合理性的话语论证

除了建构知识产权国际立法议题,话语在建构、评价、论断知识产权国际立法的合理性方面也发挥着重要作用。合理性的存在能够为立法赢得更多的社会支持,保证立法实施顺利。但由于理性、合理性概念本身的复杂性,国内外学者对立法合理性的内涵以及如何实现立法合理性有诸多不同的认识。① 依照哈贝马斯的交往行动理论,在理性设计的程序中进行证成并据此取得人们的共识是法律合理性存在的前提。也即,作为一种主观意志,法律必须确保蕴含其中的任何一种价值判断或规范判断都建立在遵循程序规则、做出理性论证的基础之上。② 因此遵循程序规则、做出理性立法论证的过程构筑了法律正当性的道德根基,这也是衡量立法合理性的标准。

依据哈贝马斯的分析,论证具有过程、程序和结果三个层面和意图,"首先是一种坚决反对压制和不公平,并且带有理想色彩的言语情境的结构;接下来是一种追求更好论据,并且具有一定程序的竞争的结构;最后是决定不同论据之构成及其相互关系的结构"。但是,仅仅停留在任何一种层面上,都不足以揭示论证言语的内在理念。我们通过论证相互发生关系,其基本冲动在论证过程这个层面上的意图是让广大听众信服,并使表达获得广泛的赞同;而在论证程序层面上的意图则表现为,对假设的有效性进行争论,并最终达成合理共识;在论证结果层面上的意图表现为,用论据对有效性要求加以证明或兑现。③

"立法论证"是建构现代法律正当性基础的核心概念。立法论证的成功取决于其所依赖的证据的充分程度以及论证过程的逻辑严谨性。论证是理性的语言运用行为,是一个说者向听者阐明道理的过程。立法论证是指在立法机关制定法律的过程中,参与立法的主体旨在说服他人接受围绕立法议案提出的主张而进行的一种说理活动。④ 话语是论证的媒介和手段,即便是那些实际上仅仅服务于特殊利益集团私利的立法,往往也要诉诸于"公共利益"或者"民意"等话语以获得合理性、正当性支持。

---

① 沈太霞:《立法合理性问题研究》,《暨南学报》(哲学社会科学版) 2012 年第 12 期。
② 李晓辉:《立法论证:现代法律的正当性基础》,《甘肃理论学刊》2015 年第 5 期。
③ [德] 哈贝马斯:《交往行为理论(第一卷):行为合理性与社会合理性》,曹卫东译,上海人民出版社 2004 年版,第 26 页。
④ 李晓辉:《立法论证:现代法律的正当性基础》,《甘肃理论学刊》2015 年第 5 期。

在特定知识的作用下，话语发挥着一种意识形态功能，获得话语相对方对拟定秩序的同意。因此，立法合理性的实现很大程度上也是一种话语建构下的结果。通过论证的具体环节，包括论证立法程序规则的民主性、立法程序设置的合理性以及立法程序规则促进共识，话语能够建构、评价知识产权国际立法的合理性。以近期知识产权国际执法领域最重要的事件——ACTA 的缔结为例，反对 ACTA 缔结的话语联盟就是从立法程序及法律文本两个维度质疑和抨击 ACTA 立法之合理性。在立法程序方面，批评者认为，ACTA 采取秘密谈判、关门立法的方式，"谈判已经被在国际知识产权立法中未曾见过的企图保密做法玷污"；[1] ACTA 是 "偷偷摸摸的发达国家立法"；[2] "ACTA 不满足现有知识产权政策管理机构在透明度上基本的最佳实践（the basic best practices），莫非有种公布公约的方式是泄露？"[3] 2010 年 10 月，75 名美国法学教授联名致信奥巴马总统，指责 ACTA 的秘密谈判缺乏开放性和透明性，要求终止 ACTA 谈判。[4] 通过上述话语的指称，凸显和强化 ACTA 立法程序欠缺基本的话语伦理与民主参与——刻意封锁谈判内容，排除公众的意见表达，谈判过程和文本草案缺乏透明性，从而从程序方面否认了 ACTA 立法的合理性。

在法律文本方面，批评 ACTA 的话语联盟认为，ACTA 会弱化现有的知识产权多边保护体系，损害言论自由和隐私权。2009 年 12 月 10 日，非政府组织、消费者协会和互联网服务供应商协会联合向当时正在巴黎参与 ACTA 谈判的欧洲机构官员发出公开信，呼吁欧洲议会和欧盟谈判方反对多边协定中削弱公民基本权利和自由的条款。这封公开信的首批签署者包括消费者国际组织（Consumers International）、欧洲数字版权（European Digital Rights，EDRi）、自由软件基金会（Free Software Foundation，FSF）、电子前沿基金会（EFF）、自由知识学院（Free Knowledge Institute，FKI）和欧洲各地的公民自由组织。此外，欧洲互联网服务提供商协会（Eu-

---

[1] David S. Levine, "Transparency Soup: The ACTA Negotiating Process and 'Black Box' Lawmaking", *American University Washington College of Law*, Vol. 26, No. 3, February 2011, p. 833.

[2] 袁真富、郑舒姝：《反假冒贸易协定（ACTA）：制度评价及其国际影响》，《国际贸易问题》2012 年第 7 期。

[3] Jeremy Malcolm, "Public Interest Representation in Global IP Policy Institutions", Joint Pijip/Tls Research Paper Series, American University Washington College of Law, September 2010, p. 20.

[4] See Over 75 Law Profs Call for Halt of ACTA, PIJIP BLOG (Oct. 28, 2010), http://www.wcl.american.edu/pijip/go/blog-post/over-75-law-profs-call-for-halt-of-acta.

roISPA)、欧洲电信网络运营商协会（ETNO）、全球移动通信协会（GSMA）以及欧洲有线电视协会（Cable Europe）等互联网、电信及电缆贸易协会发布联合声明称，"担心 ACTA 可能会构建比欧盟既有法律更为严苛的法规，破坏现存的法律框架平衡，并有可能降低欧洲的创新能力和竞争力"；① 艾伦·肖（Aaron Shaw）认为，"ACTA 设定苛刻的法律标准，违背民主政府、自由市场交换和民事自由的当代精神，将便利权利人在没有任何正当法律程序下对公民隐私权的侵害"。② 2010 年 6 月，近 100 名知识产权国际问题专家齐聚华盛顿，分析此前官方发布的 ACTA 文本对公共利益的潜在影响。专家们认为，"公开发布的 ACTA 草案的条款威胁着众多的公共利益，包括每一个被谈判方特别否认的关注点"。专家声明指出，ACTA 与 TRIPS 协议的规定不一致，将干涉公民的基本权利与自由，增加边境措施或阻碍合法仿制药品跨境运输等。通过上述话语，反对者联盟阐释、传达了 ACTA 法律文本在实质正义方面的缺失，从而否认了 ACTA 法律文本的合理性与正当性。

ACTA 支持者联盟，包括各种知识产权利益团体，如国际知识产权联盟（IIPA）、商业软件联盟（BSA）、美国电影协会（MPAA）、美国录音产业协会（RIAA）、美国药品研究和制造商协会（PhRMA）等各种力量积极推动 ACTA 缔结，对 ACTA 立法程序与文本规范进行了不遗余力地辩护与劝说。美国商会高级知识产权官员马克·埃斯珀（Mark Esper）提出："ACTA 缔约方努力打造一个与 TRIPS 完全相符的条约，因为知识产权的盗窃正在扼杀工作机会、阻碍创新发展、损害消费者利益、减缓经济复苏。"欧洲共同体商标协会（ECTA）明确表示欢迎 ACTA，认为海关有销毁货物的"当然权利"。另外一些支持者强调，全球盗版和假冒日趋严重，跨国公司的商业模式需要依赖更严格的版权和商标执法标准，ACTA 有助于缔约国提供质优价廉的知识产权执法服务。③

总之，针对 ACTA 的立法程序及法律文本的合理性，支持者与反对者都竭力通过话语宣称和修辞隐喻制造一种模式化的想象，推进己方主张。在与 ACTA 支持者的话语论争与意义争夺过程中，反对 ACTA 的话语联盟

---

① 《ACTA 协定绕开正在上演的欧盟版权争论》，2010 年 11 月 19 日，中国知识产权网站，http：//www.chinaipmagazine.com/news-show.asp?id=2812。

② Aaron Shaw, "The Problem with the Anti-Counterfeiting Trade Agreement (and What To Do about It)", Knowledge Ecology Studies 2, 2008, p.1.

③ 袁真富、郑舒姝：《反假冒贸易协定（ACTA）：制度评价及其国际影响》，《国际贸易问题》2012 年第 7 期。

采取各种话语策略,发起社会动员,对 ACTA 合理性的否认得到广泛认同,起到了阻滞 ACTA 通过的积极效果。

三 知识产权国际规范内化的话语影响

话语不仅对知识产权国际规范的兴起和普及有重要作用,对规范的内化(internalize)过程也有影响。对一种秩序的维护,需要外在约束,更需要参与者的内在认同和遵守。大多数国际规范的实施机制并没有强制力量作为保障,处于软法状态,国家没有必须遵守的强制义务,因此在国际规范的遵守方面,自愿遵从比强制服从更为常见。国际规范的内化能够有效促进规范的自愿遵从。内化是国际规范在各种国际行为主体内部的社会化机制。积极倡导规则的国家并非简单地渴求国际规则直接对其他成员方强制有效,而是努力使这些国际规则以及这些国际规则的解释内化到其他国家的国内法体系中,其结果是重塑主权国家内部精英、民众的价值观念,使国际社会所主张的价值观念、规范和行为方式转变为主权国家自身稳定的行为反应模式,使国际行为体按照"适当性逻辑"遵从新的规范,变革制度。① 通过内化,国际规范不断融入各国的制度和文化中,从而建构起稳定、统一的国际体系。

在建构主义看来,国家的利益认知在国际规范内化过程中起着基础性作用。国际规范之所以会被国家内化,就是因为它的合法性特征能够"教育"国家改变对自身利益的认知。② 改变国家对利益的认知,使其产生对国际规范的认同,从而实现规范的内化。在亚历山大·温特看来,利益并非是先验存在的,而是在认知和思辨基础上被社会建构的。认知是个体对自身需要满足状况的判断,它通过与自然或社会的互动习得而来。③ 因此,认知构成了利益的内容,是利益形成的前提。作为一种理解世界的共享方式,话语可以解释信息,并将信息联结成连贯的情节或阐释,从而建构了意义与关系,帮助行为体形成认知——界定常识和合理认识。因此,话语在国际规范的国家内化过程中起着重要的能动作用。

全球化时代各国知识产权制度的趋同化非常明显。多边层面,TRIPS

---

① 苗红娜:《国际政治社会化:国际规范与国际行为体的互动机制》,《太平洋学报》2014年第10期。
② [美]玛莎·费丽莫:《国际社会中的国家利益》,袁正清译,浙江人民出版社2001年版,第15—16页。
③ [美]亚历山大·温特:《国际政治的社会理论》,秦亚青译,上海人民出版社2000年版,第153页。

协议以及《巴黎公约》《伯尔尼公约》缔约方数量众多。作为中心框架的 TRIPS 协议统领着 WTO 成员与贸易有关的知识产权保护的最低标准，与《伯尔尼公约》《巴黎公约》等 WIPO 条约体系协同治理知识产权国际保护环境，最惠国待遇原则与国民待遇原则之间的"共振"加速了知识产权制度在全球范围内的趋同。区域和双边层面，美国、欧盟等发达国家和地区通过自由贸易协定输出知识产权强保护规范，协同贸易伙伴的知识产权保护标准，缔约方知识产权制度在规范、学理解释甚至条款用语方面的同质化程度非常高。知识产权法已成为许多国家"本国特色"最不明显的部门法，是对国际公约的摹写和西方标准的映射。然而，规范的接受并不等于规范的内化和有效实施，知识产权保护仍然是一个国际性难题。立法停留在书本之上而未促成稳定的行为反应模式，知识产权低法制状态在新兴经济体和发展中国家、最不发达国家普遍存在；甚至在发达国家，盗版和"山寨"产品也有大行其道之势。无怪乎有学者发出"知识产权正在消亡"的感叹。① 对知识产权保护的利益认知分化是导致规范内化程度不一、机制运作效果不佳的重要因素。

认知并不会自动实现，话语影响着知识产权保护的利益认知。知识产权保护是关涉各国核心利益的全球性问题，东西方之间存在着深刻的利益区别和认知差异。

在发展中国家看来，以美国为代表的发达国家在知识产权保护方面也曾经有过不光彩的历史，利用知识产权制度幼年时期宽松的空间实现了技术模仿与技术赶超。在全球化压力下，发达国家坚持让发展中国家确立严格的知识产权保护体制，适用同样的保护标准，是"撤掉发展中国家向上攀登的梯子"，②"枪口下的法律"③ 禁锢了曾被发达国家成功运用的政策空间，是不公平和非正义的。

在西方高标准知识产权保护以及 TRIPS 协议实施效果方面，为发展中国家广泛接受的主张和话语包括："从 TRIPS 协议实施中受益的是富裕国家，发展中国家被迫承担缴纳专利使用费的损失。同时，没有任何证据证明，通过实施 TRIPS 协议给富裕国家带来的收益超过了贫穷国家承受

---

① 冯象、李一达：《知识产权的终结——"中国模式"之外的挑战》，《文化纵横》2012 年第 3 期。
② 张夏准：《撤掉经济发展的梯子：知识产权保护的历史教训》，《国际经济评论》2002 年第 6 期。
③ 李雨峰：《枪口下的法律——近代中国版权法的产生》，《北大法律评论》2004 年第 1 期。

的损失。因此，实施 TRIPS 协议能够增加世界福祉的论断并不具有说服力";①"实施 TRIPS 协议同实现经济、社会和文化权利之间存在实际的或潜在的冲突，尤其是生物盗版以及减少社区（特别是原住民社区）对其自有的遗传和自然资源以及文化遗产的控制";②"发展中国家缺乏技术、管理和人力资源，在这些国家建立和运行强大的知识产权保护体系的机会成本极其可观。同时，由于羸弱的反垄断法及其执行能力，发展中国家比发达国家更容易受到专利垄断效应的影响"。③"只有当一个国家达到中上等收入国家（Upper-middle income）水平时，知识产权保护对该国发展才是至关重要的。对于科技基础薄弱的低收入国家而言，实施 TRIPS 协议并不是经济增长的决定性因素；相反，对于这些国家而言，与经济高增长相伴的通常是知识产权保护的低水平状态。"④"贪婪的知识产权资本辅以强大的知识产权，催生了知识产权霸权。知识产权国际法已蜕变成维护知识产权富人的工具，对广大发展中国家的利益置若罔闻。"⑤ "TRIPS 协定第 66 条第 2 款事实上已经破产，时至今日，发达国家显然并未采取额外的措施，以鼓励自己的企业进行技术转让；外国直接投资的统计数据表明，发达国家夸大的利益也未成为现实。"⑥

知识产权保护是关涉各国核心利益的全球性问题，上述话语表征和建构了知识产权高标准保护对发展中国家的意义，使公众对于知识产权保护的认知支点和评价落点自然而然地转向"成本""创新""技术转移""人权"等关键词。这在一定程度上强化了发展中国家政府、业界以及民众对知识产权保护的负面印象，产生抵制或疑虑心理，疏离、排斥而非认同，形成了"现有知识产权保护是富国粮食、穷国毒药"的利益认知。对知识产权保护利益认知的负面评价无疑限制了知识产权国际保护规范的内化效果，这是导致全球知识产权保护机制运作效果不佳的重要因素。

---

① 张夏准:《撤掉经济发展的梯子：知识产权保护的历史教训》,《国际经济评论》2002 年第 6 期。
② UN. Subcommission on the Promotion and Protection of Human Rights, *Intellectual Property Rights and Human Rights*, E/CN, 4/Sub. 2/2000/7, August 17, 2000.
③ 张夏准:《撤掉经济发展的梯子：知识产权保护的历史教训》,《国际经济评论》2002 年第 6 期。
④ Commission on Intellectual Property Rights, *Integrating Intellectual Property Rights and Development Policy*, September 2002.
⑤ 王宏军:《知识产权·知识产权资本·知识产权霸权——以发展中国家的立场为视角》,《甘肃政法学院学报》2009 年第 1 期。
⑥ ［美］J. Michael Finger 等编:《穷人的知识：改善发展中国家的知识产权》,全先银等译,中国财政经济出版社 2004 年版,第 147 页。

第二节 知识产权国际秩序对话语建构的作为

知识产权国际保护秩序由知识产权国际法支撑,由包括 WTO 和 WIPO 在内的国际组织架构和双边/区域协调机制维持。通过国际法和国际机制下权力网络的运行,知识产权国际秩序作用于话语的建构,旨在维护秩序自身的稳定性与可控性,但往往又触发相应的支持话语、平行话语或对抗性话语。

一 知识产权国际法律形成了话语的基点

秩序也具有话语生产功能,话语是对社会现实的意义宣称活动。法律的制定与实施是为了解决特定的社会问题和社会矛盾,把世俗生活中的现实问题转化为法律问题,使其得以在法律范围内通过法律设定的方式加以解决。法律以其特有的规范作用和社会作用实现特定目标或满足特定群体的需求,实际上是一种干预性行为。通过对权利义务关系的确定,协调主体之间的利害关系,对多种利益进行协调、平衡与取舍,关涉主体的自由、安全与平等。作为秩序的支撑,法律决定权利义务的分配,是一种具有强制执行力的社会现实,因此也是话语生产的重要基点之一。

就知识产权法而言,一方面,知识产权是为保护人类智力活动成果及其所产生的人身、财产利益而由法律创设的一种权利。这一制度确保权利人在将其智力创造成果公之于众的同时,通过对成果一定时期的独占权而获取经济收益。有学者指出:"财产法发展史上从不曾出现过保护对象没有确定的边界、全赖定义进行指称的财产。"[1] 作为一种边界不确定的权利,知识产权保护实际上暗藏了私权领域无限扩张的可能性,与有形财产的法律保护不同。另一方面,在全球化背景下,知识产权国际法律制度主导着主权国家国内法的制定,知识产权国际法律文本实际上是居于主导地位的西方国家赋予的意义体系及其主流话语的体现,是话语竞争中的获胜者利益与意志的呈现,遮蔽了发展中国家和弱势主体的话语表达与利益诉求,其因而成为话语表达的基点,引发新一轮的意义建构和话语竞争。

以版权法为例,版权保护与公共利益维护之间的关系是发达国家与发

---

[1] 徐瑄:《知识产权的正当性——论知识产权法中的对价与衡平》,《中国社会科学》2003 年第 6 期。

展中国家、权利人与消费者之间争论的主要问题,主要知识产权国际条约中对此有不同的认识和阐述。《建立世界知识产权组织公约》未提及公共利益保护,仅强调在世界范围内促进知识产权的保护。《WIPO 中期战略计划(2010—2015 年)》中提及,"通过建立兼顾各方利益的有效国际知识产权制度,弘扬创新与创造,促进各国的经济、社会和文化发展"。①《伯尔尼公约》规定了"对作者利用其作品的专有权的限制",只要"注明出处和提及作者姓名",②当使用是以教学和新闻报道为目的时,给予国家更久的无偿使用权限。③ 但是,《伯尔尼公约》正文中未出现过任何"使用权""使用者""公众"等字样。《WIPO 版权条约》导言明确指出,"有必要协调著作者的权利与更大的公共利益之间的关系,特别要考虑到教育、研究和信息获取的需求"。④《WIPO 表演和录音制品条约》导言也同样提到,"有必要协调表演者、录音制品作者的权利与更大的公共利益之间的关系,特别要考虑到教育、研究和信息获取的需求"。⑤《北美自由贸易协定》导言阐述了协定的主要目的及与贸易相关的概念,如"扩展全球贸易""为商品和服务创造广阔而安全的市场""减少贸易扭曲""保证为企业计划和投资创造可预测的商业框架""决定维护缔约方政府保护公共利益的灵活性"等措辞。⑥《美洲自由贸易区协定》草案(第三稿)导言写明,"各方决心维护它们保护公共福利的灵活性""各方决心通过创造崭新的待遇和更加优越的就业机会,包括通过促进经济一体化和自由贸易,以及建立团结、民主和公正的社会,来提高民众生活水平,改善工作环境";⑦ 协定知识产权章节规定,"各国保证用以保护和执行以上权利的措施不能成为阻碍合法贸易的障碍";⑧ TRIPS 协议导言多次提及

---

① 《WIPO 中期战略计划》(MTSP)源于 WIPO 成员国 2006 年通过的一项关于"建立机制让成员国参与计划和预算的编制与落实工作"的建议。《WIPO 中期战略计划(2010—2015 年)》作为一个高层次的战略框架,为 WIPO 编制两年期的计划和预算文件提供指导。
② Article 10, Berne Convention for the Protection of Literary and Artistic Works (as amended on September 28, 1979).
③ Article 10, Article 11, Berne Convention for the Protection of Literary and Artistic Works (as amended on September 28, 1979).
④ Preamble of the WIPO Copyright Treaty (WCCT) (1996).
⑤ Preamble of the WIPO Performances and Phonograms Treaty (WPPT) (1996).
⑥ Preamble of the North American Free Trade Agreement (NAFTA).
⑦ Preamble of Free Trade Area of the Americas (FTAA), TNC/w/133/Rev. 3.
⑧ Article 3, General Principles, Section A General Aspects, Chapter XX Intellectual Property Rights of FTAA-Free Trade Area of the Americas (FTAA), TNC/w/133/Rev. 3.

"对知识产权有效和充分的保护",提及利益平衡:"有关知识产权的保护和执行应当能够帮助促进技术的创新和传播,保障技术知识的创造者与使用者的共同利益,同时也帮助促进社会经济福利的发展,达到权利与义务之间的平衡。"[1] 协议第 8 条规定,"在制定或修改其法律和法规时,各成员可采用对保护公共健康和营养、促进对其社会经济和技术发展至关重要部门的公共利益所必需的措施,只要此类措施与本协定的规定相一致"。[2] 上述条约和协议中涉及公共利益的措辞不同,认识不一、表述各异。在知识产权私权不断扩张的当代,出于对公共利益的关注,一些学者对此展开了深入分析,分析各条约文本、措辞背后的思维方式、利益诉求和秩序主张,形成了对条文或支持、或质疑、或批判的话语。

二 知识产权国际机制规约了话语的规则

除了话语生产功能,秩序还具有话语框定以及意识形态功能。通过国际法与国际机制,国际组织和霸权国家把其认可的价值、规范以及"适当行为"作为全球治理规范,兜售给其成员及贸易伙伴,促进、维持秩序的稳定、运转和延续。[3]

话语建构作为主体对某一社会现实进行意义赋予的行为过程,任何主体都可以基于自身的观念、认知或利益做出话语宣称,然而并非所有的主体都能够自由地进行话语宣称,也并非所有的宣称都合法、有效,能够影响立法。在一个特定话语场域,主体"能够说什么"以及主体"被允许说什么"总是受到特定政治社会情境与制度规则(话语秩序)的约束。通过对"可说的话"进行筛选,并对"已说的话"进行过滤,可以避免异质性话语带来的危险,理想状态是使利益受损的主体形成此种不对等格局、不平等秩序是正常以及自然而然的认知,而缺乏质疑精神和反抗意识,从而为提升全球治理的合法性和有效性提供主观性基础。

知识产权国际保护秩序存在不平等、不合理之不足,在完整性、统一性、稳定性和有效性等要素缺失的当下,维护秩序的稳定和延续需要对话语进行选择性的呈现或遮蔽。现行知识产权国际保护秩序通过制度安排和机制运行规约话语的规则,压制、排斥异质话语,同时使隐含主流价值的话语通过教育、媒介和制度等方式渗透到公众中,使其逐步丧失自我意识

---

[1] Article 7 Objectives, Agreement On Trade-Related Aspects Of Intellectual Property Rights.
[2] Article 8 Principles, Agreement On Trade-Related Aspects Of Intellectual Property Rights.
[3] 朱雪忠、杨静:《中国知识产权话语策略研究:基于话语与秩序相互建构的视角》,《中国软科学》2017 年第 5 期。

而不自觉地加以接受,从而将外在的法律强制变为内在的心理认同,最大限度地决定了"谁有权说并被听到"。

国际机制通过筛选话语主体、约束谈判模式等方式规约了知识产权话语的规则。

(一) 筛选话语主体

通过对话语主体的筛选、甄别和限定,知识产权国际保护机制能够有效保证主流话语和理念的传播与规训,排斥、过滤异己话语。WTO"绿屋会议"决策机制和 NGO 参与权是国际机制下话语主体筛选的典型例证。

"绿屋会议"(green room meetings)即非正式小规模磋商会议,源自 GATT 时期的实践,并延续至今,是 WTO 协商一致原则的核心机制之一。作为 WTO 非正式决策机制的重要代表,"绿屋会议"在 WTO 决策机制的运行历史中曾经起到了重要作用,最大限度地提高了多边谈判的决策效率,其前身 G18 推动了 GATS、TRIMS 和 TPIPS 谈判的达成。"绿屋会议"的早期实践只包含不到 10 个成员,且基本排除发展中国家的参与,目前演变为一种"可变组合"(variable geometry),在保持 20 个核心成员的基础上,视具体议题不同而吸纳 10 个左右不同的非核心会员参与磋商,从而使参与成员数量基本满足《哈瓦那宪章》中对"执行理事会"(Executive Board)的要求,达到"关键主力多数"(critical mass)这一决策民主最低临界点标准,因而在一定程度上具有一定的代表性和可接受性。[①] 同时,WTO 总干事对参会者采用邀请制,这意味着参与"绿屋会议"的成员代表并非通过自下而上的民主程序产生,而是自上而下筛选产生,并且会议没有书面记录和录音,甚至被邀请国的名单都是对外保密的。"绿屋会议"机制达到了对成员进行等级划分、筛选话语主体、确保特定主体利益表达的目的。[②]

NGO 参与知识产权决策权的受限也凸显国际机制对话语规则的规约。近年来,NGO 已经逐步发展成为知识产权国际保护舞台上举足轻重的

[①] 盛建明、钟楹:《关于 WTO "协商一致"与"一揽子协定"决策原则的实证分析及其改革路径研究》,《河北法学》2015 年第 8 期。

[②] 由于成员的合法代表性以及决策程序的透明度问题,"绿屋会议"制度广受诟病,被称为"黑屋会议"等,对其加以废止和改革的呼声日盛。参见余锋《"绿屋会议":WTO 走出合法性危机的一道坎》,《东方法学》2009 年第 6 期;翁里、唐卓然:《绿屋会议改革研究:构建 WTO 决策机制中的"埃俄罗斯之风"与"忒弥斯之秤"》,《时代法学》2013 年第 6 期。

"第三种力量",日趋活跃于全球知识产权领域,通过各种途径影响知识产权国际规则的制定、实施与调整,在系统、过程和结果层面发挥着结构功能,[①] 在知识产权国际保护领域扮演着问题发掘者、方案提出者和治理倡导者的角色。不过,WIPO 和 WTO 均为国家中心治理模式,只有主权国家才有合法资格参与,对 NGO 实际参与知识产权全球治理做出了种种限制。

WIPO 体制对于 NGO 参与政策制定和正式决策活动形成了一套基本原则:258 个国际 NGO 和 79 个国内 NGO 享有 WIPO 观察员地位,有资格参加 WIPO 会议并发言;部分 NGO 被特别核准参加 WIPO 闭会期间政府间会议(IIM)及 WIPO 其他会议,还可以获得会议简报;NGO 还可以参加立场不同的 WIPO 委员会和一些非永久性委员会,但这些委员会隶属于政府间委员会,受成员国意志的支配。根据《世界知识产权组织总议事规则》第 24 条的规定,观察员经主席邀请可参加辩论,但不得提出提案、修正案或动议。总体而言,相对于 WIPO 正式成员国,观察员身份的 NGO 只享有不完整的权利,并没有咨商地位(consultative status)。

《建立世界贸易组织协定》第 5 条第 2 款规定:"总理事会可就与涉及 WTO 有关事项的非政府组织进行磋商和合作作出适当安排。"这一规定是 WTO 与 NGO 进行合作与磋商的法理基础。1996 年 7 月,WTO 总理事会采纳了一项指南,进一步明确了处理与 NGO 关系的框架——WTO 承认 NGO 在提高公众对涉及 WTO 领域活动的了解和认识方面的角色和作用,并同意在此方面要提高透明度并发展与 NGO 的信息交流。该指南还提出了一些合作交流的方式,如非正式会议,获取信息方面的非正式安排等,但明确指出 NGO 不能直接参加 WTO 的工作或会议。[②] 1998 年,WTO 总干事鲁杰罗(Renato Ruggiero)宣布 WTO 对外关系局将开始对 NGO 定期发布关于各委员会以及各工作组的工作进展。秘书处也会在每月向成员

[①] 在系统层面,NGO 能够促进政治结构分化、推动政治社会化以及实施政治交流,有助于知识产权全球治理系统的维持和适应功能的实现。在过程层面,NGO 向主权国家政府或国际组织进行利益表达和整合,提出议题;提供备选方式,影响方案选择,推动或阻碍政策执行,促使政策调整与修改;启动新的知识产权国际造法运动。在结果层面,一方面,知识产权 NGO 的行动有助于维持知识产权系统的均衡,保护基本人权,提高知识产权国际规则的合法性,增进发展中国家的福利;另一方面,有加剧冲突、侵蚀国家主权的负功能。参见刘雪凤《知识产权全球治理视角下 NGO 功能研究》,知识产权出版社 2012 年版,第 1 页。

[②] WTO, *Guidelines for Arrangements on Relations with Non-Governmental Organization Decision Adopted by the General Council on 18 July 1996*, WT/L1162, July23, 1996.

方发放 NGO 提交的文件——阐明其观点的文件以及新闻简报等。对于何种组织能够得到 WTO 的认可从而参与其活动，WTO 只有一些模糊规定，如根据《建立世界贸易组织协定》第 5 条第 2 款的规定，相关组织的活动需要涉及 WTO 有关事项。

因此，在 WTO 框架下，NGO 的活动主要限于信息获取与传递，可以参与每年的双边部长级会议，但没有资格参与包括 TRIPS 定期委员会议在内的其他会议。NGO 可以将相关申明和报告提交给 WTO 秘书处和争端解决机构，但是这些机构没有审阅材料的义务。与联合国、国际劳工组织等国际组织不同，WTO 未授予 NGO 观察或协商地位，成员驱动的 WTO 和 NGO 之间并未形成一种正式咨商、良性互动的关系。[①]

总之，NGO 参与 WTO 规则的制定缺乏制度性安排，也不能行使表决权，其意见、观点和信息的输入受到制约，很多情况下只是"沉默的观察员"。以"绿屋会议"和 NGO 的参与权、表决权为代表，通过正式及非正式的制度安排筛选特定主体的话语输入及话语效果，WIPO 和 WTO 机制强化、提升了主权国家，尤其是霸权国家及利益集团对知识产权国际保护秩序的控制力。

(二) 约束谈判模式

在权力导向的国际机制下，通过约束谈判模式，可以有效地规约话语规则，使谈判聚焦于强国关注的重点，削弱谈判对方的话语权。协商一致和议题挂钩是国际贸易谈判中的常用模式，实质上起到了定式谈判、话语导向的作用。

1. 协商一致原则

对于多边贸易体制的表决机制，1994 年签订的《建立世界贸易组织的马拉喀什协定》第 9 条第 1 款开宗明义，明确规定"世贸组织应沿袭《1947 年关贸总协定》所遵循的协商一致方可作出决定之惯例。除非另有规定，否则如无法以协商一致之方式作出决定者，则所涉之争议事项均应通过投票决定。……部长级会议和总理事会的决定应以所投票数的简单多数作出，但是本协定另有规定者除外"。根据上述规定，WTO 主导的多边贸易体制确立了一套以"协商一致"为主、"票决一致"为辅的决策

[①] WTO 限制 NGO 参与的另外一个原因是发展中国家的反对。很多发达国家的 NGO 都有强有力的组织机构和雄厚的资金支持，发展中国家担忧如果 NGO 更深的介入 WTO 事务，其组织活动会进一步使发展中国家在 WTO 决策程序中的地位边缘化，使谈判的天平向不利于发展中国家的方向倾斜。参见鄂晓梅《NGO 和 WTO：国际非政府组织对国际贸易规则的影响》，《武大国际法评论》2010 年第 2 期。

模式。

从理论上讲，协商一致的结果是所有参与者根据自身真实意思表示，自愿就特定事项达成共识。但众多分析表明，协商一致原则下的谈判成果很可能不是所有成员真实意思之共识。在成员驱动以及权力导向的 WTO 体制下，各成员对决策结果的支配力和影响力并不均等，发达国家更有能力"劫持"谈判并抵制与其利益不符的共识。协商一致并不是真正意义上的公平竞争、民主协商和话语自由表达的机制，而是具有决策支配力和影响力的大国利用、实践"投票之阴影"的过程。不同意见者出于维护组织的国际地位，或者利用国际压力影响、压制国内意见，或者掩盖失败的谈判等顾虑和考量，选择对于主流多数意见加以妥协或迎合。"共识"的达成往往是由于少数意见者在意识到其无法胜出的事实后，以沉默投票（silent vote）的方式放弃自己的观点以支持最终之"共识"。这种非通过诉诸真正投票程序，而以获得多数支持之压力来影响关键参与者的行为和最终的结果的情形，被称为"投票之阴影"（the shadow of the vote）。协商一致原则下的决策机制并不能说明参与者是在免受外界压力下，就特定事项所取得的真实意思表示的一致意见。有学者用"幌子"（fiction）、"有组织的伪善"（organized hypocrisy）等话语批评协商一致原则。[①] 还有学者认为，不能高估协商一致原则在创造公平谈判环境上的作用。从某种意义上讲，与投票多数决定相比，协商一致原则对于少数意见者的保护甚至更为不足，因为少数意见者甚至没有权利和机会在最终的结果中表达自己的观点。在协商一致原则的指导下，大国的影响力并没有消失，而是在政治性和象征性的话语论争中重构，对其策略和资源进行重新配置。[②]

2. 总交易模式与议题挂钩

总交易模式是乌拉圭回合谈判中，美国推动形成的谈判范式，其基本策略是以产业空间让步换取全球资本拓展，以外部经济红利换取国内结构调整。其交易结构：经济合作与发展组织国家开放农业与劳动密集型产品市场，以此作为进入发展中国家服务、知识产权和投资贸易体系的交换。同时，北方国家还要求南方国家进行全方位的制度调整，改善基础设施，全面改造公司法、知识产权、产品标准、健康安全标准、劳工标准、行政程序以及人力资源投资等。"总交易模式"以法律规则的抽象性遮蔽了贸

[①] 盛建明、钟楹：《关于 WTO"协商一致"与"一揽子协定"决策原则的实证分析及其改革路径研究》，《河北法学》2015 年第 8 期。

[②] J. A. Conti, *Between Law and Diplomacy: The Social Contexts of Disputing at the World Trade Organization*, California: Stanford University Press, 2010, p. 12.

易结构的不对等，迅速推动发展中国家全面进入全球经济体系。①

TRIPS 协议就是 WTO "总交易模式"的成功范例，是经济合作与发展组织国家与发展中国家在知识产权和农产品及纺织品之间议题挂钩、交易性谈判的产物。议题挂钩（issue linkage）是指不同议题之间的联结和交换，也就是在一次谈判或者一个回合的谈判中同时将多个议题列为谈判主题，作为备选方案供谈判者讨价还价并达成妥协性制度安排。在挂钩谈判中，不同议题的交换事关谈判者的切身利益，需要谈判者相互妥协和合作才可能达成协议。因此，这种造法机制通常实行协商一致（或称共识）的表决制度，并作出适当的制度安排（如 WTO 的一揽子承诺和强制性争端解决机制）保证共识得到遵守。② 美国政府作为知识产权利益集团的总代理人，以退出多边机制相威胁，利用议题挂钩谈判策略，联结发展中国家的知识产权保护承诺与发达国家的农业和纺织品减让承诺，促成了 TRIPS 协议达成，建立起服务于知识产品出口国和跨国企业的知识产权国际保护的最低标准，从而在一个重要的政策领域实现了"深层一体化"。

在总交易模式的架构下，发展中国家缺少法律层面的基本谈判经验和斗争技巧，缺乏实际的政策选择与议题设置能力，只能被动应对；而发达国家通过设置知识产权国际保护高标准，对全球贸易结构进行隐蔽性重组，进而形成"国际标准沃尔玛化"之态势。越是边缘国家，越是在"总交易"中缺乏话语权与代表性。

协商一致与总交易模式、议题挂钩联系紧密，相辅相成，共同服务于 WTO 成员驱动这一组织模式，从决策形成的制度设计上归约了知识产权国际保护机制下的话语规则，维护了知识产权国际保护秩序的相对稳定。

第三节 实证分析：话语视角下的 ACTA 立法进程

作为 21 世纪以来知识产权国际保护立法领域最令人瞩目的事件之一，从秘密谈判到公开论争，从签署到濒临破产，《反假冒贸易协定》（ACTA）的立法进程是话语建构、影响秩序的生动实践，也是分析知识产权

---

① 余盛峰：《从 GATT 到 WTO：全球化与法律秩序变革》，《清华法治论衡》2014 年第 1 期。

② 张建邦：《议题挂钩谈判及其在知识产权领域的运用和发展》，《政治与法律》2008 年第 2 期。

国际保护论争与秩序的绝佳样本。[1]

鉴于知识产品消费时的无损耗性和非排他性,知识产权经济价值的实现在很大程度上取决于执法的有效性,权利救济与权利内容同等重要。后TRIPS时代,资本结构的变化和产业结构的继续转型促使发达国家在提升知识产权保护实体标准的同时,不断寻求强化知识产权国际执法标准。2010年ACTA的秘密缔结标志着发达国家的知识产权执法攻势被推向了顶峰,其目标直指"建立一个超越TRIPS规定的知识产权执法方面新的全球黄金标准"。[2] ACTA意在打造知识产权国际执法的新秩序,考虑到八国集团(G8)的背书,如果生效实施,ACTA将成为知识产权制度史上最重要的国际协议之一,并很有可能经由有顺序的谈判建构新的知识产权国际执法框架。[3] ACTA文本内容涵盖知识产权民事执法、行政执法、刑事执法及数字环境中的知识产权执法等领域的TRIPS-plus规则。自2007年10月23日美国贸易代表苏珊·施瓦布宣布启动后,ACTA历经11轮谈判,于2011年5月1日开放签署。不过,由于全球声势浩大的反对浪潮,ACTA立法进程在缔约国国内批准程序阶段陷入僵局,最终偃旗息鼓、落下帷幕。后文拟以ACTA立法进程中的话语介入作为研究对象,对知识产权国际保护秩序形成中的话语建构展开实证分析。

从谈判程序到文本内容,ACTA立法进程自宣布启动便处于全球关注的风口浪尖,文本泄露后各种话语持续介入,论争不断。绘制ACTA立法进程中复杂的话语地形图需要借助适宜的分析工具和范式。本部分借鉴荷兰学者马汀·哈杰(Maarten Hajer)的研究方法,[4] 对ACTA立法进程中的论争进行话语取向的分析。从话语分析的角度,围绕ACTA谈判程序的

---

[1] 杨静:《话语视角下的知识产权国际保护秩序:以ACTA立法进程为例》,《东方法学》2016年第1期。

[2] Henning Grosse Ruse-Khan, "From TRIPs to ACTA: Towards a New 'Gold Standard' In Criminal IP Enforcement?", Max Planck Institute for Intellectual Property and Competition Law Research Paper, Vol. 10, No. 6, May 2010, p. 1.

[3] 大国把区域贸易协定内的规则推广为多边贸易规则的过程被称为有顺序的谈判(sequential negotiation)。参见李向阳《新区域主义与大国战略》,《国际经济评论》2003年第5期。

[4] 哈杰提出"话语联盟"(discourse coalition)的概念来解释话语秩序的维系或转变,将政策过程界定为不同话语联盟"争夺话语霸权的竞争"。话语联盟是指由持相似的观念、认知和共同理解的行动者所构成的集合体以及相应的话语实践。Maarten Hajer, "Discourse Coalitions and the Institutionalization of Practice: The Case of Acid Rain in Great Britain", in Frank Fischer, John Forester, eds. *The Argumentative Turn in Policy Analysis and Planning*, London: Duke University Press, 1993, p. 44.

合法性及其文本内容,可以较为清晰地界定两个话语联盟——"工具理性话语联盟"和"价值理性话语联盟"。话语联盟概念设定的初衷在于,"需要一个中层概念来以非化约主义的方式将话语间的互动与个人的策略行动关联起来"。① 工具理性话语联盟反映强势主体高水平保护知识产权的利益诉求,强调知识产权执法的正向性作用,主张通过缔结 ACTA 强化国际贸易中的知识产权执法力度。价值理性话语联盟则反对 ACTA 立法,呼吁知识产权保护中各方的利益平衡、知识贸易中的东西方国家利益调整以及知识传播中的公共利益的实现。两个话语联盟有着彼此对立的利益诉求、意义诠释和话语宣称。话语论争的核心是行动者对某一现象所赋予的不同意义之间的话语竞争。后文分别从两个联盟的话语内容、话语策略出发,分析各自的话语实践,并结合制度结构要素分析两联盟话语竞争的效果。

一 话语内容②

"工具理性话语联盟"的行为体主要包括 ACTA 缔约国政府谈判代表、知识产权利益集团以及权利人。其核心话语是,"假冒和盗版产品是全球性问题,造成严重经济损失,并危及各国民众的健康和安全,必须通过 ACTA 法律框架强化知识产权执法"。③

从酝酿构思到谈判协商,从文本公开到正式签署,ACTA 一直采取关门立法的谈判方式,黑箱操作、秘而不宣、缺乏透明度是 ACTA 谈判程序最为人诟病之处。对此,"工具理性话语联盟"或辩解、或否认。例如,美国贸易谈判代表罗恩·柯克(Ron Kirk)宣称,依照《信息自由法》(*Freedom of Information Act*)中"国家安全豁免"条款,其拒绝透露有关美国谈判立场的信息,但 ACTA 谈判对所有利益相关者秉持"门户开放"政策。④ 再如,秘密谈判是基于"维护国家安全""保护与国际关系有关

---

① 张海柱:《话语与公共政策:政策制定的话语分析——以中国"新农合"决策过程为例》,《天府新论》2013 年第 6 期。
② 杨静:《话语视角下的知识产权国际保护秩序:以 ACTA 立法进程为例》,《东方法学》2016 年第 1 期。
③ 张猛:《反假冒贸易协定 ACTA 解析:标准之变与体制之争》,博士学位论文,吉林大学,2013 年,第 28 页。
④ David S. Levine, "Transparency Soup: The ACTA Negotiating Process and 'Black Box' Lawmaking", *American University Washington College of Law*, Vol. 26, No. 3, February 2011, p. 830.

的公共利益""遵循先例"等。①

就 ACTA 的立法价值和文本内容,"工具理性话语联盟"通过"海盗""盗窃""威胁民众健康和安全""假冒商品满天飞"等话语渲染知识产权执法的正向性。例如,"盗版扼杀工作机会、窒息创新灵感、损害消费者利益、阻碍经济恢复",打击盗版和假货符合"绝大多数人的最大幸福"。②

"价值理性话语联盟"的行动者主要是反对 ACTA 的发展中国家政府、非政府组织、部分学者、媒体和公众。核心话语是"ACTA 文本内容限制、破坏网络自由、个人隐私和正常贸易,威胁药品获取和经济发展"。③

关于 ACTA 黑箱操作的谈判模式,"价值理性话语联盟"行动者批评其"缺乏透明度""不光彩"(Ignoble)④。就 ACTA 文本,价值理性话语联盟认为其"由利益集团操控""侵犯隐私"⑤"漠视公共利益""标准过于严厉"。⑥

以电子前沿基金会(EFF)、知识产权正义(IP Justice)、自由软件基金会(FSF)为代表的 NGO 极力反对 ACTA 谈判,对 ACTA 条款进行了激烈的抨击和不遗余力的批评。其使用的话语包括"ACTA 会制造一种监视和怀疑的文化""威胁世界繁荣、安全和健康""在寻求对其他国家强

---

① Annemarie Bridy, "Copyright Policymaking as Procedural Democratic Process: A Discourse-Theoretic Perspective on ACTA, SOPA, and PIPA", *Cardozo Arts and Entertainment Law Journal*, Vol. 30, No. 3, April 2012. pp. 1–14.

② 张志成、刘锋:《美国知识产权政策变迁、新动向及应对》,载李扬主编《知识产权法政策学论丛(2012 年卷)》,知识产权出版社 2013 年版。

③ Jonathan Lynn, States Clash over Anti-Counterfeiting Enforcement (June 9, 2010), http://in.reuters.com/article/2010/06/09/idINIndia-49179920100609.

④ Michael Blakeney, "Covert International Intellectual Property Legislation: The Ignoble Origins of the Anti-Counterfeiting Trade Agreement (ACTA)", *University of Western Australia-Faculty of Law Research Paper*, No. 20, 2013. p. 87.

⑤ 根据欧洲议会的报告,ACTA 允许商标和版权权利人在没有正当法律程序(due legal process)的情况下侵犯受到怀疑的侵权者的隐私,宣告非商业性的版权和商标侵权为违法行为,以损害"合理使用"权利为代价强化数字版权管理(Digital Rights Management)技术,在 WTO 之外建立一个争端解决机制,要求所有签字国解决版权、商标侵权执法的成本问题。参见衣淑玲《〈反假冒贸易协定〉谈判述评》,《电子知识产权》2010 年第 7 期。

⑥ 加拿大版权学者迈克尔·盖斯特(Michael Geist)认为,ACTA 不断强化知识产权执法实践,对于权利的限制和公众利益保护却着墨甚少。参见袁真富、郑舒妹《反假冒贸易协定(ACTA):制度评价及其国际影响》,《国际贸易问题》2012 年第 7 期。

加一种单方面决定的知识经济的模式""限制了知识的获取,给后续创新造成壁垒,推动了反竞争行为,扼杀市场竞争,损害社会共同利益""忽视了过分严格的知识产权制度的社会成本"等。无国界医生组织(MSF)认为"ACTA 为权利滥用开出了空白支票"。①

二 话语策略

话语建构秩序,一种秩序的形成,标志着某种话语主导地位及其所代表的利益分配模式的建立。因此,通过一定的话语方式进行自我认同和利益表达,以权力体系压制其他话语的表达,同时将隐含自身价值观的话语通过教育、媒介和制度等方式输送给受众并为其所接受,获得内在认同是主体进行话语生产和话语宣称的初衷和意旨所在。话语宣称多种多样,但其中只有少数能够成功实现话语的结构化(话语被多数人接受并用于进行概念化认知)和制度化(话语转化为公共政策或被固化于制度安排或组织实践)。作为一个策略性沟通、论争与说服的过程,话语宣称的成功与否有赖于合理的行动策略选择。②

行动者的话语策略既包括运用组织与物质资源进行观念塑造与社会动员,也包括利用象征与修辞等意识手段制造认同体系和集体行动。在ACTA 立法进程中,话语联盟行为体采取了以下话语策略。

(一)论坛选择与秘密谈判

论坛选择与秘密谈判是工具理性话语联盟中的 ACTA 缔约方谈判代表在谈判伊始所采取的话语策略。③

ACTA 谈判是知识产权输出国通过引入小多边主义(minilateralism)推行体制转换的典型。近年来,美、欧在多边体制下的知识产权行动因严格的条约修正程序及发展中国家的集体反对而连续受挫,遂将重心转移至双边/区域/复边贸易安排下,寻求创设超 TRIPS 义务。通过小多边主义,工具理性话语联盟试图在更加精确和可控的小型体制下推行超出 TRIPS 协议的强硬知识产权执法规则,选择性地排斥作为知识产权消费国的发展

---

① Medecins Sans Frontieres, "A Blank Cheque for Abuse: The Anti-Counterfeiting Trade Agreement (ACTA) and its Impact on Access to Medicines", MSF ACCESS CAMPAIGN (February 2012), http://www.msfaccess.org/sites/default/files/MSF_assets/Access/Docs/Access_Briefing_ACTABlankCheque_ENG_2012.pdf.
② 张海柱:《环境政策论争的话语分析——以 PM2.5 争议与环境空气质量标准修订为例》,《太平洋学报》2012 年第 6 期。
③ 杨静:《话语视角下的知识产权国际保护秩序:以 ACTA 立法进程为例》,《东方法学》2016 年第 1 期。

中国家的话语,并在适当的时机经由有顺序的谈判将其上升为国际规范。

公共选择理论的分析表明,保密给予特殊利益集团施加更多影响力和控制力的机会,信息屏蔽能够满足政府以及特定利益集团的隐秘目的和诉求。[1] ACTA 的秘密谈判方式便利了控制着行政权力、经济系统和传媒体系的知识产权利益集团"有权利说且被倾听"(The right to speak and to be heard),其利益诉求在制度安排和机制运行中得到切实体现。而公众由于无法接触信息资源实质上被剥夺了商谈资格,客观上处于缺席和失语状态,被强行置于话语输入和利益表达的盲点。

(二) 理念宣称与行动实践

如大卫·格林(David Green)所言,谁塑造了对标签的公共理解,谁就塑造了政治文本的性质,政治话语的历史就是一部为塑造关键词汇的公认意义而战的历史。[2] 理念是公共话语的一部分,是行动者为了推进政策主张并使其被接受,而进行的相互之间或对公众的宣传。理念宣称是对所构造的观念、概念、价值观的宣传与植入。在 ACTA 立法过程中,工具理性话语联盟和价值理性话语联盟均采用理念宣称策略,对知识产权国际执法问题的本质、因果关系和解决对策进行结构化的意义宣称,从意识层面塑造话语受众的认知,使其对己方的主张树立内心确信。[3]

工具理性话语联盟行为体,包括 ACTA 缔约方谈判代表及知识产权利益集团,其深谙观念塑造和理念宣称在 ACTA 规则确立、知识产权国际保护新秩序构建中的重要作用,不断以一种类似于"传福音"的方式运用观念力量强化高标准知识产权执法规则的结构吸纳力和制度感召力,宣称加强知识产权国际执法有助于促进社会福利和人类福祉,以劝服性的软性话语在公共舆论层面促使形成亲知识产权权利人的情感。与之相对,价值理性话语联盟致力于"知识产权保护应当注重保护公共利益、维护人权、促进信息、知识的传播和利用"等理念的宣传,塑造受众对知识产权强保护的理解和看法,进行社会动员,以此挑战、质疑和反抗工具理性话语联盟的主流话语与理念。[4]

---

[1] [美] 斯蒂格利茨:《自由、知情权和公共话语——透明化在公共生活中的作用》,宋华琳译,《环球法律评论》2002 年第 3 期。

[2] David Green, *Shaping Political Consciousness: The Language of Politics in America from McKinley to Reagan*, New York: Cornell University Press, 1987, p. ix.

[3] 杨静:《话语视角下的知识产权国际保护秩序:以 ACTA 立法进程为例》,《东方法学》2016 年第 1 期。

[4] 杨静:《话语视角下的知识产权国际保护秩序:以 ACTA 立法进程为例》,《东方法学》2016 年第 1 期。

行动实践主要指行为体所从事的，呈现出特定的价值理念和话语内涵的实践行动。[1] 价值理性话语联盟实施各种话语行动实践抵制 ACTA 立法，如2008年6月美国公共知识组织（Public Knowledge，PK）与电子前沿基金会（EFF）援引《信息自由法》（FOIA）要求 USTR 公开 ACTA 的相关信息，2008年9月，公共知识组织和电子前沿基金会以 USTR 违反 FOIA 为由联合起诉 USTR；2010年10月，75名美国法学教授联名致信奥巴马，指责 ACTA 缺乏开放性、透明度。上述发公开信、联名起诉等行动均蕴含信息公开、话语输入的诉求，是价值理性话语联盟话语内容的行动注释。此外，ACTA 的秘密谈判模式令众多不易集团化的分散主体被边缘化，其不能充分表达反对 ACTA 的观点和自身利益诉求，强烈的挫折感激起了诸多市民社会运动。例如，2012年2月11日，超过4万名示威者冒着严寒走向各大城市街头进行抗议；在华沙、布拉格、斯洛伐克、布加勒斯特、维尔纽斯、巴黎、布鲁塞尔和都柏林，数千名年轻人高举标语在风雪严寒中聚集。[2] 声势浩大的抗议行动席卷整个欧洲，有效阻滞了 ACTA 的立法进程。

（三）理性论证与修辞象征

理性论证的话语策略，即通过特定主体（多为专家学者）对抽象概念和复杂问题做出权威性的专业解释，或者"提出观点并给出适当的理由，同时条理清晰地讲出其中的逻辑关系"。[3] 由于知识产权议题自身的专业性和复杂性，理性论证是 ACTA 立法论争中各行为体乐于采取的话语策略。例如，工具理性话语联盟对全球盗版损失的评估报告，以数据形式对盗版与经济损失之间的联系进行因果分析；再如，工具理性话语联盟致力于争取学术界的支持。一些有影响力的学者撰文发表于严肃出版物上，通过其看似无关联的第三方论点，形成镜厅效应，反映、放大特殊利益。价值理性话语联盟同样采取学术话语的方式进行理性论证，阐述 ACTA 强化知识产权执法会导致社会成本的上升，影响发展中国家民众获取基本药品。[4] 通过传递反对 ACTA 的学术观点以及权威性的因果解释，帮助公众建立内心确信，进行专业判断，并采取进一步的集体

---

[1] 张海柱：《环境政策论争的话语分析——以 PM2.5 争议与环境空气质量标准修订为例》，《太平洋学报》2012年第6期。
[2] 王宇：《谁在反对 ACTA?》，《知识产权报》2012年8月22日第4版。
[3] 刑玲、高信奇：《言说、行动与共识：协商民主的三重面向》，《学海》2013年第5期。
[4] Margot Kaminski, "The Origins and Potential Impact of the Anti-Counterfeiting Trade Agreement", *Yale Journal of International Law*, Vol. 34, 2009, p. 247.

行动。

"哪里有意义，哪里就有劝说；哪里有劝说，哪里就有修辞。"[1] 修辞象征是与理性论证相对应的话语策略，具有强大的社会动员能力，其运作机制在于借助一定的叙述体系和隐喻机制来构建一套认同体系，其核心功能在于劝说。不同于法庭或课堂辩论，作为一种非正式的术语，修辞话语可以调动公众的道德情感，而不必经受严格的逻辑推敲。工具理性话语联盟将知识产权侵权行为称为"海盗""盗窃""威胁"，就是采用修辞手法，意指假货、盗版的非正当性、严重性以及进行规制的必要性，具有很强的心理暗示作用，起到了强烈的道德贬损效果。美国前贸易代表施瓦布宣布与重要贸易伙伴开始谈判 ACTA 时，使用的"新战略"一词则凸显加强知识产权执法的重要性，隐射既有执法的无力，加强了话语的陈述力量。修辞象征不仅仅意味着自上而下的意识形态控制，还能成为酝酿社会运动的"弱者的武器"。[2] 价值理性话语联盟在反对 ACTA 谈判缔结的过程中，则提出了"政策洗白"[3]"恶法"等修辞口号，搭建起一个挑战工具理性话语联盟话语合法性的修辞结构和叙事语境，通过对抗性话语在公众意识领域完成 ACTA 立法负面意义的重构，挑战工具理性，借助修辞、象征的方式强调阻止 ACTA 达成的重要意义，进而引发深层次的公共意识转型和社会集体行动，达到社会动员的目的。

（四）意义争夺与媒介发掘

在工具理性话语联盟和价值理性话语联盟各自的话语体系中，除了对理念的直接构造与生产，还体现为对某些意指概念进行意义争夺与二次建构。以假冒为例，ACTA 倡导者强调假货的危害："日益扩大的假冒盗版货物贸易严重威胁全球就业、创新、经济增长和消费者健康安全"。[4] 对此，一名印度外交官回应："没有人支持假冒，印度也不支持假冒。我们

---

[1] Sonja K. Foss, Karen A. Foss, Robert Trapp, *Contemporary Perspectives on Rhetoric*, Illinois: Waveland Press, 1985, p. 161, 转引自刘涛：《新社会运动与气候传播的修辞学理论探究》，《国际新闻界》2013 年第 8 期。
[2] 刘涛：《新社会运动与气候传播的修辞学理论探究》，《国际新闻界》2013 年第 8 期。
[3] "政策洗白"一词由学者侯赛因·伊恩（Hussein Ian）提出。借鉴"洗钱"一词的含义，指一国政府利用外国或国际体制作为一个间接手段，推动那些通过常规国内政治程序可能永远不会得到直接批准的政策，在无须得到一致认同的情况下，通过体系外的渠道将缺乏政治合法性的政策纳入合法循环中。采取"政策洗白"的国家会首先在某个其能掌控的国际机构或国际体制中建议一个体现其诉求的法律标准，然后在"法规协调"或"多边主义"的名义下将其纳入国内法律体系中。参见张猛《反假冒贸易协定 ACTA 解析：标准之变与体制之争》，博士学位论文，吉林大学，2013 年，第 64 页。
[4] 杨国华：《G8 峰会再议知识产权保护》，《WTO 经济导刊》2007 年第 7 期。

反对的是混淆假冒与仿冒。"① 通过区分药品的假冒与仿冒,价值理性话语联盟以一种迂回的方式对工具理性话语联盟的话语进行反驳,寻求破绽,挑战其合法性,对"假冒"这一 ACTA 立法中的关键意指概念进行意义争夺。

以版权产业为代表的知识产权利益集团是工具理性话语联盟的中坚力量,其握有较多的金钱与权力,操控着主流商业媒介,使工具理性话语联盟的话语能够全面渗透到电视、广播、报纸、网络等主流媒体并得以传播。为了与之进行话语对抗,并达到更直接的社会动员效果,价值理性话语联盟在争取主流媒介之外,还转向对独立媒介的占有与发掘,并以此开辟新的渠道,构建属于自己的话语平台和舆论阵地,如电子前沿基金会(EFF)网站上专门设立有关 ACTA 立法专题的开放式平台;ACTA News Today 即时发布、实时传播关于 ACTA 立法的动态新闻和信息,直接与民意"链接",打造有影响力的舆论阵地。在 ACTA 谈判过程中,非政府组织主办的网站每日公布新闻简报;价值理性话语联盟还充分利用包括社区、博客、网络聊天、电子邮件在内的网络交流方式,建构了一个个指向 ACTA 立法程序与实体规定的"话语性场域",以此破解知识产权利益集团垄断舆论的壁垒,为 ACTA 立法的民主商谈创造条件。②

三 话语效果

话语并非产生于真空之中,总是在特定时空的秩序维度下生产、传播。体现为特定政治、经济、文化、法律秩序维度的制度结构经由话语行动得以确立和再造,又有促进或抑制话语发挥作用的特点。在 ACTA 立法进程中,应将对工具理性话语联盟和价值理性话语联盟话语效果的考察置于全球化时代知识产权论争的背景下进行分析。

长期以来,发达国家凭借其在政治、经济、科技和文化方面的优势,向全球输送其知识产权保护的理念和意识,发达国家利益表达的主流话语支配着知识产权国际保护秩序的生成,霸权国家及产业集团精心建构起一种服从强权者利益的知识产权保护权力格局,并以现代性的话语掩饰此种格局的不平等与掠夺性,赋予秩序正当性与合法性。当代知识产权国际秩序的价值取向和制度安排更多地体现为发达国家的意志,是支配发展中

---

① 张志成、刘锋:《美国知识产权政策变迁、新动向及应对》,载李扬主编《知识产权法政策学论丛(2012 年卷)》,知识产权出版社 2013 年版。

② 杨静:《话语视角下的知识产权国际保护秩序:以 ACTA 立法进程为例》,《东方法学》2016 年第 1 期。

家的工具。全球化时代,在各国利益出现了深刻歧异、知识产权生产者与消费者冲突日趋激烈的背景下,霸权话语国与新兴国家、发展中国家之间形态各异的独白与对话、压抑与反抗、制约与挣脱构成了当代知识产权话语的时代特征,各种话语强势介入知识产权保护的权力格局,霸权国精心建构的知识产权国际保护秩序面临前所未有的正当性危机。

工具理性话语联盟和价值理性话语联盟关于 ACTA 立法的话语交锋处于全球知识产权话语权配置不均衡的制度结构以及知识产权国际保护秩序正当性危机的时代背景下。依据其所处的社会关系网络、所拥有的权力地位以及所控制的资源状况,工具理性话语联盟占据主流和强势地位,拥有较多的话语权;而价值理性话语联盟则处于从属和弱势地位,只有非霸权话语。ACTA 所采取的秘密谈判方式意在控制信息的流向,隔离公众的商谈,使一家之言代替百家争鸣,利于实现知识产权利益集团的诉求。但是,保密反而极大地削弱了公众对 ACTA 文本公平性及谈判公正性的信赖感。借此契机,价值理性话语联盟敏锐地建构了支持己方主张(反对 ACTA)的话语,通过游说、结盟、动员、引证和反证等话语实践发起风起云涌的跨国社会运动,改变了话语力量对比,动摇了工具理性话语联盟的权威论调根基。以 2012 年 7 月欧洲议会否决 ACTA 为标志,ACTA 立法已经偃旗息鼓,强化知识产权执法的严厉秩序最终未能确立。

总之,作为一种生动的社会实践,ACTA 立法进程反映在话语秩序的理论之中。本书以 ACTA 立法进程中的话语介入为研究对象,对知识产权国际保护的论争与秩序展开实证分析。秩序是制度化的利益分配模式,一种秩序的形成,标志着某种话语主导地位及其所代表的利益分配模式的建立;而秩序能否建立并保持稳定,取决于其合法性,即其赖以建立的价值和原则能否被其他参与者认同,以及制度安排在多大程度上反映各成员的利益。ACTA 立法论争聚焦于谈判程序的透明度与合法性,以及文本内容的合法性与正当性;话语交锋的背后则是物质利益和价值观念的竞争。分析结果表明,在知识产权国际保护秩序的形成过程中,话语作为一种非物质力量起着重要的建构作用。①

福柯关于现代社会中权力与话语之间,权力、话语与秩序之间关系的探讨,对知识产权国际保护中的权力运作和话语形成机制给出了恰当的解释。因权力与话语之间的关联,必须对话语进行控制,使话语的生产、流

---

① 杨静:《话语视角下的知识产权国际保护秩序:以 ACTA 立法进程为例》,《东方法学》2016 年第 1 期。

通和分配得以在特定秩序的规则下有序进行；而哈贝马斯认为，民主程序下产生的法律才具备正当性。只有维护一个生动活泼的公共领域，并使其有效作用于立法过程，构建广泛参与和充分协商的民主商谈机制，才能对强权形成有效制衡，避免立法沦落为特殊利益的单向度投射，提供立法程序趋向话语伦理的动力。以 ACTA 立法进程为代表，知识产权国际保护实践的话语伦理面临以下现实障碍：发达国家利益集团对立法的主导和操控、多数人的缺位以及参与的非平等性。公正的知识产权国际保护秩序的建立有赖于打破排除公众参与的封闭架构，营造相互尊重的论辩氛围以及开放畅通的话语场域，形成每一个利益关联者都可以加入论辩的开放体系，促成不同主体的民主参与和利益表达。应当在公共领域非正式的民主商谈和立法机构正式的民主商谈之间建立畅通的、不受特殊利益干预和扭曲的沟通渠道，促成各种话语宣称、意义诠释之间充分的论争、碰撞，在尊重差异的前提下达成共识。[1]

  话语视角提供了一种对作为既定秩序的知识产权全球保护机制进行全面审视与反思的可能。本部分通过考察 ACTA 立法进程中工具理性话语联盟和价值理性话语联盟的话语内容、话语策略和话语效果，分析了话语介入的影响。既有秩序不仅塑造话语叙述，也在话语论证的过程中被建构。不过，话语建构与秩序形成、演化之间存在复杂的关联，话语并非影响、决定知识产权国际保护秩序的唯一因素，其对秩序生成、演进的影响也不是线性的，其作用过程还受到其他变量，如现实情境、行为体以及中介要素的约束。如何将话语因素与其他施动要素相分离，客观评价话语在知识产权国际保护秩序生成中的作用，是下一步研究拟解决的问题。话语建构与秩序生成之间的复杂关系尚有待厘清，提升中国知识产权国际保护话语权的具体路径问题仍然有待解答。

---

[1] 胡波：《话语伦理视阈下的专利立法程序》，《法制与社会发展》2010 年第 4 期。

第四章　知识产权国际秩序变动：中国角色转换与中美话语政治

秩序是众声喧哗的话语过程的产物。尽管 ACTA 立法进程因为价值理性话语联盟卓有成效的话语抗争最终偃旗息鼓，强化知识产权执法的严厉秩序最终未能确立，但以 ACTA 造法冲动为代表，知识产权保护的区域主义、双边主义和单边主义持续引发知识产权国际保护格局的变化以及秩序的变动。以人工智能为代表的新技术革命以及中国等新兴力量的崛起也成为知识产权国际保护秩序演变的动因。本章回顾知识产权国际保护秩序的代际演进轨迹，分析后 TRIPS 时代知识产权国际秩序变革的动力，探讨中国从被动接受到主动参与，从规则学习者、遵循者到参与者、建设者和主动作为者的角色转换，提出中国在知识产权国际秩序转型中的责任担当，并对近期中美经贸摩擦知识产权话语修辞与话语政治展开深入研讨。

第一节　知识产权国际保护秩序的代际演进

随着知识产权观念的传承、转换以及权力政治的更迭，不同时期的知识产权国际保护秩序有明显的代际差异，秩序的确立与变动深刻地反映着国际经贸往来的贸易逻辑，与权力话语的介入和知识经济所带来的分配方式与控制力的变迁密切关联。以《巴黎公约》《伯尔尼公约》《建立世界知识产权组织公约》以及 TRIPS 协议的签订为节点，知识产权国际保护秩序呈现出不同的代际演进阶段，而不同的阶段又有着各异的秩序主导者和秩序关注点。

一　秩序初创：《巴黎公约》与《伯尔尼公约》时期

解决知识产权的地域性保护与智力成果的跨国界流动之间的矛盾是构

建统一的知识产权国际保护秩序的初衷。在19世纪50年代国际贸易交往的初期，为了应对知识产权地域保护引发的权利空间效力受限和交易成本过高等问题，许多国家开始缔结包含知识产权互惠内容的双边协定，相互给予对方知识产权保护方面的国民待遇，并给予第三方最惠国待遇。双边协定是协调知识产权国际保护标准的初级模式，由于各类协定不统一、不稳定，规则呈现"意大利面碗"式无序状态，其协调作用十分有限。这一阶段可以概括为一种自由契约式低水平的知识产权国际保护模式，是知识产权国际保护的萌芽阶段。

随着双边协定数量的增加、规则的繁复，各国政府意识到有必要在一个正式的国际框架下统一知识产权保护。1873年在维也纳召开的国际发明博览会上，为了打消发明人对参展导致技术泄密的顾虑，奥地利通过一项特别法令，规定对外国参展者的发明、商标和工业品外观设计提供展会临时保护。以此为开端，1878年在巴黎召开的有关工业产权的国际性会议上，参会国家采纳了一个包含《保护工业产权巴黎公约》实质性条款的草案公约。1883年在巴黎外交会议上，比利时、巴西、危地马拉、法国、萨尔瓦多、塞尔维亚、葡萄牙、瑞士、西班牙、意大利、荷兰11个国家签署了《保护工业产权巴黎公约》（以下简称《巴黎公约》），公约于1884年7月7日生效。

在版权领域，19世纪下半叶随着印刷技术的快速发展，欧美国家出版业迅速繁盛，出版商为了把对图书市场的控制扩大到本国以外的整个世界，着手推动版权国际保护公约的缔结，以便能够通过公约维护行业在其他国家的出版利益，应对日趋严重的盗版问题。经过多次协商，1886年9月，英国、法国、瑞士、比利时、意大利、德国、西班牙、利比里亚、海地和突尼斯10个国家缔结了《保护文学艺术作品伯尔尼公约》（以下简称《伯尔尼公约》），公约于1887年12月生效。

至此，《巴黎公约》和《伯尔尼公约》建构了知识产权国际保护制度的基本法律框架，并在国际范围内得到广泛承认，成为知识产权国际保护事实上的标准，知识产权国际保护秩序据此得以确立。《巴黎公约》和《伯尔尼公约》的缔结具有里程碑意义，被誉为知识产权国际保护的"母公约"，[1] 两个公约中规定的国民待遇原则、优先权原则、版权自动保护原则等基本准则一致沿用至今，最低保护标准的规范模式也成为嗣后知识

---

[1] 杨长海：《论国际知识产权法律制度的改革和发展——基于国际关系之南北关系的视角》，《西北工业大学学报》（社会科学版）2009年第1期。

产权国际条约协调的样板。

考察初创时期的知识产权国际保护秩序不难发现，知识产权国际保护秩序的形成以主要资本主义国家知识产权法律制度的普遍建立为前提。19世纪末20世纪初，专利法、商标法和版权法在英国、法国、德国等国家陆续颁行。以专利法为例，1623年英国颁布实施《垄断法案》，法国于1791年颁布《专利法》。1800—1888年，大多数工业化国家都陆续颁布了《专利法》，包括荷兰（1809年）、奥地利（1810年）、俄罗斯（1812年）、瑞典（1819年）、西班牙（1826年）、墨西哥（1840年）、阿根廷（1864年）、意大利（1864年）、加拿大（1869年）、德国（1877年）、土耳其（1879年）和日本（1885年）。[①] 以《巴黎公约》和《伯尔尼公约》缔结为标志的知识产权国际保护秩序的初创，其本质是在利益驱动下主要资本主义国家内国知识产权保护法律秩序的域外扩张与协调。这一阶段的秩序主导者是率先建立起知识产权保护制度的资本主义国家，其关注点在于智力成果利益分配秩序在全球的普遍建立。对后续加入《巴黎公约》和《伯尔尼公约》的知识产品消费国而言，其国民享有公约所规定的国民待遇，但与遵守公约的制度成本相比，国民待遇所能带来的实际利益极其有限。知识产权国际秩序的初创即伴随着先天的利益失衡。

二　秩序推广：《建立世界知识产权组织公约》时期

《巴黎公约》和《伯尔尼公约》各自设有一个国际局，为缔约国结成的联盟提供基本的行政支持。1893年两个国际局合并成立"保护知识产权联合国际局"（法文缩写"BIRPI"）。随后，商标、工业品外观设计、原产地名称等知识产权领域均缔结了国际公约，成立了新的联盟，包括马德里联盟、海牙联盟、尼斯联盟、里斯本联盟等，上述联盟亦被纳入BIRPI。为提升知识产权国际保护的有效性，管理、监督、执行知识产权国际公约，1967年，51个BIRPI成员国在斯德哥尔摩议定了《建立世界知识产权组织公约》，并以BIRPI为基础成立了政府间的国际机构——世界知识产权组织（WIPO）。作为联合国保护知识产权的专门机构，WIPO有效地协调和促进了全世界范围内的知识产权保护，是这一时期知识产权国际秩序的主导者。

《建立世界知识产权组织公约》时期是《巴黎公约》和《伯尔尼公约》构建的知识产权国际保护秩序得到推广、固化的时期，在成员数量、

---

① 温芳芳：《专利计量与专利合作》，中国社会科学出版社2015年版，第15页。

组织机构、职能职责和组织宗旨方面均有体现。

在成员数量方面，WIPO体系治下的知识产权国际秩序有最广泛的适用对象。《建立世界知识产权组织公约》规定，"凡属于巴黎联盟和伯尔尼联盟中任一联盟成员的任何国家都可以成为本组织的成员国"；WIPO成员国资格也向全球广泛开放，[①] 截至2019年年底，WIPO已有193个成员国。在管理条约方面，WIPO管理着26个知识产权公约、条约和协定，分别侧重不同的知识产权领域。在组织机构方面，WIPO是技术性极强的伞式国际组织，把不同知识产权领域的联盟结合在一起参与国际知识产权领域的标准制定工作，并与知识产权私营部门有广泛的联系。在职能职责方面，WIPO负责通过国家间的合作促进全球知识产权保护，并办理知识产权法律与行政事宜。在组织宗旨方面，WIPO致力于"通过国家之间的合作，促进世界范围内的知识产权保护"以及"确保WIPO管理的各条约所建立的知识产权联盟之间的行政合作"。为实现上述目标，WIPO除履行各联盟的行政工作以外，还开展包括制定知识产权保护和执法的准则与标准，向各国提供知识产权法律与技术援助，国际分类和标准化活动以及知识产权注册和申请（发明专利的国际申请以及商标和工业品外观设计注册）等具体活动。

通过专业权威塑造以及WIPO知识产权治理框架下规范、精细化的运作，《巴黎公约》《伯尔尼公约》构建的知识产权国际保护秩序得到了维护、巩固和推广。在知识产权国际保护的实效方面，由于WIPO管理的知识产权国际公约未建立起关于知识产权保护水平的普遍性约束，各国知识产权保护程度不等，水平参差不齐；更为关键的是，WIPO管辖的知识产权国际公约采取软性协调模式，缺乏执行机制，没有强制成员履行规定义务的措施以及解决争端或纠纷的途径，因此其执行力有限。发展中国家认为《巴黎公约》与《伯尔尼公约》对自身技术发展有不利影响，多次呼吁WIPO修改公约，但由于发达国家的集体抵制而难以凑效。总之，作为这一时期知识产权国际秩序的权力中心，WIPO的技术组织特性使其在知识产权国际秩序的组织、管理与协调方面游刃有余，但在执行与强制方面则力有不逮。

---

① WIPO的成员资格向任何联盟的任何成员国和符合以下条件的任何其他国家开放：（1）联合国会员国、与联合国有关的任何专门机构的成员国、国际原子能机构的成员国；（2）《国际法院规约》的当事国；（3）已被WIPO大会邀请成为本公约成员国的国家。享有WIPO的成员资格，对WIPO管理的其他条约不产生任何义务。加入须向WIPO总干事交存《WIPO公约》文书。参见WIPO 2013年发布的《世界知识产权组织管理的公约、条约和协定提要》。

三 全球化、一体化与高标准：TRIPS 协议时期

兴起于 20 世纪下半叶的经济全球化深刻地影响着世界经济体制格局，20 世纪七八十年代，发达国家大力发展知识经济，知识产权产业在美国等国家的国民经济中的比重持续上升，成为平衡国际贸易逆差的重要经济部门，保护海外知识产权利益成为美国对外贸易政策的重中之重。WIPO 的运行机制并不符合美国的知识产权利益。WIPO 是隶属于联合国的政府间组织，发展中国家占据 WIPO 投票权的大多数，关注发展、减贫和公共健康议题，常与发达国家就知识产权保护具体议题陷入长时间的消耗性争论，美国甚至一度处于"被隔离"状态。[①] 与此同时，南北国家之间因知识产权保护水平差异造成的知识产权争端日益频仍，但 WIPO 治下的众多知识产权国际条约体系缺乏有效的争端解决机制，其执行力大打折扣。上述因素促使美国利用关贸总协定乌拉圭回合谈判之机，强烈要求将知识产权保护问题列入谈判议程，期望提高知识产权国际保护水平，并借助制度化的争端解决机制加大知识产权国际保护标准的实施力度。

在这一时期，利益集团开始深度介入知识产权国际保护秩序的权力中心，TRIPS 协议就是 12 个美国 CEO 所代表的知识产权私人集团游说的产物。[②] 1994 年乌拉圭回合贸易谈判最终达成了 TRIPS 协议，建立起全球化、一体化、高标准的知识产权国际保护秩序。全球化是指知识产权保护与国际贸易关联，直接推动了国际贸易的"知识化"与知识产权的"国际化"；[③] 一体化是指 TRIPS 协议统一了知识产权国际保护的实体内容以及程序规则；高标准是指 TRIPS 协议在涉及面、保护力度、保护水平和约束力方面均超过以往的知识产权国际条约。

TRIPS 协议的通过在知识产权国际保护史上具有划时代的意义，标志着以发达国家域内高标准知识产权保护制度为样本的知识产权保护国际标准借助 WTO 体制在全球强制推行——签署 TRIPS 是 WTO 成员国的强制义务，任何想要加入 WTO 从而降低国际市场准入门槛的国家都必须按照 TRIPS 的要求实施严格的知识产权法律保护——知识产权国际保护规则。TRIPS 协议将知识产权明确界定为"私权"，要求 WTO 成员进

[①] 王金强：《知识产权保护与美国的技术霸权》，《国际展望》2019 年第 4 期。
[②] Susan K. Sell, *Private Power, Public Law: The Globalization of Intellectual Property Right*, Cambridge: Cambridge University Press, 2003, p. 1.
[③] 吴汉东：《国际变革大势与中国发展大局中的知识产权制度》，《法学研究》2009 年第 2 期。

行有效和充分的保护。协议延续 WIPO 条约体系中的国民待遇原则，并采用最惠国待遇原则（这在知识产权国际条约中属于首次）规定知识产权国际争端适用与有形货物贸易、服务贸易相同的争端解决机制，形成了知识产权国际保护规则的强制性，强化了美欧主导的知识产权全球秩序的约束力。

总之，TRIPS 协议一改以往知识产权公约的"软"属性，[①] 结束了知识产权国际保护规则"没有牙齿"的局面，形成了"两个中心、多种渠道、南北对弈"[②] 的知识产权国际保护格局。在这一阶段，知识产权多边治理的核心平台从 WIPO 转移到 WTO，但 WIPO 因其机构地位以及所管理的众多知识产权国际条约仍然发挥着举足轻重的作用，WTO 与 WIPO 之间形成了知识产权治理功能的冲突、重叠与交叉的动态博弈关系。TRIPS 协议将知识产权保护与贸易规则捆绑在一起，加剧了国际知识产权法律秩序的失衡，其所形成的全球化、一体化、高标准的知识产权国际秩序服务于发达国家，利用其知识产权资源禀赋谋取最大化利益，发展中国家面临高昂的制度实施成本和知识产品使用成本。

第二节　后 TRIPS 时代知识产权国际秩序的变革动力

"后 TRIPS"一词翻译自英文 Post-TRIPS，特指在知识产权国际保护的历史分期中，TRIPS 协议达成后的时期。在德国社会学家乌尔里希·贝克（Ulrich Beck）看来，"前缀'后'（post）是茫然无措的代号，指向一种难以名状的超越之物，是我们借以面对四分五裂的现实的基本处方，即为我们熟悉的事物命名，同时又加以否定"。[③] 贝克对"后"这一语词的描述可以很好地表征"后 TRIPS 时代"一词中前缀"后"除了时序表征之外的复杂含义。

[①] 以《伯尔尼公约》为例，伯尔尼联盟没有常设的争端解决机构或上诉机构。在公约缔结后的一百多年的时间里，因违反公约规定而被起诉的案例非常罕见。

[②] 刘笋：《知识产权国际造法新趋势》，《法学研究》2006 年第 3 期。

[③] ［德］乌尔里希·贝克：《风险社会：新的现代性之路》，张文杰、何博闻译，译林出版社 2018 年版，第 1 页。

第四章 知识产权国际秩序变动：中国角色转换与中美话语政治

学界对后 TRIPS 时代从何时起算有不同的看法。① 本书赞同后 TRIPS 时代始于 21 世纪初期《多哈宣言》及其《执行决议》通过的观点。② TRIPS 协议时期是知识产权国际保护确立全球化、一体化与高标准的时期，始于 1994 年关税与贸易总协定（GATT）乌拉圭回合谈判达成。后 TRIPS 时代则始于 2001 年《多哈宣言》及 2003 年《执行决议》的通过，以发展中国家在有关 TRIPS 协议实施的南北博弈中取得成功为标志，预示着知识产权国际保护进入了众声喧哗、群雄逐鹿的新的变革时期。

后 TRIPS 时代 WTO 提供了知识产权多边主义的合作平台，TRIPS 协议统领着 WTO 成员与贸易有关的知识产权保护的最低标准，与《巴黎公约》《伯尔尼公约》等重要知识产权国际条约一道协同治理知识产权国际保护环境，WTO 完善的争端解决机制落实 TRIPS 协议的执行，使全球化、一体化、高标准的知识产权国际秩序得以确立；然而利益博弈从未止歇，知识产权保护与公共健康、环境保护、人权维护、气候变化、技术创新、文化教育之间的关系成为后 TRIPS 时代国际社会长期争执的焦点议题，技术后发国家、政府间国际组织和 NGO 开始集中火力对准 TRIPS 协议。发展中国家抗争、区域主义兴起、新兴力量崛起以及新技术革命等动力形成合力，促使 TRIPS 协议下一体化的知识产权国际保护机制发生应变，离心倾向明显并向多极化发展，WTO 对话平台在各方的角力、对垒、抗衡与博弈中逐渐丧失了吸引力。

一 发展中国家抗争引发秩序松动

回溯知识产权国际保护秩序的代际演进轨迹，发展中国家在秩序建立过程中长期处于失语状态。因发达国家的集体反对，发展中国家少数的几次抗争在制度整体层面上也未奏效。发展中国家对抗发达国家的脆弱性从屡次提议修改两大知识产权国际公约（《巴黎公约》和《伯尔尼公约》）均告失败而显露无疑，但此种情况在后 TRIPS 时代发生了极大的改变。

TRIPS 协议实施后，美国基于保持国际优势竞争地位和维护国家核心利益之战略考虑，继续谋求强化知识产权国际保护水平。知识产权已成为

---

① 有学者认为后 TRIPS 时代始于 2005 年，以 ACTA、TPP 谈判萌芽为起点；有学者认为 TRIPS 协议的签署即宣告后 TRIPS 时代的开启；有学者提出后 TRIPS 时代的节点是 2001 年 11 月《多哈宣言》的通过。参见杜颖《知识产权国际保护制度的新发展及中国路径选择》，《法学家》2016 年第 3 期。

② 古祖雪：《后 TRIPS 时代的国际知识产权制度变革与国际关系的演变——以 WTO 多哈回合谈判为中心》，《中国社会科学》2007 年第 2 期。

超越国界的全球利益，发展中国家逐渐认识到 TRIPS 协议的"最低标准"带来了沉重的负担，开始有意识地采取积极的话语行动，在 WTO 体制内外利用各种渠道分析和批判 TRIPS 协议，要求澄清协议中有利于发展中国家的弹性条款、修改协议，[①]试图通过改制和建制解决现行知识产权国际保护制度下的利益失衡问题，摆脱仅仅作为规则执行者的被动地位。《多哈宣言》以及《执行决议》的通过，就是发展中国家在 TRIPS 协议实施的南北博弈中取得的成功。

以《多哈宣言》和《执行决议》为基础的《关于〈与贸易有关的知识产权协定〉修正案议定书》（以下简称《议定书》）是 WTO 成立以来对包括 WTO 协定在内诸多协定的首次修订。《议定书》放宽了限制，消除了强制许可专利药品国际贸易的法律障碍，为发展中成员、最不发达成员通过进口获得更便宜的必须药品，解决公共健康危机提供了便利。[②]《多哈宣言》及《议定书》更大的意义在于 WTO 体制内开始认可公共健康权优于作为私权的知识产权，西方主流知识产权话语中私权神圣的宏大叙事在发展中国家及非政府组织的声讨下不得不进行修正。

总之，后 TRIPS 时代发展中国家积极的话语抗争、据理力争在一定程度上引发了 TRIPS 协议治理秩序的松动。在修订 TRIPS 协议的同时，国际社会开始高度重视与知识产权保护如影随形的一系列问题，如对知识产权保护与生物多样性维护、植物基因资源开发与利用、人权保护之间的关系予以高度重视，并积极寻求平衡知识产权私权与其他权利的方式方法。

二 区域主义兴起冲击多边体制

后 TRIPS 时代，执意推行知识产权高标准保护的美国、欧盟及其他发达国家在国际舆论中处于道义的下风，在 WTO 多边体制下提出新议题，继续强化知识产权保护的行动因为发展中国家的集体反对而不断受挫。[③] WTO 和 WIPO 多边体制下严格的条约修正程序也制约着发达国家知

[①] 杨静：《美国自由贸易协定中 TRIPS-plus 规则的立法动力分析》，《知识产权》2011 年第 7 期。

[②] 郭寿康、史学清：《WTO 协定的首次修订——Trips 协定第 31 条之修改》，《海南大学学报》（人文社会科学版）2009 年第 1 期。

[③] 例如，美国在 1999 年西雅图部长级会议上，提出允许非违约之诉、禁止权利国际用尽、延长专利药品数据保护期等要求，2005—2006 年，美国又多次提出将知识产权执法最佳模式谈判议题纳入 WTO 新一轮知识产权谈判。欧盟则提出建立强制性的地理标志多边注册体系、扩大边境措施的适用范围，这些提议均遭到众多 WTO 发展中成员的一致反对而无果。参见杨静《自由贸易协定知识产权条款研究》，法律出版社 2013 年版，第 49 页。

识产权行动日程的推进。在 WTO 体制下，成员之间通过议题交换达成妥协。发达国家意欲在该体制内继续提高知识产权保护标准，必须打破原有的格局，通过在其他领域的让步重新达成新的共识。在 WTO 协商一致的决策方式和严格的条款修正程序下，此过程绝非易事。在 WIPO 体制下，按照缔约程序规则，新条约的缔结周期至少在 10 年以上且程序繁杂。不过，发达国家以攻为守、步步为营的行动，也阻滞了发展中国家诉求的实现。多边体制下的知识产权国际保护谈判陷入长期胶着的状态。

利益实现与国际机制之间存在冲突，经常导致霸权国政策偏好的转移。在多边主义途径难以奏效的情况下，以美国为代表的发达国家重返知识产权保护的区域/双边主义，通过体制转换、利用小型体制下经济力量的不对称构造新的知识产权规范。ACTA 谈判就是知识产权输出国通过引入小多边主义（minilateralism）推行体制转换的典型，由此双边/区域自由贸易协定也成为发达国家输出 TRIPS-plus 高标准知识产权保护规则的首选工具。

面对发达国家的区域主义造法运动，发展中国家和各种非政府组织也在 WTO 体制外的公共健康、生物多样性、基因资源以及人权保护等国际体制下开展各种软法造法活动或立法努力，以期与发达国家分庭抗礼，影响知识产权规则，实现知识产权保护的南北利益平衡和公正秩序。在区域主义冲击下，多边体制外的知识产权造法活动日趋活跃，参与主体复杂、利益取向多元，规范多样化和碎片化的特征愈加凸显。Graeme B. Dinwoodie 认为，"国际知识产权体制已经成为具有许多新参与者、根据新结构建立和运行并产生混乱的新规范的众多制度的网络，是一个比作为中心框架的《知识产权协定》叙述更不便利、更加混乱的图片"。[1]

在区域主义之外，近期民粹主义和单边主义裹挟下的逆全球化潮流也将对知识产权国际保护的多边体制造成持续冲击。2008 年国际金融危机之后，贸易保护主义和逆全球化思潮沉渣泛起。晚近英国脱欧公投、特朗普当选美国总统、中美经贸摩擦不断升级，逆全球化思潮被付诸实际行动。2020 年以来民粹主义者利用新冠疫情作为反对全球化的新论据。可以预见，在当前以及未来一个时期内，逆全球化所带来的策略调整、权力整合和规则改变将成为影响知识产权全球保护的多边体制的新的关键变量之一。

---

[1] Graeme B. Dinwoodie, "The International Intellectual Property Law System: New Actors, New Institutions, New Sources", *Marquette Intellectual Property Law Review*, Vol. 10, No. 2, May 2006, p. 205.

三 新兴力量崛起改变权力格局

知识产权国际秩序的产生与发展遵循国际关系中权力话语的陈述逻辑,权力结构的变化直接影响游戏规则的制定。发达国家利益集团对知识产权权力政治的介入早已有之,美国实行三权分立,利益集团则被认为是行政、立法和司法之外的"第四权力中心"。在利益集团的参与之外,当下知识产权国际保护体制下新兴力量重组,秩序变更的动力转换过程明显加速,主要标志就是发展中国家的群体性崛起和非政府组织的功能性参与。

当前,全球经济进入转型期,西方国家面临多重困难,国际经济增长的重心正在由发达国家向新兴国家快速转移。新兴国家经济规模的日益增长和对世界经济增长贡献率的逐年上升,冲击、改变了以美国为核心的全球力量架构。在知识产权领域,随着软硬实力的明显提升,新兴国家参与全球治理的意愿越来越强烈,影响力显著增强,正在极力争取话语表达和规则制定的平权,并成为参与知识产权国际秩序转型发展的重要推进力量。虽然美国等发达国家在秩序的转型变动中依旧享有支配性地位,但从长远来看,知识产权国际秩序良法与善治的发展趋势不可逆转,各国参与知识产权全球治理的表现将决定其在未来国际秩序中的位势。"倘若发展中国家越愿意为自身的知识产权诉求而奋斗,就越有可能确保这些诉求在未来的国际知识产权立法活动中得到尊重。"[1]

后 TRIPS 时代知识产权全球治理模式正处于论坛不断拓展、论域不断深化、参与行为体日益多元化的变动中。非政府组织的积极参与和深度介入是晚近知识产权全球治理的突出特点。尽管非政府组织并非国际立法的适格主体,但其所拥有的资源和权威性、专业性、代表性、民间性和公益性等特质促使其成为知识产权国际秩序变动中有影响力的主要行为体。《多哈宣言》的通过、反对 ACTA 立法的社会动员等重要知识产权国际事件中都活跃着非政府组织的身影。目前,知识产权多边、区域和双边治理机制之间互动不断增多,非政府组织已经从边缘参与者逐渐获得了更为多样化的功能性参与路径,影响力日益提升。可以预见,知识产权全球治理必将是一个日益开放的包括众多参与主体的互动过程,知识产权非政府组织有望获得能使之充分发挥作用的、稳定的互动包容参与机制和制度化渠道。

---

[1] 赵骏:《全球治理视野下的国际法治与国内政治》,《中国社会科学》2014 年第 10 期。

四 新技术革命挑战现有规范

科学技术的发展日新月异，进入 21 世纪，以人工智能和生命科学为代表的新技术革命对知识产权国际秩序的多个维度，包括知识产权法律制度、行政管理以及全球治理架构等提出了严峻挑战，"制度赤字"与"规则滞后"问题凸显。

在知识产权法律制度方面，21 世纪数字化的世界中，创造不再匮乏，智力产品充裕且充满替代产品，使得传统知识产权保护的逻辑原点可能面临修正的必要。[1] 除此之外，面对新技术革命，知识产权制度的透明度原则、激励创新功能、风险防控功能和利益平衡机制均有必要调整、重构和更替。透明度原则是知识产权制度赖以建立的根本原则。[2] 以专利制度为例，专利的公开与现代社会要求的信息公开密切相关，公开与垄断是专利制度的基本特征。公开既是权利界限范围的确定，也是获取垄断保护的对价。专利公开制是专利法的核心原则，甚至有学者认为，不公开就不是真正的知识产权。[3] 商标的注册及公告制度也是知识产权法维护交易安全的公示制度。区块链新技术的出现，使私营部门可以成为知识产权辅助记录的保存方；可能导致传统上由公共部门执行的功能私有化；可能模糊公共领域和私营领域之间的界限，影响透明度原则。激励创新是传统观念中知识产权制度的基本功能。知识产权制度合法性立基于创新激励的制度功能，新技术发展对此也提出了新的议题。以大数据为例，亟须对数据信息的开放、采集、存管、交易、传输和二次利用过程中的相关责权利作出明确界定，在知识产权领域，涉及现有的知识产权安排如何为大数据保护提供适当的激励措施，如何规制数据的收集与使用等。新技术的发展还对知识产权的风险控制功能提出了新的要求。例如，人工智能在造福人类社会的同时，本身可能存在巨大的社会风险。它或是"技术—经济"决策导致的风险，也可能是法律保护的科技文明本身带来的风险，[4] 需要知识产权制度建立相应的风险预防、控制与应对机制。新技术革命也向现行知

---

[1] 何鹏：《知识产权立法的法理解释——从功利主义到实用主义》，《法制与社会发展》2019 年第 4 期。
[2] 《弗朗西斯·高锐谈知识产权的未来：机遇与挑战》，2017 年 9 月，WIPO，https://www.wipo.int/wipo_magazine/zh/2017/05/article_0001.html。
[3] 李雨峰：《论专利公开与排他利益的动态平衡》，《知识产权》2019 年第 9 期。
[4] 吴汉东：《人工智能时代的制度安排与法律规制》，《法律科学》（西北政法大学学报）2017 年第 5 期。

产权制度的利益平衡机制提出了挑战：如何确保尽可能多的国家从技术进步中获益？如何通过知识产权保护合理分配技术利益？如何避免各国技术能力差距的进一步扩大？

在知识产权行政管理方面，新技术引发的冲击同样需要审慎关注，包括科学技术与创新范式迭代发展对专利审查时限的挑战，知识产权保护客体范围的调整，"分段式"技术知识产权保护与创新产品市场应用之间的矛盾等。[1]

除了对内国层面知识产权规范与管理的挑战，在知识产权国际保护层面，新技术革命也提出了新的课题。首先，既有的知识产权全球保护秩序以知识产权保护的全球化、一体化和最大化为宗旨，对新技术的及时回应并非秩序重心，需要对现有制度范式进行革新。其次，新技术革命带来的挑战是全方位和跨学科的，涉及知识产权、伦理、隐私、安全等多个维度，WIPO 和 WTO 现有的架构以及资源均不足以全面应对和处理。再次，目前针对新技术革命的政策制定仍然是以民族国家为界的，双边、区域、多边体制下的政策讨论往往各执己见，困难重重。最后，按照技术自主论的观点，现代技术发展有其内在的逻辑和规律，并影响、支配着观念和社会形态。现代社会已变成了一个"技术的社会"，"在这个社会中，一切都出自技术，为技术而存在，任何东西也都是技术"。[2] 因此，国际架构的形态及其治理也不可避免地越来越受到技术的主宰。

总之，在新技术革命的挑战下，知识产权国际秩序的内涵与边界需要突破原有范式，将重心更多地置于如何有效应对迅猛发展且可能触及秩序根基的各种挑战因素，以及新的平衡关系的建立。

第三节　知识产权国际秩序变动中的中国角色转换

后 TRIPS 时代，知识产权全球治理已从 TRIPS 协议时期的"两个中心、南北对弈"格局演化为包含多元行为体（发达国家与发展中国家、利益集团、非政府组织、市民社会等）和多维治理机制（多边主义、区域主义、双边主义及单边主义）的复合体。知识产权国际保护秩序有明

---

[1] 尹锋林、肖尤丹：《以人工智能为基础的新科技革命对知识产权制度的挑战与机遇》，《科学与社会》2018 年第 4 期。

[2] 许良：《恩格斯现代性批判思想研究》，上海财经大学出版社 2017 年版，第 18 页。

显的代际差异,权力政治是秩序演化中居于中枢位置的关键变量。知识产权国际秩序转型发展的历史阶段,中国的角色转换引人关注、引发热议。

一 中国知识产权国际地位与角色的变化

（一）知识产权国际指标

改革开放 40 多年来,中国从零起步,目前在研发投入、专利、商标申请、创新指数排名以及知识产权综合发展水平指数方面均位居世界前列。

2019 年中国研发经费总额为 22143.6 亿元,同比增长 12.5%,连续 3 年保持两位数增速。自 2013 年以来,中国研发经费投入一直稳居世界第 2。[1] 2019 年中国 PCT 专利申请 5.9 万件,跃居世界第 1；马德里商标国际注册申请 6339 件,位居世界第 3。2018 年全球约 30% 的专利申请、52% 的商标注册申请来自中国。WIPO《全球创新指数（2019）》报告显示,中国排名持续上升,2019 年位列全球第 14 位,是全球进步最快的国家之一。世界银行《全球营商环境报告（2020）》显示,中国营商环境全球排名大幅提升至第 31 位,连续两年位列全球优化营商环境改善幅度最大的十大经济体。[2] 2018 年中国知识产权综合发展水平指数达到 257.4,在包括经济合作与发展组织 34 国、金砖 5 国和新加坡在内的 40 个国家中位居中上游,从 2014 年的第 20 位提升至 2017 年的第 8 位,总体水平快速提升。[3]

（二）知识产权国际合作

中国知识产权国际合作从无到有,近年来按照既定部署,扎实推进知识产权国际合作的实质性开展。主要包括以下内容。

（1）国际对话。近年来中国加强了与 WIPO、WTO、世界海关组织等国际组织,以及国外知识产权部门的合作,包括召开国家知识产权局与欧洲专利局局长会、中国—东盟"1+10"知识产权局局长会,积极参与中美欧日韩五局合作、金砖五局局长会、中日韩局长会、中蒙俄局长会等。

（2）"一带一路"。"一带一路"建设是中国推进知识产权国际交流

---

[1] 《中国研发经费保持两位数增长 稳居世界第二》2019 年 8 月 31 日,新浪财经,https://finance.sina.com.cn/china/2019-08-31/doc-iicezueu2344992.shtml。

[2] 《外交：中国将继续提升知识产权创造、运用、保护、管理和服务能力》,2020 年 1 月 22 日,新华网,http://www.xinhuanet.com/world/2020-01/22/c_1125495214.htm。

[3] 国家知识产权局知识产权发展研究中心：《2018 年中国知识产权发展状况评价报告》,2019 年 6 月。

合作的重要平台。近期中国发明专利授权在柬埔寨和老挝获得直接认可；与塔吉克斯坦、越南、老挝、菲律宾、保加利亚等12国知识产权主管部门签署了知识产权合作谅解备忘录；与"一带一路"沿线40个国家建立了知识产权双边合作关系，与海湾阿拉伯国家合作委员会（GCC）、东南亚国家联盟（ASEAN）、欧亚专利局（EAPO）签订了合作协议。

（3）多元机制。中国正在加快构建"四边联动、协调推进"的新格局，并以知识产权为纽带，积极构建多边、周边、小多边、双边合作机制，包括参与中美欧日韩、金砖国家、中蒙俄、中国—东盟等知识产权合作，签署《中欧地理标志保护与合作协定》，推进中泰地理标志互认互保，签署区域全面合作伙伴关系协定等包含完整知识产权保护章节的重要协定。

（4）技术援助。中国已经从技术援助受援国成长为技术提供国。知识产权事业开创初期，中国曾受益于欧洲专利局、WIPO的无私援助，近年来中国政府积极开展对外知识产权技术援助作为回馈，2005年起设立了"面向发展中国家培训"基金；2016年设立了WIPO中国信托基金；2017年与WIPO签署加强"一带一路"知识产权合作协议；2021年9月颁布的《知识产权强国建设纲要（2021—2035年）》明确提出，"向共建'一带一路'国家和地区提供专利检索、审查、培训等多样化服务"。

（5）PPH建设。专利审查高速路（PPH）是部分国家和地区知识产权局合作开展的加速审查机制，有助于便利专利申请人获取国外专利，促进各主要国家专利审查机构之间的信息共享，缓解审查积压，提升审查效率和质量。截至2020年6月，国家知识产权局PPH合作伙伴增加到了29个。

（6）对外宣传。通过对外交流、对话、论坛、会展等多种形式宣传知识产权保护成效也是近年来中国开展知识产权国际合作的重要途径。《2020—2021年贯彻落实〈关于强化知识产权保护的意见〉推进计划》明确了"扩大知识产权对外交流和合作"的工作安排，《2020年深入实施国家知识产权战略加快建设知识产权强国推进计划》特别提出探索组织中国知识产权保护成就海外展。

（三）知识产权国际参与

WIPO《世界知识产权指标（2015）》报告指出，"中国已经成为世界知识产权发展的主要推动力"。[1]

---

[1] WIPO, *World Intellectual Property Indicators*: 2015, December 14, 2015.

第四章　知识产权国际秩序变动：中国角色转换与中美话语政治　121

中国积极参与知识产权全球治理的成果主要包括：1999年与阿尔及利亚共同提出建立"世界知识产权日"（The World Intellectual Property Day）的提案被采纳；与WIPO共同建设技术与创新支持中心（TISC）；2020年提名王彬颖参加世界知识产权组织总干事选举；积极协调、承办2012年WIPO"保护音像表演外交会议"，推动《视听表演北京条约》顺利缔结，该条约是首个以中国城市命名的知识产权国际条约；积极参与《马拉喀什条约》谈判，争取到了有利于视障者的谈判结果。2014年7月，WIPO中国办事处正式在北京启用，这是中国在WIPO地位上升的标志性事件之一。2018年11月和2019年10月WIPO分别与上海市和北京市政府签署了《关于在知识产权领域发展合作的谅解备忘录的补充协议》，这是WIPO在推动中国区域知识产权制度建设方面的重要文件。

总之，中国在知识产权全球治理中的角色经历了边缘—参与—引领的变化。后TRIPS时代，在知识产权国际保护的舞台上，各种行为体竞相登场，游戏规则的制定不再为知识产权领先国家单方主宰。在新兴国家和非政府组织的积极参与下，发达国家在知识产权国际秩序内的功能性角色有所淡化。根据国际关系中"参与实践"（practice of engagement）为核心概念的理论分析框架，① 通过促进身份形成、参与实践，与国际体系相互影响，双向社会化。可以认为，中国主动参与知识产权国际体系的实践推动了中国与国际体系之间的双向互动，建构了中国在知识产权国际体系中新的身份和角色；与此同时，中国也以独特的知识产权实践和自身的方式对知识产权国际秩序的变革产生了影响。中国已经由国际知识产权事务的"学习者"和"遵循者"，日益成为知识产权全球治理机制的"参与者""建设者"和"主动作为者"，中国是知识产权国际事务中不可或缺的角色。

二　知识产权国际秩序转型中的中国责任担当

"凡是崛起的国家，不可能是一个维持现状的国家。"② 后TRIPS时代，新的变革动力持续削弱TRIPS协议知识产权国际秩序框架。履行新的角色责任，中国要明确知识产权国际保护的发展趋势、目标定位和自身责任担当。作为负责任的发展中大国，中国应当推动知识产权国际秩序向

---

① 朱立群：《中国与国际体系：双向社会化的实践逻辑》，《外交评论》（外交学院学报）2012年第1期。
② ［美］约翰·米尔斯海默：《大国政治的悲剧》，王义桅、唐小松译，上海人民出版社2008年版，第400页。

更加公平、合理、平等的方向变革，从全局和整体上关注秩序的变革，不是挑战既有知识产权国际秩序中的基石性制度，而是通过合作和磋商进行渐进式的、应对现有挑战的、能够给发展中国家和发达国家同时带来效益的变革，[1] 将重心放在提供解决方案上。

第一，倡导知识产权国际共生发展理念。共生性是全球治理中各种行为体的组合方式和彼此之间利害攸关状态的显著特征，有学者提出国际关系中构建国际共生体系的目标，[2] 即相互包容、相互克制、互利共赢、共同发展的互动关系。人类命运共同体为全球治理提供了"中国方案"，[3] 中国推动知识产权国际秩序的转型也应当以人类命运共同体理念为指导，追求公平公正的知识产权国际秩序；应避免二元对立，要辩证地看待知识产权国际保护中的权利与责任、利益与担当，妥善处理国家利益与全球利益、短期利益与长远利益，以及知识产权国际保护中的南北矛盾；强调多元行为体之间的互利共赢和共生发展，反对西方中心主义的知识霸权。

第二，维护知识产权国际保护的多边体制。尽管当下知识产权区域主义的兴起冲击着多边体系，但多边体系的作用难以取代。就知识产权国际规范而言，多边谈判成果适用范围的广泛性、适用效果的一致性以及适用效力的强制性使得多边条约是统一各国知识产权法制的最优选择。[4] 知识产权的双边、区域主义不仅会选择性损害成员的利益、影响效率，而且更易造成知识产权的政治化，以及知识产权贸易壁垒的增加。此外，知识产权与公共健康、人权、生物多样性之间冲突的解决非一国之力所能为，也需要在多边体制的框架下协商处理。

第三，塑造知识产权国际治理结构的平衡性。知识产权国际秩序是制度化的利益分配模式和权力政治的延伸，知识产权全球治理体系是乌拉圭回合谈判 TRIPS 协议达成后，由美国等发达国家主导形成的非对称结构的权力关系网络，广大发展中国家长期处于边缘位置，话语权不足、利益分配不公。中国应该倡导知识产权全球治理结构平衡性的塑造，维护多边贸易体制下包容、开放与非歧视的核心价值，主张知识产权国际立法过程中主体参与的平等性与话语的非支配性，反对知识产权规则的滥用，反对

---

[1] 唐世平：《国际秩序变迁与中国的选项》，《中国社会科学》2019 年第 3 期。
[2] 苏长和：《共生型国际体系的可能——在一个多极世界中如何构建新型大国关系》，《世界经济与政治》2013 年第 9 期。
[3] 黄平：《人类命运共同体为全球治理提供"中国方案"》，《红旗文稿》2019 年第 20 期。
[4] 杨静、朱雪忠：《欧盟贸易协定知识产权规范：演变、动因与趋势》，《商业研究》2013 年第 7 期。

以保护知识产权之名行贸易保护之实。

第四，增强知识产权全球治理机制的有效性。当前知识产权全球治理制度出现低效、失效、失灵等问题，主要有制度本身的缺陷、制度执行度低、主体合作乏力等原因。以制度缺陷为例，知识产权全球治理在新技术领域凸显"制度赤字"现象，还因落后于体系内权力结构变化而产生"规则滞后"问题。发达国家和发展中国家在知识产权全球治理的基本理念、议题选择、实施方式等方面，因为利益纷争而缺乏充分的合作意愿，也影响了治理机制的有效性。作为国际体系的积极塑造者，中国应该在知识产权国际机制改革中发出声音，深化与新兴经济体和发展中国家的合作，主张修正知识产权多边体系下不合理、低效率的决策程序与管理方式。必要时，在维护多边体制主渠道的前提下，可以通过知识产权非正式治理集团等其他机制平台，协调解决日益涌现的知识产权全球性问题，增加知识产权国际体系的有效性和弹性。

第五，推动知识产权全球治理体系的民主化。在全球化背景下，全球治理的民主、公平、正义诉求日益强烈，促进公众参与、增加透明度、提升公信力，有利于民主治理的实现。当前全球治理民主化进程所面临的主要阻碍在于，参与主体之间实力不平等所导致的议程不明确、主体缺少协作以及规范单一等民主赤字。[1] 在知识产权国际保护领域，行为体之间存在缺乏共识、沟通与对话等问题，中国应当推动新型"多极化"的、有别于"霸权稳定"模式的知识产权新型复合秩序，倡导各地区发展共同体、各类功能性联盟以及多边国际组织共同塑造、维护和推进知识产权国际秩序，跳出知识产权保护的零和博弈思维与西方中心主义惯性，强调发展权的优先性，倡导平等合作的治理氛围，践行共商共建共享，以兼具代表性与包容性的中国方案，促进知识产权国际保护体系的民主化。

第四节　中美经贸摩擦知识产权话语修辞与话语政治

知识产权问题是知识经济时代，大国构建自身话语体系和权力关系的

---

[1] 田旭：《人类命运共同体与全球治理民主化的中国方案》，《党政研究》2019年第6期。

载体，也是争夺"无重量经济"（创意、知识和信息经济）主导权的重要抓手。长期以来，知识产权问题在美国等西方国家构建中国形象的叙事中扮演着特殊的角色，"高技术产品谈知识产权，低技术产品谈人权"，是中美经贸交往中美国挑剔、压制中国的惯用语法，历次中美知识产权争端在中国知识产权立法中留下了多处压力型立法痕迹。近年来，中国知识产权事业取得显著成就和重大进展，知识产权国际参与的角色发生明显变化，但美国的诘责从未止歇。至 2020 年，美国《特别 301 调查报告》已经连续 16 年将中国列入重点观察国家名单。统计分析美国四大主要报刊——《纽约时报》《华尔街日报》《今日美国》《华盛顿邮报》中有关中国知识产权的报道，常见的是"假冒""盗版""猖獗的知识产权剽窃"等符号话语，以压倒性的负面、否定报道和讽刺性报道为主。

在中美两国综合国力差距持续缩小的关键时期，基于两方面的认知，美国对中国的疑虑与反感集中爆发。一是因为中国实力迅速接近美国而引发的"权力转移"焦虑；二是中美双方经济发展模式的差异所引发的"交易公平"抱怨。知识产权关涉智力成果的成本负担以及利益分配，既是国际关系中权力转移的动因和目的，也是国际贸易中"公平交易"的核心要素，因此毫不意外地成为中美战略竞争中的焦点问题。在本次中美经贸摩擦中，美国就是以知识产权话语指涉为急先锋，对中国采取各种遏制打压手段。

一 中美经贸摩擦知识产权话语修辞

自 2018 年以来爆发的中美经贸摩擦，将成为 21 世纪国际局势大变革中最重要的形成性事件之一。知识产权一直是美国全面遏制中国的工具和借口，但与以往中美知识产权争端不同，在本次经贸摩擦中，美国对中国知识产权问题的关注点已经发生了变化。从对中国国内盗版和假冒问题的关切转换到对所谓的美国高端技术被盗的担忧，集中于质疑、批评中国旨在实现技术追赶的自主创新政策。

在美国指斥中方的整套话语体系中，从话语形式上看，政治言论、报告论断与媒体渲染相辅相成，对中国发起了一场师出有名的政治运动。在媒体渲染方面，美国媒体夸大其词、长篇累牍罗列种种不实数据，夸大中国知识产权侵权状况。基于话语分析的视角，美国对中国的知识产权诘责招募了西方盛行的、可供各领域反复挪用的"中国威胁论"话语框架，恶意刻画中国窃取外国知识产权的形象。针对美国的指责与打压，中国以

"大棒""极限施压""讹诈""替罪羊"等关键词意指其霸权行径进行回应,① 也有"美国对中国的指责与事实不符"② "中国在知识产权上不输理"③ 等学术话语、"女主播约辩反驳"等媒体话语事件良性互动。

二 中美经贸摩擦知识产权话语政治

知识产权问题本身处于国际社会复杂的政治和经济、技术和文化语境中,不同话语的修辞入侵和权力塑造造就了知识产权的话语政治。客观而言,近年来国内少数学者以迎合某些民族主义情绪或政治宣传需求为目的的夸大言论,④ 一定程度上误导了政府决策,引发了外界的疑虑。中美经贸摩擦知识产权争端的根源是两国之间的国家利益竞夺与意识形态冲突,在知识产权领域具体表现为知识产权价值观差异。

语言与非语言符号作为话语政治的传输媒介,承载着意识形态,渗透着价值观念,服务于利益需求。作为世界上最大的两个经济体,美国和中国都追求通过技术创新来最大化本国的政治和经济利益。此次经贸摩擦,美国指责中国自主创新的产业政策。美国"破坏自由秩序""窃取知识产权",威胁美国的国家安全。美国名为保护"国家安全",实为维护"霸权安全"。美国利用其话语霸权地位,以知识产权话语指涉为急先锋,对中国采取各种遏制打压手段,隐藏于其后的是整平场地、把控规则、巩固

---

① 在商务部2018年6月21日召开的新闻发布会上,发言人高峰针对美国加征关税回答:"我们反对这种举着贸易保护主义大棒、实施极限施压和讹诈的做法。美方滥用征税手段,在全球各处挑起贸易战,将严重破坏世界贸易秩序,损害贸易伙伴利益,同样也会伤及其本国企业和人民的利益,这种行为是不得人心的。美国自身存在诸多结构性问题,却总是把别的国家当作自身问题的替罪羊,对别人横加指责。美方指责中方盗窃知识产权、强制技术转让,是对历史和现实的严重歪曲。在中国改革开放进程中,不少外国企业从自身利益出发,和中国企业开展了很好的技术合作,这是典型的市场契约行为,外国企业获得了众所周知的丰厚的回报。美方罔顾这些基本事实而指责中国,是对产权和信用意识的否定、对契约精神的否定、对市场规律的否定。"参见《商务部召开例行新闻发布会》,2018年6月21日,商务部网站,http://www.mofcom.gov.cn/article/ae/ah/diaocd/201806/20180602758147.shtml。
② 吴汉东:《中国是推动知识产权国际保护的重要力量》,《人民周刊》2018年第18期。
③ 马一德:《中国在知识产权上不输理》,《奋斗》2019年第12期。
④ 有学者认为,用GDP、人力资源、自然资源、投资、知识技术、财政支出、军事资源、国际资源8大指标来衡量(以人力、自然两项优势平衡掉美国的6项优势),中国与美国的综合国力差距,已从1990年的4.32倍缩小至2013年的0.98倍,中国已超越美国,成为世界第一大综合国力国。参见胡鞍钢、郑云峰、高宇宁《对中美综合国力的评估(1990—2013年)》,《清华大学学报》2015年第1期。

秩序，减少中国从低附加值环节向价值链高端转移的机会，以维持自身竞争优势的诉求。

因意识形态冲突导致的知识产权价值观差异，也是中美经贸摩擦知识产权争端的原因之一。知识产权价值观念带有强烈的国家利益本位的价值色彩，而且与其所生长的制度情境密切相关，不同的制度情境（如意识形态、政治体制、文化传统、国家发展方式和发展阶段等）会带来知识产权价值观的冲突。中美两国对知识产权制度有不同的理解。美国更多的将知识产权看作个人与企业等私主体的垄断利益，如专利就是用来排除竞争、催生赢家和输家的工具，国家的职责在于设定知识产权游戏规则分配、平衡各方利益。中国的知识产权治理秉持"积极国家观"，把知识产权成果看作迈向创新领军地位的社会集体推动力，比如列出要获得专利总数的明确目标，①强调国家在创新中的领导、激励和培育作用。中国的举国体制能够支持更大范围地追求国家长远利益而不受国内政治限制，对"自主知识产权"的强调也与西方知识产权价值观不同。在具体规则层面，美国惯于将其作为排他权性质的知识产权进行保护，中国则更多的将商业秘密纳入规制市场秩序的反不正当竞争领域。

总之，中美经贸摩擦知识产权争端的实质是以知识产权为代表的创新规则合法性的争执，是大国之间以知识产权为核心议题的关涉未来的创新经济主导权的争夺，代表"冷战"后时代全球技术领导者之间，守成一方（美国）为维持技术优势，发展一方（中国）为实现技术追赶而展开的制度竞争。根据布坎南（James M. Buchanan）建构的通过相互交换获益的政治决策理论，国家及其代理人也是经济人，总是根据自身利益来理解和制定政策。②情势所迫，作为理性经济人的国家有时需要迅速接受外国法律规范以平衡国家治理和外交政策利益。③ 2020 年 1 月，《中美第一阶段经济贸易协议》（以下简称《中美经贸协议》）达成。近期中国知识产

---

① 黄育川：《技术民族主义时代，中美如何找到最大公约数》，《南华早报》2019 年 2 月 28 日。
② ［美］詹姆斯·M. 布坎南、［美］戈登·图洛克：《同意的计算》，陈光金译，上海人民出版社 2017 年版，第 15 页。
③ Carrie Shu Shang, Wei Shen, "Beyond Trade War: Reevaluating Intellectual Property Bilateralism in the US-China Context", *Journal of International Economic Law*, Vol. 24, No. 1, March 2021, p. 76.

权制度改革动作频频,① 外界普遍认为中国做出让步,接受了美国的单方面要求。② 然而,《中美经贸协议》对中国来说并非零和游戏,把中国的让步仅仅归结于来自美国的经济和外交压力的认识过于简单,忽视了跨国法律交接的动力和复杂性。中国知识产权内生需求正处于由"量"到"质"的关键节点,正如《中美经贸协议》第一章所述,加强知识产权保护和执法,有利于中国推动经济高质量发展。更加值得关注的是,在与中国的制度竞争中,西方国家下意识的批评之余并没有拒绝"中国模式",甚至试图以"一种新的国家资本主义形式来追随中国"。③ 在知识产权领域,2020年10月,美国专利商标局(USPTO)前局长安德烈·扬库(Andrei Iancu)在有关5G与专利标准的研讨会上表示,要充分认识、吸收和借鉴中国的专利发展经验。基于上述原因,中美两国之间的知识产权制度竞争并未因《中美经贸协议》的达成而终止,在知识产权国际秩序转型的关键时期,中国争取规则制定的主动权仍然大有可为。

技术主导国家可以投射其政治力量,决定技术政治势力范围,其发展变化对地缘政治与国际关系有深刻影响。中美经贸摩擦知识产权争端的影响不仅限于两国之间,美国已经将冲突放大、引申到了国际规范视域。在知识产权全球治理权力流散的背景下,中美博弈是知识产权国际机制中最重要的一组权力关系。中美两国都在寻求"进步"与"增长"中逐步强化知识产权保护,但价值观不同导致的知识产权制度差异将在较长一段时间内造成两国的知识产权规则之争。中美两国围绕知识产权问题的话语建构、规则竞争、利益博弈和制度调整,无疑将对知识产权国际保护的结构叙事、规则塑造和秩序演化产生深远的影响。

---

① 2018年中美经贸摩擦爆发以来,中国先后修订《商标法》《专利法》《著作权法》《外商投资法》《反不正当竞争法》,以及有关技术和技术进出口的某些规定,最高人民法院先后就严格保护著作、侵犯商业秘密、专利授权确权、侵犯知识产权刑事案件等诸多知识产权问题进行密集的意见征集或出台司法解释。

② 知识产权是《中美第一阶段经济贸易协议》的首要、重点内容,协议未提及知识产权国际公约,承诺全面执行美国知识产权保护标准。协议在文本平衡性方面显然有利于美国,协议英文版以"China shall"(中国应当)表述的中方承诺多达97项;而以"The United States shall"(美国应)表述的承诺只有5项,并且该5项也仅是在美方为配合中方履行承诺时的实务性内容。

③ 德国《焦点》周刊发表题为"无声的制度变革:我们正在复制'中国的资本主义',但几乎没有人注意到它"的文章,称西方国家正经历着无声的制度变革——提高政府的市场参与度。这背后有一个令西方不安的事实:中国是我们时代的心脏起搏器——我们正在以一种新的国家资本主义形式追随中国。参见《德媒承认:西方正在悄无声息地复制着"中国模式",几乎没人注意》,《环球时报国际》2021年5月7日。

第五章　推动知识产权国际秩序转型的中国话语方略

长期以来，中国知识产权保护承受着巨大的外部压力，面临侵权严重、保护不力的多方责难，在知识产权国际保护论域中，处于追随、应对、无言甚至失语的状态。"言语即行事"，作为发展中大国和新兴国家，中国应当重视知识产权话语体系的建设，积极采取相应的话语策略，在知识产权全球治理的建制、改制中发出中国声音，建构知识产权保护的中国叙事，推动更加公正、合理的知识产权国际秩序的形成。

具有影响力的知识产权话语体系具有政治性意蕴、学理性支撑和智慧性表达三个核心要素，分别代表立场、观点与方法，是从内容到形式的逻辑进程。中国特色知识产权话语体系的建构需要深耕上述三个核心要素。本部分首先分析中国知识产权话语推进的制约因素，在此基础上，立足于话语体系构成的要义与理路，着眼于知识产权话语推进的立场与原则（政治性意蕴）、话语建构的理论支持（学理性支撑）、话语推进的现实路径（智慧性表达）三个要素，提出中国知识产权话语生产与推进的策略选择。

第一节　中国知识产权国际保护话语推进的制约因素

促进知识产权国际保护体系变革，扩大中国在知识产权国际事务中的发言权、代表性和影响力，既是国家发展进程的行动逻辑，也是大国博弈与对抗的现实选择。目前中国知识产权话语的推进面临多重困局和约束。首先，由于知识产权理论基础研究的薄弱和实践经验的不足，中国需要做更深入、精确的知识产权理论分析和实践论证。其次，在知识产权国际秩序的生成与演进中,西方主流知识产权话语长期处于主导、支配位置,在未来较长时间内,中国还难以撼动西方知识产权话语的霸权、强势地位。最后,中国知识产权软硬实力发展不平衡,在知识产权国际保护领域的影响力、话语权等方面均有待提升和加强。

一 知识产权基础理论研究不足

理论是话语力量的灵魂,理论的深度决定了话语的力度。虽然取得了长足的进步,但不可否认的是,中国知识产权基础理论研究仍较薄弱,其中既有继受西方知识产权基础理论产生思维惯性的历史渊源,也有自身知识产权理论研究不足的现实原因。

(一) 西方知识产权基础理论的主导性

知识产权制度起源、生长于西方现代资本主义社会,与西方资本主义国家的政治、经济、文化和哲学背景须臾不可分离,不仅是技术革命驱动的产物,也是社会变革与法律生发秩序的展现,更是逐利商人话语推动的结果。现代知识产权制度建立于西方"天赋人权"思想基础之上,贯彻自然法学派回归以个人权利为中心的自由主义、追求人之理性的价值理念,追寻卢梭的"社会公意论"、康德的"自由意志论"、黑格尔的"财产人格论"以及边沁的"功利主义学说"等理论求解知识财产正当性的解答。财产权是西方社会文明的重要组成部分,在财产权话语润物细无声的推动下,私权化成为现代知识产权法的根本属性。"知识资源私权化,是西方知识产权法律构造的制度要义和主旨。"[①] 随着西方国家殖民、称霸全球的历史进程,西方知识产权制度理论基础也成为"国际主流学术思想"。知识产权是私权的思维范式、工具理性的价值理念和无形财产权理论体系在国际知识产权领域占据核心位置,主导着知识产权国际保护领域的理论建构和观念输出。

对于包括中国在内的大多数发展中国家而言,知识产权立法属于"被动性移植",很大程度上是外国势力强加而非本国法律自我生发的结果——中国知识产权制度的百年史,就是一个从"逼我所用"到"为我所用"的法律变迁史。[②] 以版权法为代表,《大清著作权律》及两部民国

---

① 吴汉东:《知识产权理论的体系化与中国化问题研究》,《法制与社会发展》2014 年第 6 期。
② 吴汉东:《中国知识产权法制建设的评价与反思》,《中国法学》2009 年第 1 期。

时期《著作权法》的颁行几乎全盘移植并复制了西方国家法律及相关国际条约的规定，属于典型的"拿来主义"立法。① 1990 年《著作权法》的制定实施及其后两次修订（2001 年 10 月 27 日以及 2010 年 2 月 26 日）也有显著的"拿来主义"和被动性特征，充满回应外来压力的痕迹。② 虽然有些许法律变革的内在需求，但是制度的建构与变迁主要是外力作用的结果。在被动接受制度移植的同时，制度规范上承载的西方知识产权理论观点和价值观念也得以一并输入中国。从 20 世纪至今，国内知识产权理论的发展在很大程度上源自对西方知识产权理论成果和研究方法的吸收和借鉴，如全盘接纳财产权学说、私权学说、激励论学说；进而产生了根深蒂固的思维定势和路径依赖，如《法学研究》杂志《2021 年论坛征稿启示》所述，"知识产权某些具体制度背后带有明显的欧美产业甚至国家利益色彩，但是中国学界在接受这些制度安排时未能提出融会贯通的理论框架，无法在国际博弈中有理有据地捍卫国家利益"。

（二）知识产权基础理论研究的薄弱性

国内学术界和政策部门已经开始关注知识产权国际保护中的中国知识产权话语问题，部分学者开启了知识产权理论体系、知识产权自主话语、知识产权制度的中国特色与国际化等领域的研究探索。③ 目前，中国知识产权基础理论研究取得了显著的进步，呈现出多元进路的分化及深度延伸态势，但在供应理论养分、回应社会需求、支持对策研究、解决中国问题

---

① 赵克祥：《文化冲突与中国版权制度移植——基于典型话语的分析》，《知识产权》2014 年第 2 期。

② "1990 年制定《著作权法》与中美之间关于知识产权的谈判有密切关系；2001 年修法则是加入 WTO 的需要；2010 年修法则是为了履行世界贸易组织关于中美知识产权争端案裁决的现实需要。"参见国家版权局《关于〈中华人民共和国著作权法〉（修改草案）的简要说明》，2012 年 3 月。

③ 吴汉东：《知识产权理论的体系化与中国化问题研究》，《法制与社会发展》2014 年第 6 期；曹新明：《知识产权制度的中国特色与国际化之思辨》，《法制与社会发展》2009 年第 6 期；吴汉东：《知识产权法价值的中国语境解读》，《中国法学》2013 年第 6 期；董涛：《"中国特色知识产权理论体系"研究论纲》，《知识产权》2013 年第 5 期；冯晓青：《新时代中国特色知识产权法理思考》，《知识产权》2020 年第 4 期；赵亮：《马克思主义与中国特色知识产权制度建设》，《人民论坛》2019 年第 33 期；马一德：《完善中国特色知识产权学科体系、学术体系、话语体系》，《知识产权》2020 年第 12 期。

等方面仍有不足,① 存在诸多难点问题和认识误区。这其中既有知识产权学科本身固有的共性问题（西方传统知识产权理论的矛盾性、局限性及其争议性），也有中国知识产权基础理论研究不充分的自身问题。

一方面，西方知识产权基础理论研究并非成熟和臻于完善。因权利对象的复杂性，知识产权基础理论研究形成区域条块分割，制度选择上的功利性和实用主义也导致了理论研究的争议，无法形成统一的概念认同、价值认同,② 导致思想认识上的混乱。知识产权制度体系在理论基础、价值取向、具体构造以及规则衔接等方面仍然处于相对薄弱的状态。正如一些学者所述,"知识产权法在很大程度上是一种历史的堆积，而没有科学上的基础"；"几乎所有有关知识产权法的问题都还未有定论"。③ 时至今日，知识产权基本理论的研究仍然涵盖对知识产权的定义、对象、范围、体系以及正当性的探讨和争论，这本身就反映出学科理论知识系统的不成熟。

以知识产权的基本概念为例,"知识产权"这一符号事实上表征一系列关于智力资源、信息资源、商誉资源的利益分配格局；而在这一分配格局背后既能看到私主体——大至跨国公司，小至个人的利益诉求，甚至可以清晰地看到政治国家在场。④ 然而，作为知识产权理论体系的基础，目前"知识产权"这一语词的外延与内涵都不确定，学界远未就何为"知

---

① 关于中国知识产权理论研究现状，学界有不同的认识。吴汉东认为，中国知识产权理论建构渐趋成熟，中国知识产权理论建设伴随知识产权事业成长，其标志即是知识产权界的理论成熟和理论自信。参见吴汉东《知识产权理论的体系化与中国化问题研究》,《法制与社会发展》2014年第6期。也有学者认为，中国知识产权研究理论裂痕与矛盾越来越明显，更遑论知识产权法基础理论体系的统一性和共识性，知识产权基础理论始终处于研究凹地。参见方江宁《知识产权法基础理论研究方法论略》,《南京理工大学学报》（社会科学版）2014年第4期。还有学者提出类似看法，认为目前中国知识产权理论研究过于注重制度的引进和移植，缺乏制度"本土化"方面的研究；研究领域过于狭窄，主要集中于对法律制度层面的研究，对于知识产权制度的经济学、管理学等综合研究还很欠缺；不少研究者喜欢赶时髦、炒热点，对基础理论的关注严重不足。参见董涛《"中国特色知识产权理论体系"研究论纲》,《知识产权》2013年第5期。马一德认为我国知识产权理论研究仍以法学研究为主，受研究范式、知识储备等因素限制，其偏重于规范推理、比较法分析，实证调查不足，缺乏对宏观国情以及各产业的具体把握，导致研究成果针对性不强，服务产业发展的能力有限。参见马一德《完善中国特色知识产权学科体系、学术体系、话语体系》,《知识产权》2020年第12期。

② 朱雪忠、杨静：《制度掣肘与供给不足：中国知识产权学科向何处去》,《知识产权》2018年第10期。

③ ［美］罗伯特·考特、［美］托马斯·尤伦：《法和经济学》，施少华、姜建强译，上海财经大学出版社2002年版，第111页。

④ 唐艳：《知识产权私权话语表达之探讨——以对〈TRIPS协定〉"private rights"的翻译为切入点》,《知识产权》2013年第4期。

识产权"达成明确统一的认识,有多种学说和定义。多数知识产权国际条约以列举外延的方式定义知识产权,而学者们则采用属加种差的归纳方法对知识产权概念做出了不同的界定。① 一些学者感叹:"知识产权法学作为一门显学,面临一种无法掩饰的尴尬——学界对知识产权这个基本概念远未达成共识。知识产权的诸种分支权利以何种逻辑联系点集结为一个独立法域?这是对知识产权法存在的本体追问,如同人对于人生意义的终极追问。一个无法阐明自身独立存在依据的学科是多么悲哀!"② 概念的模糊、体系的松散使知识产权学科似乎仍然处于"前科学状态"。③

除了基本概念,学界对于知识产权的属性与特征、对象与客体、分类与效用远未达成共识,甚至连最基本的正当性问题都仍然处于争议之中;有关知识产权法的各种观点"充斥着重叠保护、权利冲突等伪命题、假命题"。④ 在基本概念范畴之外,知识产权法定赔偿、惩罚性赔偿、举证责任倒置、诉前保全等制度,均需要结合其他部门法学原理作出理论解读、阐释与评价。知识产权作为一个独立的学科尚未形成完整的架构,诸多基础性的重大理论课题尚无定论,这是全球知识产权研究共同面临的难题。

另一方面,中国自身的知识产权基础理论研究较薄弱。目前,中国知识产权研究尚缺乏深厚的理论积淀,知识产权思维体系的架构基本上源自对西方传统理论的引用、借鉴和吸纳,对自身优势领域及新技术领域的知识产权问题,缺少面向中国具体国情的独立思考与积极回应,未能提出有影响力、说服力的理论观点;对创新型国家建设中的知识产权战略相关悖论问题,尚无统一认识和明确解答。

以生物遗传资源和传统知识的法律保护为例,相关理论基础研究不够深入,制度设计尚不成型。传统知识的保护与现行知识产权制度在文化背景、保护理念、制度规范等方面存在矛盾和冲突,面临积极原生利益和消极衍生利益国际保护的困难。许多发达国家不赞成为之提供国际保护,如美国认为,由于传统知识的复杂性,其保护缺乏合理性与可行性方面的理

---

① 学者们在各自撰写、主编的知识产权著作和教科书中,对知识产权给出了各种不同的定义,其中智力成果说与两分说较为常见。参见郭禾《知识产权法教学参考书》,中国人民大学出版社2002年版,第4页。
② 李琛:《知识产权片论》,中国方正出版社2004年版,序言。
③ 朱雪忠、杨静:《制度掣肘与供给不足:中国知识产权学科向何处去》,《知识产权》2018年第10期。
④ 熊文聪:《事实与价值二分:知识产权法的逻辑与修辞》,华中科技大学出版社2016年版,第1页。

论基础以及国内法上的实践经验。还有学者认为,不应采用国际法创设新的财产权的方式来保护传统知识。[①] 包括中国在内的发展中国家主张建构类似于专利模式的新型知识产权制度,对传统知识实行特别保护,但亟须走出理论困境,在权利主体的确定、保护的实质条件、有约束力的国际利益分享机制、具有可操作性的制度模式等方面做出理性论证和科学设计,才有可能真正落实对传统知识的国际保护。

再如,支撑创新型国家建设的知识产权战略的制定与实施存在若干悖论问题。传统上,中国知识产权研究的主流是从发展中国家的立场出发,基于南北矛盾、二元对立的视角来理解和阐释知识产权国际保护。随着中国知识产权事业的显著进步以及创新型国家的深入建设,特别是随着从知识产权大国向知识产权强国的目标转换,以技术后发国家、发展中国家立场为出发点的主张和观点(如对高标准 TRIPS-plus 规则的批评等),难以为国家知识产权实践的现实发展提供法理支持,甚至会束缚、阻碍实践发展。再有,选择何种知识产权保护标准也是摆在眼前的现实问题。强化知识产权保护,可能影响知识的共享与传播;但较弱的知识产权保护,可能不利于技术创新与产业升级,也影响国际贸易,并可能导致更大的国际压力。除此之外,国际环境深刻地影响、约束着中国知识产权战略的设计与运行,战略安排如何做到内外兼顾,充分考虑中国所处的国际环境,综合权衡经济社会发展的即期与长远利益、局部与全局利益;根据区域、行业发展的差异统筹安排,建构合理、可行,兼具普适性和针对性的知识产权制度与政策体系。上述问题均需要在扎实、深入的理论研究基础之上做出解答。

总之,中国知识产权研究有不同于西方国家的理论需求和问题导向,[②] 但目前中国缺乏自主立场、自足自洽的知识产权学说,知识产权基础理论研究较为薄弱,尚未形成清晰、统一的价值认同与目标认同,难以在此基础上确立明晰的指导思想,制约了中国知识产权话语的生产、传播和推进。

二 西方知识产权话语霸权地位

在当今无政府状态(没有集中的权威权力机构)却有层级结构(国

---

① 吴汉东、郭寿康:《知识产权制度国际化问题研究》,北京大学出版社 2010 年版,第 355 页。
② 吴汉东:《知识产权理论的体系化与中国化问题研究》,《法制与社会发展》2014 年第 6 期。

际系统、国家和超国家系统、次国家系统和个人等层级）的世界，强权国家对弱势国家运用权力施加影响的手段具有多样性，除了以力压人、以利诱人、以德劝人，通过话语进行规训、说服也是有效方式之一。① 利用话语权优势，强权国家从自身利益偏好出发建构知识产权保护的迫切性，并设计知识产权国际保护制度，进而维护自身的技术竞争优势。

（一）西方知识产权话语霸权和霸权话语

当代知识产权国际保护规范为发达国家和知识产权利益集团所主导、操控，是以美国为代表的西方国家霸权话语的法律呈现。《巴黎公约》《伯尔尼公约》和 TRIPS 协议等国际条约均秉持西方中心主义的立法范式，TRIPS 协议就是 12 个美国 CEO 所代表的知识产权私人集团以集体行动游说美国等西方国家合纵连横、各个击破的产物。② 在位国主导知识产权国际保护的体制设计和规则制定，利用话语权优势，按照自己的利益和标准，通过话语、叙事和修辞，包装、定义、评判国际知识产权事务和热点事件，制定知识产权国际保护标准和游戏规则，安排重大议题和议事程序，并对是非曲直做出解释、评议和裁决，维系、加固其在知识产权国际体制中的优势地位，凸显知识产权优势话语的集中性和霸权性，其背后隐藏着建立在非对称权力格局中的统治与支配。

"全球知识治理的主角们，是通过轻视其他文明而自我加冕的。"③ 以美国为代表的发达国家极力维护其在国际知识产权领域的话语统治地位，以此排斥、边缘化异己话语，质疑、诘难挑战力量，维护现行知识产权国际秩序的稳定性并推进其知识产权行动计划。裹挟在权力机制中的霸权话语，旨在构建一种服从强权者利益的权力格局。在不对称的权力博弈格局下，由强者推动的、以牺牲弱者为代价的不公平的智力成果资源分配，在西方霸权话语中找到了合法性辩词。"你穷，是因为你没有强的知识产权保护"④ 等主流话语权威化、普及化；"盗用知识财产与恐怖主义无异"等知识产权原教旨主义话语也得以传播，话语背后的思维范式、价值理念和理论体系被奉为"国际主流知识产权学术思想"，大行其道。

---

① 张谊浩、裴平、方先明：《国际金融话语权及中国方略》，《世界政治与经济》2012 年第 1 期。

② [美]苏姗·K.塞尔：《私权、公法：知识产权的全球化》，董刚译，中国人民大学出版社 2008 年版，第 1 页。

③ 邵则宪：《昭隆传统之大美：中国文化如何成为全球治理的建构者》，清华大学出版社 2019 年版，第 24 页。

④ 吴汉东、郭寿康：《知识产权制度国际化问题研究》，北京大学出版社 2010 年版，第 226 页。

近年来，美国通过"301 调查"等侵略性单边主义措施意在推行的"公平贸易"政策，不过是一种贸易保护主义者的面具和托辞。① 2018 年 6 月，美国国家贸易委员会主任纳瓦罗（Peter Navarro）发表所谓的《中国经济侵略如何威胁美国与世界的技术和知识产权》报告，大量使用"经济侵略""经济胁迫""盗窃""掠夺"等对立性语言，零和博弈和强权霸道的冷战思维贯穿于其中。② 美国《2018 年特别 301 报告》使用"知识产权安全化"话语，③ 将正常的技术竞争上升至国家安全高度。2020 年 4 月，美国贸易代表办公室（USTR）发布《2020 年特别 301 报告》，仍将中国列为重点观察名单，所使用的"监控""帮助""臭名昭著"等用语，是美国自诩为知识产权"国际警察"居高临下的审判姿态④和知识产权霸权话语的集中体现。

（二）西方知识产权话语霸权本质

近代西方资产阶级启蒙思想和社会科学理论，为西方知识产权话语霸权的建构和扩张提供了理论依据；占统治地位的知识产权理论体系是发达国家对堪称"宗教"的知识产权实践活动的高度理论概括，规训了知识生产的方向，支撑了西方知识产权话语的优势地位；美元体系支柱和英语文化传播打造了美国知识产权话语霸权力量全球投射的经济和文化基础；现代知识产权制度在全球的移植和输出，构筑了西方强势知识产权话语场所；先进的技术成果与科技成就，增强了西方知识产权话语的说服力；强大的信息技术综合实力和现代传播网络体系，为维护其话语霸权地位提供了技术和渠道保障。

以理论、经济、文化、制度以及科技等综合实力为基础的知识产权话语霸权，本质上是以美国为代表的西方发达国家国际霸权在知识产权领域的现实、局域体现。2018 年以来愈演愈烈的中美经贸摩擦，实质上是大国之间以知识产权为核心议题的对关涉未来的创新经济主导权的争夺。此次中美经贸摩擦中，美国指责中国威胁其国家安全，实为维护其"霸权安全"。美国对中国采取各种遏制打压手段，其目的是把控规则、巩固秩

---

① ［美］贾格迪什·巴格瓦蒂：《现代自由贸易》，雷薇译，中信出版社 2003 年版，第 38 页。
② 钟正生、韩语书、张璐：《中国经济侵略如何威胁美国与世界的技术和知识产权——美国白宫贸易和制造业政策办公室报告译文》，莫尼塔财新智库，2018 年 7 月 6 日。
③ 王中强：《知识产权保护与美国的技术霸权》，《国际展望》2019 年第 4 期。
④ 张灿：《美国 2020 年特别 301 报告中关于我国商标制度的关切及其评论》，《中华商标》2020 年第 6 期。

序，以维持其自身的竞争优势。

(三) 西方知识产权话语霸权功能

当前国际知识产权话语权配置的不平衡、利益分配的不公正以及制度变革的路径依赖，都与知识产权国际保护领域的霸权——非霸权话语结构及其功能密切相关。此种霸权体现为，知识产权霸权国家与利益集团从自身的政治意图和利益出发，操纵话语，定义知识产权国际保护的合法性与正当性，建构国际知识产权保护的迫切性，并构架相应的知识产权国际机制与国际制度；非霸权主体只能充当被动的听者和受众，其行动受制于霸权主导下的知识产权国际制度的刚性约束。

现有国际知识产权话语权格局中的霸权——非霸权话语结构有多重功能。其一，维护秩序。通过霸权话语的传播与规训，确立智力成果私权保护的全球法律秩序，巩固、维持全球格局中的发达国家技术优势地位，维护知识资本获取垄断利益的全球贸易秩序。其二，定义现实。霸权话语放大了话语的虚拟现实功能，利用带有意识形态的学术话语把知识产权弱保护国家建构成充斥着盗版与侵权的落后国家和原罪国家，并渲染知识产权保护不力的负面效应，定义提高知识产权保护标准的时代背景与社会现实。其三，巩固利益。通过不断灌输"知识产权保护促进创新、经济增长和社会福利"等理念，霸权话语引导知识产权弱保护国家确立知识产权高标准保护的机制与架构，巩固知识产权资本的全球逐利模式。其四，安排等级。霸权国家不断宣扬西方知识产权制度的优越性，界定文化、制度等级，经由学术论证和传播强化，改变弱势国家和民族对智力成果保护的认知，使之陷入无言或失语的被动局面。其五，树立权威。通过单边（如美国特别301调查）、双边（双边自由贸易协定或知识产权协定）、复边（如ACTA）及多边（知识产权国际保护条约）机制，经压制与诱导、劝服与规训，[1] 影响、形塑话语相对方的认知、评价和理念，将话语优势转化为知识产权治理权威。

晚近包括中国在内的新兴国家的迅速崛起改变了国际经济格局，并引发了国际权力分配的变化。但知识产权领域内的西方话语霸权并未弱化，西强东弱的话语权格局仍将持续。通过话语的压制和创造功能，知识产权霸权国家的价值取向披上了集体意志的外衣，弱势的发展中国家群体实际上处于接受话语规训的被动地位。

---

[1] 张谊浩、裴平、方先明：《国际金融话语权及中国方略》，《世界政治与经济》2012年第1期。

三 中国知识产权软硬实力发展不均衡

(一) 国家软硬实力对话语的影响

硬实力与软实力是国际关系理论中分析国家综合国力构成要素与指标的核心概念。硬实力以一国的军事、经济和科技等物质力量为内容，体现为综合国力、经济实力、政治实力、军事实力，其主要发挥强迫性作用，迫使相对方改变其意愿或者行为。与之相对应，软实力则来自一国的内外政治动员能力，包括国家意识形态、政治制度、经济体制、价值观念、传统文化、发展模式、国际制度参与、国家形象和外交能力等方面的吸引力、动员力和说服力。软实力实际上是软性吸引力的表征，吸引相对方认同、追随，自愿改变自身价值判断以及在此基础上的行为选择。

国家硬实力和软实力是一国话语"让人听"和"有人听"的决定性因素，国家软硬综合实力的大小奠定了话语"整理世界秩序"的基石。在"无政府"状态、行为体竞相逐利的国际社会，不同主体以其特有的话语方式表达利益诉求，而话语宣称内容能否制度化、规范化则取决于行为体的软硬综合实力。通常而言，硬实力对话语的生产、推进发挥基础性作用，规定着话语的强制力量，即影响力——说话"必须听"；而软实力则具有影响一国设置国际话语议题、制订国际话语规则、占领国际话语高地、引导国际话语走向的能力，决定了话语的道义力量，即说服力——说话"愿意听"。

(二) 中国国家软硬实力总体情况

进入21世纪以来，中国的崛起改变了世界政治经济格局。中国经济连年快速增长，近30年来，年均经济增长率达到8%—10%，国民生产总值显著增加。2009年中国GDP达到4.91万亿美元，位居全球第3；2010年超过日本，排名全球第2；2014年中国GDP总量达10.4万亿美元，对全球经济增长的贡献是27.8%；2019年中国GDP总量已达到14.4万亿美元，逼近100万亿元人民币大关，对世界经济增长贡献率达到30%左右。随着经济总量的快速增长，中国硬实力飙升已是不争的事实。

但我们应当看到，硬实力增强并不必然意味着软实力也会随之发生变化。一方面，硬实力的增长能够影响软实力，但硬实力增长与软实力提升并非线性关系；另一方面，硬实力的发展需要软实力与之匹配，厚重的软实力能够促使硬实力更好地发挥作用。近年来，中国经济发展取得实质性成就，国际组织参与率和参与度不断提升，作为中国传统文化身份标识的儒学有所复兴，这在一定程度上提升了中国在亚洲和整个世界的软实力。

然而，中国软实力的发展仍然任重道远。有学者以国际吸引力、国际动员力和政府国内动员力为指标进行定量分析，认为整体而言，中国的国家软实力大约是美国的1/3。[①]

(三) 中国知识产权软硬实力分析

知识产权软实力是指制度的支撑力和环境的影响力，知识产权硬实力是指知识的创新力和产业的发展力。[②] 有效推进中国知识产权话语权，必须对中国知识产权软硬实力进行全面分析，形成客观认识。本书认为，中国知识产权软硬实力均呈现显著的不均衡特征。

1. 中国知识产权硬实力状况

本书以专利申请与授权数据、知识产权发展状况指数、知识产权进出口贸易额、知识产权密集型产业、企业知识产权竞争能力为指标，对中国知识产权硬实力做总体评价。

(1) 专利申请与授权数据

2020年，国家知识产权局发明专利授权53万件，实用新型专利授权237.7万件，外观设计专利授权73.2万件。受理PCT国际专利申请7.2万件，其中国内6.7万件。截至2020年年底，中国发明专利有效量为305.8万件，其中国内（不含港澳台）发明专利有效量221.3万件，每万人口发明专利拥有量达到15.8件。[③]

中国专利申请数量自2011年上升为世界首位后一直保持领先。专利申请数量不断提升，表明专利受理审批能力显著增强，也是国家创新能力不断提升的表征。2019年，中国超越美国成为PCT国际专利申请最大来源国，并在2020年继续领跑国际专利申请量。然而，从有效发明专利的平均维持年限、说明书页数、专利引用次数以及权利要求项数看，国内专利与国外来华专利在质量上仍然存在差距。此外，中国专利实力地域分布差异明显，以专利授权数量表征的区域创新差异存在低水平、高水平、中低水平和中高水平4个"趋同俱乐部"，并且表现出显著的空间相关性。[④] 2020年，广东、浙江、江苏发明专利授权总数分别为70695件、49888

[①] 阎学通、徐进：《中美软实力比较》，《现代国际关系》2008年第1期。
[②] 《建设知识产权强国软实力和硬实力都要强》，2015年12月31日，中国政府网：http://www.gov.cn/wenzheng/2015-12/31/content_5029815.htm。
[③] 笔者根据国家知识产权局战略规划司发布的《知识产权统计简报》2021年第1期数据整理得到。
[④] 肖刚、杜德斌、戴其文：《中国区域创新差异的时空格局演变》，《科研管理》2016年第5期。

件、45975 件，而同年西藏、青海和宁夏发明专利授权总数分别为 96 件、333 件、703 件。①

PCT 申请是专利全球化程度的重要指标。2000 年，中国 PCT 专利申请数量为 781 件，仅占美国专利申请数量的 2%，差距悬殊；但近年来中国 PCT 申请量持续攀升。根据 WIPO 年度统计报告，2014 年来自中国的 PCT 申请共 2.55 万件，在美国、日本之后位居全球第 3，且自 2011 年起保持平均 16.4% 的年增长率。2015 年中国 PCT 申请达 2.98 万件，同比增长 16.9%。2013—2017 年，中国提交的 PCT 申请量一直保持两位数增长，2016 年增长率最高，为 48.5%。2018 年来自中国的 PCT 国际专利申请量跃升至 5.33 万件，排名全球第 2，增长率为 9.1%，相比 2017 年的增速（13.2%）虽略有放缓，但仍维持高位增长态势。2021 年，中国 PCT 国际专利申请 6.95 万件，连续 3 年位列全球第 1。值得注意的是，中国 PCT 申请整体质量还有待提高。

（2）知识产权发展状况指数

中国知识产权发展状况指数得分也在不断提高。根据《2015 年中国知识产权发展状况报告》，2014 年中国知识产权发展状况指数得分从 53.45 提升至 55.38，超过瑞典，排名全球第 8 位。较之 2013 年，在动态环境下总体实力与世界一流的差距进一步缩小，处于全球中上游的位置。《2018 年中国知识产权发展状况评价报告》显示，中国知识产权综合发展指数在 40 个国家中排名从第 13 位上升至第 8 位，分数为 62.58（美国为 100），居于世界中上游，实现了发展水平的较大提升。《2019 年中国知识产权发展状况评价报告》显示，中国知识产权国际地位快速提升，但与美、日相比还存在较大差距，能力、绩效与环境发展不均衡现象依然严重。其中，能力指数和绩效指数均排名第 3 位，但环境指数排名依旧处在第 30 位。

（3）知识产权进出口贸易额

知识产权进出口贸易额也是一国知识产权全球竞争力、硬实力的重要体现。根据国际贸易统计中的统计指标解释，国际知识产权贸易的相关数据统计包含在"专有权利使用费和特许费"（Royalties and Licence fees）中。"专有权利使用费和特许费"被解释为专有权使用费，如专利、商标、版权、工业程序和工业设计、商业秘密、专卖权，这些权利均源自研

---

① 《2020 年国家知识产权局年报》，国家知识产权局网站，https：//www.cnipa.gov.cn/col/col2616/index.html。

究开发与市场推广，以及复制和/或销售蕴含在产品原件或原型当中的知识产权的许可费。本书采用 WTO 国际贸易统计数据库中"专有权利使用费和特许费"数据统计中国知识产权贸易进出口额。[①] 表 5-1 是 2009—2020 年中国知识产权贸易进出口数额。

表 5-1　　2009—2020 年中国知识产权贸易进出口数额

（单位：百万美元）

	2009年	2010年	2011年	2012年	2013年	2014年	2015年	2016年	2017年	2018年	2019年	2020年
出口	429.5	830.5	743.3	748.4	886.7	676.4	1084.6	1161.2	4803.0	5561.3	6604.7	8854.5
进口	11065.3	13039.5	14706.1	17692.4	21033.0	22613.8	22022.4	23979.6	28746.5	35782.9	34370.5	37781.7
逆差	10635.8	12209	13962.8	16944	20146.3	21937.4	20937.8	22818.4	23943.5	30221.6	27765.8	28927.2

资料来源：WTO 国际贸易统计数据库。

目前，专有权利使用费和特许费是中国的第二大服务贸易逆差领域，仅次于运输服务费。表 5-1 的数据显示，2009—2020 年，中国知识产权国际贸易迅速增长，但知识产权贸易国际收支连年逆差，且 2018 年前逆差逐年增加。毋庸讳言，中国知识产权转化运用率不高，海外布局能力和国际影响力不足，知识产权贸易竞争力偏弱，在全球价值链分工中地位偏低。

（4）知识产权密集型产业

知识产权（专利）密集型产业是指发明专利密集度、规模达到规定的标准，依靠知识产权参与市场竞争，符合创新发展导向的产业集合。[②] 从知识产权角度对产业进行重新归类，已经成为新型产业类别划分方法。知识产权密集型产业是一国最具创新力、市场最活跃的产业代表，产业增加值在国民经济中所占比例是衡量知识产权对一国经济促进作用的重要指标。

2019 年中国专利密集型产业增加值为 11.4 万亿元，比 2018 年增长了 7.0%（未扣除价格因素），占 GDP 比重为 11.6%；同期欧盟专利密集型产业增加值占 GDP 比重为 16.1%。知识产权密集型产业进出口贸易方面，近年来中国知识产权贸易结构逐渐优化，知识产权密集型产品出口占比从 2000 年的 14.9% 上升到 2018 年的 29%。虽然总体上进口高技术产

[①] 杨静、朱雪忠：《中日韩 FTA 谈判知识产权议题：基点、展望与策略》，《中国软科学》2014 年第 8 期。

[②] 《知识产权（专利）密集型产业统计分类（2019）》，2019 年 4 月 1 日，国家统计局网站，http://www.stats.gov.cn/xxgk/tjbz/gjtjbz/201904/t20190411_1758933.html。

品、出口低技术产品的格局没有发生根本性变化，但出口商品的技术附加值正在向高端移动。中国知识产权密集型服务贸易起点较低，自2000年以来一直保持较快增长（除2009年以外，年均增长20%左右），但长期处于逆差状态，行业差别明显，占进出口总额的比重较低。总体而言，从产业规模、产业增加值和产业效率等角度衡量，与美、欧相比，中国知识产权密集型产业仍有较大差距，参与国际竞争存在基础要素投入不足、中间要素的积累和国际布局不足、产业的国际竞争能力较弱、应对国际化挑战的法律体系和海外管理能力有待完善等短板，[1] 产业自身发展以及对国家经济的支撑作用仍有较大提升空间。

（5）企业知识产权竞争能力

2019年，中国国内（不含港澳台）发明专利授权量排名前3位的企业依次为华为技术有限公司（4510件）、中国石油化工股份有限公司（2883件）、OPPO广东移动通信有限公司（2614件）。目前中国涌现出一批以华为、中兴等为代表的掌握核心技术、拥有知识产权和国际竞争力的龙头企业，其知识产权创造能力已经达到或接近国际技术前沿，在海外贸易与国际投资中的知识产权布局与运营取得显著进步。例如，华为专利研发投入累计超过380亿美元，在世界各地设有16个研发中心、36个联合创新中心，全球累计专利授权50377件，2019年企业PCT（专利合作协定）国际专利申请排名，华为以4411件连续3年位居全球榜首。[2] 根据WIPO发布的2017年PCT国际专利申请统计，中兴通讯PCT申请量为2965件，排名全球第2，已经连续8年国际专利申请量位居全球前3位。2019年中兴通讯研发投入达到125.5亿元，同比增长15.06%，研发投入占营业收入的比例高达13.83%。[3] 随着知识产权创造能力的显著提升，少数中国企业已经开始享受越来越多的知识产权红利。《2015年广东省专利监控报告》显示，华为向苹果公司许可专利769件，苹果公司向华为许可专利98件，依据双方的许可专利数量以及市场规模，苹果公司开始向华为缴纳专利许可使用费。此外，在生物制药、纳米技术、高能电池、高速铁路等领域，中国企业处于或接近世界领先水平。

---

[1] 王博雅：《知识产权密集型产业国际竞争力问题研究及政策建议》，《知识产权》2019年第11期。

[2] 《国际专利申请中国跃居世界第一　华为连续三年位列企业申请人榜首》，2020年4月9日，搜狐网，https://www.sohu.com/a/386509951_626425。

[3] 《中兴2019年研发投入125亿，"机海战术"能否拯救手机业务？》，2020年3月29日，知乎网，https://zhuanlan.zhihu.com/p/120247043。

应当看到，目前中国数量众多的企业没有申请过专利，以引进技术、组装生产为主，技术对外依存度高，产品附加值和技术含量低。在颠覆性重大技术创新领域，中国相对于欧美国家也处于劣势。一些企业获得了专利授权，但相当一部分只是企业品牌形象包装的工具，未能加以运营转化。在世界知名品牌的培育方面，中国企业也可谓乏善可陈，仍有一半以上的企业没有自己的注册商标。

上述五个方面的指标和数据反映近年来中国实施知识产权战略，加大自主创新的政策产生了良好效果，专利申请与授权、部分知识产权龙头企业全球竞争力显著提升，国家创新实力稳步增强。但知识产权进出口贸易与知识产权密集型产业等相关数据也表明，中国知识产权硬实力在某些关键指标方面还比较弱，与美、日、欧相比仍然有明显差距；知识产权事业的发展还不适应当前经济社会发展的内在需求，仍有相当大的提升空间，应当从数量效率型向质量效益型转变。

此外，中国知识产权硬实力呈现显著的不均衡特征。其一，知识产权数量与知识产权质量不均衡。中国已成为专利申请和商标注册大国，但知识产权创造和运用质量仍有较大的提升空间。其二，知识产权空间发展不均衡。知识产权竞争力与地区经济实力联系密切，中国知识产权竞争力区域差距明显。近期发生的美国封杀中兴和华为事件尤其提示我们，掌握关键核心技术才是最大的硬实力。

2. 中国知识产权软实力状况

本书以知识产权制度完备性、知识产权文化与环境、知识产权国际制度的参与度、知识产权国际机制行为能力、知识产权外部评价为指标，分析中国知识产权软实力。

（1）知识产权制度完备性

内国知识产权制度的完善以及现代化治理能力的提升是国家参与知识产权全球治理的底气，也是国家在国际制度中发挥作用的国内基础。

从被动移植到主动创制，时至今日中国已经构建起门类齐全、符合国际公约规定的知识产权法律制度，形成了以商标法、专利法、著作权法、反不正当竞争法、反垄断法等法律为主干，以植物新品种保护条例、集成电路布图设计保护条例、计算机软件保护条例、信息网络传播权保护条例等行政法规为重要组成部分，以司法解释和政府规章为补充的知识产权制度体系，对维护社会主义市场经济秩序、促进国家科技文化事业的发展起到了重要作用。专利法、商标法、著作权法通过修法先后确立了高标准的侵权惩罚性赔偿制度，为严格知识产权保护提供有力的法律保障。中国知识产权制度建设在短时期内取得了显著进步，WIPO 前总干事阿帕德·鲍格胥（Arpad Bogsch）盛赞："在世界知识产权史上，中国完成知识产权立法的速度是独一无二的。"① 有美国专业人士认为，"中国专利制度实际上已经比美国历史悠久且成熟的专利制度更加强大，在提供强有力的专利保护时，中国制度往往比美国的更加便捷高效"。②

应当看到，与发达国家相比，中国知识产权制度体系仍有一定的差距；知识产权保护存在显著的行业、区域不均衡；知识产权执法力度有待加大；知识产权政策导向仍有调整的必要。有学者指出，目前中国"知识产权领域各单行法林立，部门利益化倾向严重，重私利而偏废公益，缺乏统领全局的法律支撑，导致国家的战略推进与现代性制度改造缺乏权威性和连续性"。③ 此外，中国知识产权制度也面临着发达国家高标准知识产权规范以及新技术挑战共同形成的时空挤压，在创新驱动法律保障、良好营商环境塑造以及与国际制度良性互动等方面均有较大的提升空间。

（2）知识产权文化与环境

历经多年知识产权文化培育与建设，中国已经初步形成了有自己特色的知识产权文化，公民知识产权意识普遍提升。然而，中国知识产权制度建设只有 30 余年的时间，知识产权法治系统硬件部分的制度移植相对容易，而与之相适应的软性知识产权文化与意识基础的构建则在短时间内难以凑效。知识产权法律在中国历史上既没有制度传承，也缺乏文化土壤。以儒家文化为核心的中国传统文化权利意识淡薄，没有智力成果私有的理念。传统意义上私下进行的复制行为，不像盗窃有形财产那样被视为罪恶。中国文化传统很难与秉持知识财产私有、激励创新理念的现代知识产权法相容，这是导致"知识产权法律移植中的递减效应"④ 的根本原因。

中国知识产权市场环境和文化环境仍然有所欠缺。⑤ 2019 年的《国家知识产权战略纲要实施十周年评估报告》表明，中国社会公众知识产权

---

① 《中国知识产权保护状况》，1994 年 6 月 16 日，国务院新闻办公室，https://lishishangdejintian.bmcx.com/2543_lishishangdejintianchaxun/。
② Paul Morinville, Terry Fokas, "The U.S. Patent System, Not China's IP Policies, is the Reason Behind America's Decline in Global Competitiveness", IP Watchdog, March 1, 2018.
③ 易继明：《国家治理现代化进程中的知识产权体制改革》，《法商研究》2017 年第 1 期。
④ 宋志国：《我国知识产权法律移植中的递减效应原因探析》，《政治与法律》2006 年第 5 期。
⑤ 《2018 年中国知识产权发展状况评价报告》，2019 年 6 月 24 日，国家知识产权局网站，https://www.cnipa.gov.cn/transfer/pub/gzjqy/docs/20190624164519009878.pdf。

素养有待进一步提升,部分公众尊重和保护知识产权的意识淡薄,仍有32.8%的公众认为知识产权与自己的生活紧密程度一般或者不紧密,有接近20%的公众表示"不应当侵犯知识产权,但是能够理解""无所谓,关键看自己购买的商品性价比"。[1] 中国公民知识产权规则意识与权利理念的养成还需要长期的积累与沉淀,还需要各种社会资源的合力推动与综合作用。美国商会全球知识产权中心自2012年以来每年发布《国际知识产权指数报告》,该报告目前采用8大类别(专利、相关权利与限制;版权、邻接权与限制;商标、相关权利与限制;知识产权资产的商业化;执法;系统效率;国际条约的参加与批准;商业秘密和秘密信息的保护)45个指标衡量样本经济体知识产权环境改善和知识产权保护状况。在2019年的《国际知识产权指数报告》中,中国指数得分为47.67分,在50个经济体中排第25位。[2] 尽管可能存在偏见,但该报告对于从外部视角衡量中国知识产权保护环境并进行国际比较具有一定的参考价值。

(3) 知识产权国际制度的参与度

国际制度汇聚、表达和贯彻集体意志与利益,也承载着强权国家的治理思路与秩序理念。与其他国际制度相同,知识产权国际法治本质上是一种可控的体制和可变的环境,一国积极参与构建国际制度,努力表达意见和立场,该国的利益关切被忽略的可能性就小;但如果长期疏离或淡出知识产权国际制度,其利益很可能被排斥于规范的生产与执行过程中。制度也是一种重要的战略资产,通过参与、加入知识产权国际制度,建立双边、区域知识产权合作机制,一方面,所做出的知识产权保护姿态与承诺能够带来信用资本,从而增进本国知识产权软实力;另一方面,可以借助制度获得信息、规划成员行为,传播自身的知识产权主张与理念。

自1980年以来,中国已经加入了包括《建立世界知识产权组织公约》《巴黎公约》《伯尔尼公约》、TRIPS协议、WCT与WPPT在内的多个知识产权国际条约;在《马拉喀什条约》的缔结过程中作出了较大贡献,在《视听表演北京条约》的缔结中也发挥了积极作用。与美国、欧盟、日本等国家和地区签订了多个双边知识产权协议、备忘录等法律文件,加

---

[1] 《国家知识产权战略纲要》实施十年评估工作组:《〈国家知识产权战略纲要〉实施十年评估报告》,知识产权出版社2019年版,第82页。

[2] 《美国商会发布2019知识产权创新指数报告》,2019年2月21日,快资讯网站,https://www.360kuai.com/pc/9dbd89b1f5d73402e? cota = 3&sign = 360_57c3bbd1&refer_scene = so_1。

入 WTO 之前与美国签署了 7 项知识产权协定；① 与欧盟、法国、意大利、日本、英国等签订了有关知识产权的协议与备忘录。中国签署了多个含有知识产权保护章节的贸易协定；2015 年 6 月签订的《中澳自由贸易协定》中追求互利共赢的知识产权条款，被澳大利亚称为不同于美国霸凌的"范例"（precedent），② 并被建议作为未来协议的范本；③ 2020 年 11 月 15 日签订的《区域全面经济伙伴关系协定》（RCEP），是迄今为止中国已签署的自由贸易协定中知识产权章节内容最全面、完整的协定。

在取得上述成绩的同时，我们也应清醒地看到，中国的知识产权国际化程度仍有较大的提升空间，中国尚未批准《专利法条约》和《布鲁塞尔公约》。根据 2020 年的《GIPC 国际知识产权指数》报告，中国在"参与和批准国际条约"项指标的得分仅为 1.5 分（总分 4 分），排名第 13 位，在知识产权国际制度的参与度方面仍有较大提升空间。

（4）知识产权国际机制行为能力

约瑟夫·奈（Joseph Nye）的软实力理论认为，国家对国际组织的参与是重要的软实力资源。在知识产权国际机制行为能力方面，中国积极参与、构建多边、区域、双边知识产权合作机制。目前，WTO 体制下的知识产权多边协调举步维艰；WIPO 虽力图改革，但困难重重。中国以发展中国家和知识产权大国的双重身份，在 TRIPS 协议理事会中成为重要协调方，发挥着独特作用。在 WIPO 改革中，中国响应发展中国家的主张，使发展议程得以通过；2014 年 7 月 10 日，WIPO 中国办事处正式揭牌，是 WIPO 在美国、日本、新加坡、巴西之后设立的第五个驻外办事处，标志着中国在世界知识产权组织中的影响力上升。

在专利合作领域，中日韩政策对话机制与中美欧日韩五局合作机制日

---

① 包括（1）1978 年 3 月签订的《中美两国商标互惠协议》；（2）1979 年 1 月签订的《中美高能物理协议》（后改名为《中美两国政府科学技术协定》）；（3）1979 年 7 月签订的《中美贸易关系协定》，这一协定明确提出，双方要保护对方的专利权、商标权与著作权等知识产权；（4）1991 年 4 月签订的《中美关于延长和修改两国政府科学技术合作协定的协议》；（5）1992 年 1 月签订的《中美政府关于保护知识产权的谅解备忘录》（之后中国与日本、欧共体、瑞士、挪威等签订了同样内容的备忘录）；（6）1995 年 3 月签订的《中美贸易协议》，协议包括两份文件，外交换函及作为附件的《有效保护知识产权的行动计划》；（7）1996 年 6 月签订的《中美知识产权磋商协议》。
② 邵科：《跨界的视域：西方知识产权研究菁藻与东方观察》，《人大法律评论》2019 年第 2 期。
③ Joint Standing Committee on Treaties of the Parliament of the Common wealth of Australia, *Report 154*: *Free Trade Agreement between the Government of Australia and the Government of the People Republic of China*, Canberra, 15 June 2015, p. 22.

趋紧密，影响日益增强，五国专利处理量达到全球的90%，各方对中国国家知识产权局高度重视，希望借重中方实力推进合作发展，中国在其中的回旋空间加大，巩固了国家知识产权局作为全球专利管理体系下顶级专利局的地位。在双边交流层面，中国与美国、欧盟、日本、瑞士、俄罗斯、巴西等建立了知识产权工作组，定期开展实质性交流与合作。此外，中国积极开展面向非洲、东盟国家，蒙古国、朝鲜、巴基斯坦、古巴等发展中国家的知识产权培训与援助活动。

随着近年来知识产权事业的快速发展和硬实力的提升，中国在知识产权国际制度层面的行为能力有所增强。但从总体上看，中国对知识产权国际制度的影响力多停留于具体事务层面，在体现为议程设置能力、政治操作能力、舆论主导控制能力及理念贡献能力方面的知识产权软实力均较弱，在新一轮知识产权国际规则的制定中存在被边缘化的危险。尤其值得注意的是，近期美国对中国的全面遏制给国家知识产权软实力的提升带来阻滞。从奥巴马政府时期开始，美国就动用各种资源确保其在WIPO的主导权，反对将汉语作为工作语言，压制发展中国家提出的议题。[①] 2020年3月，在世界知识产权组织总干事选举中，美国的各种阻挠和多重施压导致中国候选人最终落选。

（5）知识产权外部评价

中国知识产权保护的外部评价可谓冰火两重天。一方面，知识产权事业所取得的成就和进展受到国际社会广泛认可。2014年5月，WTO国别贸易政策审查报告充分肯定了中国追求创新驱动发展与保护知识产权所取得的积极成就。WIPO也认为中国政府高度重视创新和知识产权保护并取得显著成就，有利于中国经济转型升级和世界经济增长。[②] 前任世界知识产权组织总干事弗朗西斯·高锐（Francis Gurry）多次盛赞中国知识产权保护发展成就，认为"中国快速推进知识产权事业非常了不起，知识产权成为中国创新的重要推动力"。[③] 2015年9月，中国欧盟商会发布的《欧盟企业在中国建议书2014/2015》认为，近年来中国投入大量人力、物力和财力进行创新，专利数量大幅提升，知识产权保护的体系建设大有

[①] 易继明：《后疫情时代"再全球化"进程中的知识产权博弈》，《环球法律评论》2020年第5期。

[②] 申长雨：《迈向知识产权强国之路——知识产权强国建设基本问题研究》，知识产权出版社2016年版，第159页。

[③] 《综述：国际社会高度赞扬中国知识产权保护成就》，2020年3月1日，新华网，https://world.huanqiu.com/article/9CaKrnKpFsR。

进步，赞赏中国在知识产权保护方面所采取的最新举措，包括在北京、上海和广州三地设立的知识产权法院。

另一方面，美国长期诘责中国知识产权保护状况。至2020年，美国《特别301调查报告》已经连续16年将中国列入重点观察国家名单。美国四大主要报刊《纽约时报》《华尔街日报》《今日美国》《华盛顿邮报》中，有关中国知识产权问题的报道以压倒性的负面、否定报道和讽刺性报道为主。除了"侵犯知识产权"的老生常谈外，近年来外媒的负面评价还集中于批评中国专利、商标数量的快速增长以及政府的自主创新政策。2018年中美经贸摩擦争端开始以来，美国媒体夸大其词、强势渲染中国知识产权侵权状况，罗列种种不实数据，给中国知识产权保护的国际评价带来负面影响——近期知识产权国际舆论中消极因素抬头，曲解中国知识产权政策，对华知识产权态度趋于强硬。

综上，中国知识产权软实力建设亮点频出：建立了完备、高标准的知识产权制度体系；加入多个知识产权国际公约；在知识产权国际制度的参与以及国际行为能力等方面均有建树；是中美欧日韩五局合作中唯一的发展中国家知识产权机构。但与此同时，中国知识产权文化意识薄弱的现状未得到根本性改变、知识产权市场环境有待优化；知识产权保护仍然面临较多的、激烈的外媒负面评价；在知识产权国际规则的议程设置、舆论主导、理念贡献、动员与联盟等方面均有较大的提升空间；在新一轮知识产权国际规则的制定中存在被边缘化的风险。与知识产权硬实力情况类似，中国知识产权软实力同样存在不均衡特征，突出表现为知识产权制度建设与文化营造不同步，知识产权国际参与和行为收效不匹配等问题。

（四）中国知识产权软硬实力发挥受限

中国知识产权软硬实力均呈现出显著的不均衡特征，且力量发挥受限。

1. 知识产权硬实力发挥受限

（1）知识产权霸权国的遏制

发达国家集团的知识产权硬实力长期处于优势地位，中国等发展中国家硬实力的发挥自始就难以与之抗衡。以下两方面因素也在一定程度上限制了中国知识产权硬实力的发挥。

其一，知识产权是美国全面遏制中国的工具和借口。2017年特朗普执政后，美国对华政策发生重大转向，美国对华政策的主基调由"遏制+接触"转为"竞争+对抗"。特朗普政府在贸易、科技、金融、教育以及人文交流等各个领域，采取全面对华遏制措施。美国全面遏制中国的主要原因在于，中美综合国力的相对变化打破了美国维护国家经济安全的两个重要前提（一是美国作为全球唯一的超级大国地位；二是美国在高端技术创新方面的绝对领先优势），使美国认为其自身的国家安全受到了"威胁"。[1] 贸易、科技是美国对华遏制的"主战场"，作为"国际贸易标配和创新发展刚需"的知识产权当仁不让，成为美国维护技术绝对优势的重要工具，也是打压遏制中国的绝佳借口。

其二，美国对华知识产权打压得到其他国家的呼应。由于技术主导国家可以投射其政治力量，决定着"技术政治势力范围"，其发展变化对地缘政治与国际关系有深刻影响，因此怀疑中国技术的安全性，警惕中国在技术标准与监管领域的领导权逐渐变成欧美战略共识。[2] 美国作为知识产权霸权国，其对中国的遏制可能引发其他国家的模仿、协同效应，欧盟与美国在中国知识产权问题上就分享相似立场。[3]

（2）多边体制下的集体行动难题

团结其他广大发展中国家，争取和维护共同利益是中国参与全球治理的策略选择，因为相对于"单打独斗"和"孤军奋战"，集体行动的成效更为显著。然而"集体行动困境"也是多边体制下，数量众多的发展中国家之间合作时经常面临的难题。知识产权南南合作中的一个焦点问题就是发展中成员内部的利益取舍、抉择与利弊权衡。后TRIPS时代，由于国际政治经济形势的变化，发展中国家之间存在显著的经济社会发展水平差异，利益契合点并不一致，对知识产权问题的看法不尽相同，给发达国家分而治之提供了机会，也对中国发挥硬实力推进话语造成了困难。中国作为发展中国家参与中美欧日韩五局的合作，引起了部分发展中国家对中国专利保护立场的怀疑和误解，也使中国在WIPO等多边场合中的独立性受到一定程度的限制。

2. 知识产权软实力推展受限

在知识产权软实力方面，由于文化背景、管理机制、推展方式、知识产权外交等因素的影响，中国知识产权观念的表达和说服力均受到一定限制。

---

[1] 王达、李征：《全球疫情冲击背景下美国对华"脱钩"战略与应对》，《东北亚论坛》2020年第5期。

[2] 任希鹏：《美欧跨大西洋关系的中国挑战》，《文化纵横》2020年第5期。

[3] Miriam Rozen, "EU chides China and others for IP breaches again", *Financial Times*, June 18, 2020.

(1) 知识产权文化背景

一方面，中国知识产权文化环境难以发挥推进现代知识产权话语的作用。在全球化时代，以民族国家为本，借助传统文化资源推进特色话语，开拓和维护本国利益是发挥一国软实力作用的常用策略。不过，中国传统文化中的"重义轻利""文章不为稻粱谋"等观念，虽然能够在一定程度上矫正西方知识产权制度重私权保护、轻公益维护的偏颇，但同时也很难在此种文化基础上形成推进中国知识产权优势领域（如传统知识与遗传资源）利益的、行之有效的话语宣称。另一方面，在西方强势文化的压制下，中国现有软实力对知识产权国际保护之观念维度的影响仍然较为有限。现行国际知识产权法律制度建立在西方文明标准之上，体现西方价值观，浸透着欧洲中心主义。在"私权论""人权论"等西方知识产权理念的主导下，私人利益在知识产权国际保护中得到了张扬，公共利益则在很大程度上受到抑制。[1]

(2) 知识产权管理体制

一方面，中国知识产权事务多头管理、政出多门的体制，加大了政策协调与统一的难度，造成知识产权国际交流和发声存在障碍，不利于维护国家利益。2018 年的机构改革并未完全解决长期以来备受诟病的中国知识产权行政管理条块分割的问题。部门利益之争造成知识产权政策话语权分布不均衡，发声不统一。另一方面，中国知识产权竞争力区域差距明显，中央层面保护知识产权的立场鲜明和政策强硬，但地方执行不力的情况时有发生，导致国际制度的内化效应大打折扣，使国家对国际制度的遵约信用受到损害。[2]

(3) 知识产权推展方式

中国知识产权软实力的推展和实施高度依赖政府力量。市民社会的介入，特别是非政府组织（NGO）的参与是推进软实力最有效的手段。非政府组织已经成为西方国家软实力对外投射的重要介质。中国目前尚未形成政府与社会力量"两条腿"走路的有效机制，在软实力的对外投射方面，基本上仍由政府主导；知识产权 NGO 不发达，不仅数量少、起步晚，且行政色彩浓重，有政府导向的倾向，相当程度上是政府改革和政府职能

---

[1] 徐崇利：《软硬实力与中国对国际法的影响》，《现代法学》2012 年第 11 期。
[2] 苏长和：《国际化与地方的全球联系——中国地方的国际化研究（1978—2008）》，《世界经济与政治》2008 年第 11 期。

社会化的产物。① 向世界传播中国知识产权价值观的社会声音相当微弱，中国对知识产权国际法制几无影响。

(4) 知识产权外交

外交是推展国家软实力的重要场所、手段和工具。中国知识产权外交长期以来处于从属地位，一方面，改革开放之后较长一段时间，由于中国的现实国情，在对外贸易谈判中知识产权处于次级位置，属于次要利益，是获取发达国家市场准入的谈判筹码；另一方面，知识产权领域的外交权配置分散、重叠。外交事务属于外交部负责的中央事权，但由于知识产权事务专业性强，目前我国知识产权外交实际上由国家知识产权局和商务部承担相应职责。2018年国家知识产权局"三定"方案规定，国家知识产权局负责"统筹协调涉外知识产权事宜；拟订知识产权涉外工作的政策，按分工开展对外知识产权谈判；开展知识产权工作的国际联络、合作与交流活动"，② 但对外贸易与投资协定中知识产权相关问题的谈判实际是由商务部负责，两个机构之间存在知识产权外交事务方面职责的交叉。此种事权分散、交叉和重叠的局面显然不利于知识产权外交工作的开展和国家软实力的推展。

总之，晚近中国作为新兴国家迅速崛起，然而目前知识产权软硬实力的不均衡以及发挥的受限，约束了中国知识产权话语的生产和传播。中国在国际知识产权领域的影响较为有限，缺少话语权，与快速增强的国家实力及日趋走高的国际地位不匹配；知识产权保护形象仍然负面，是西方国家责难和攻讦的对象。这是当前中国知识产权事业发展面临的现实困境，也是中国增强软硬实力、提升知识产权国际保护话语权的外部生态。

第二节　中国知识产权国际保护话语建构的理论支持

传统西方知识产权基础理论规训了知识生产的方向，支撑了西方知识产权话语的优势地位，构建了知识产权国际保护的法律秩序。在知识产权国际保护的论域，包括中国在内的多数发展中国家处于追随、应对、无言

---

① 刘雪凤：《知识产权全球治理视角下NGO功能研究》，知识产权出版社2012年版，第359页。
② 董涛：《全球知识产权治理结构演进与变迁——后TRIPs时代国际知识产权格局的发展》，《中国软科学》2017年第12期。

甚至失语的状态。在大国崛起之路上，中国在知识产权国际保护秩序方面有自己的利益诉求与规则主导需求，必须立足于本土实践与经验打造知识产权话语，增强结构性引领能力，主动参与知识产权全球治理。

"真正的悲哀不是挨骂，而是辩解都只能用人家的话。"① 国际秩序变迁的主导国必须能为其他国家提供有吸引力的思想。② 有影响力的知识产权元话语需要有深度、有特色的理论总结和理论表达。在西方主导的知识产权话语体系下，如果仍然沿袭西方理论与之展开话语竞争，难免陷入"人云亦云""不知所云"的尴尬境地。因此，中国应当注重本土知识产权理论创新与思想独立，开展扎实的基础理论研究和对策研究，努力建构适合中国文化语境和创新国家建设的知识产权话语体系，提供富有国际沟通力和影响力的叙事指导和理论支撑。正如一些学者所述，"中国不仅必须是一个主权国家，还必须是一个主体性的中国，即形成中国在思想上的主体性，而不是一味跟从西方话语甚或落入西方的法律陷阱"。③

一 中国特色知识产权理论创新的必要性

理论创新是完善知识产权知识谱系，推进中国知识产权话语的必要前提。在新的发展时期，知识产权制度变革的时代性要求与中国作为技术后发国家的阶段性选择，知识产权国际保护的必要成本与中国知识产权事业的利益实现，全球化背景下的制度趋同与中国知识产权法律的本土建构，传统国际法律规范供给与中国自主创新问题的规范需求以及知识产权出口国的利益要价之间均存在日益明显的张力。西方传统知识产权理论难以解释、指导中国实践，并有效解决中国需求，照搬西方的理论体系，用西方思维范式解决中国语境下的知识产权问题，难免会出现"水土不服"的现象。

创新型国家建设全面展开，在知识产权强国建设启幕的时代背景下，中国特色知识产权理论创新的必要性凸显。在理论层面，把当代中国众多的知识产权研究成果和实践智慧整合升华为一个内在逻辑自洽的知识产权理论体系，对中国知识产权事业建设进行经验总结和思想概括，形成富有中国特色、中国气派、中国风格的知识产权理论成果，向世界展示中国原

---

① 徐秀丽、李小云：《发展知识：全球秩序形成与重塑中的隐形线索》，《文化纵横》2020年第1期。
② 唐世平：《国际秩序变迁与中国的选项》，《中国社会科学》2019年第3期。
③ 邓正来：《中国法学向何处去：建构"中国法律理想图景"时代的论纲》，《政法论坛》2005年第1期。

创的知识产权理论贡献。在实践方面，探寻在全球化时代符合中国自身前进规律的发展路径，指导中国知识产权制度的改良与演进，并应对西方国家在知识产权保护方面对中国的攻讦，助益中国更为和谐地融入世界经济一体化的潮流之中，参与、引领国际经济秩序。

（一）理论创新是中国知识产权话语生产的引擎机制

知识产权理念是知识产权保护的元话语，需要理论总结和理性表达，正如一些学者所述，"话语是由诸多观念、态度、行动过程、信念和实践组成的思想体系，这些思想体系系统地建构了主体和他们所言说的世界"。[①] 没有理论作为后盾的话语表达是虚弱、无力和浅薄的。一方面，理论的基石支撑了话语的建构，理论创新决定了话语的质量，为生产有影响力、说服力的话语提供了源源不绝的动力；另一方面，话语在静态意义上就是一种思想体系的体现，代表一种价值和信仰，由于话语的观念功能和建构作用，话语的生产、传播也有助于此种价值和信仰的确立，实际上是成熟、得到普遍接受、获得内在认同的理论观点和理论体系的确立。一国知识产权话语就是其知识产权治理理念的理论化、学术化与体系化的表达。以成熟的学术话语面貌出现的西方中心主义的知识产权话语，其背后有扎实、深刻的理论研究积淀，如功利论、劳动论、人格论、社会规划论等。[②] 因此，中国知识产权话语的生产和传播需要以中国特色知识产权理论创新作为基石和动力，增强理论自觉和理论自信。

（二）理论创新是破除知识产权话语霸权的学理支撑

在当下中国知识产权保护理论、经验、文化还相对匮乏的情况下，汲取西方理论基础和实践经验养分的做法，不仅有益，也属必要。但是长期以来，国内学界自觉或不自觉地照搬西方知识产权理论与方法，来思考、解释、分析并指导中国知识产权学术研究与知识产权事业实践，甚至形成了思维定势，本质上是一种用他人话语规训自身思考方向和实践行动的行为。

[①] Iara Lessa, "Discursive Struggles within Social Welfare: Restaging Teen Motherhood", *British Journal of Social Work*, Vol. 36, No. 2, February 2006, p. 284.

[②] 根据威廉·菲舍尔（William Fisher）的概括，当代西方知识产权理论中占据主导地位的有四种理论路径，即功利论（utilitarianism）、劳动论（labor theory）、人格伦（personality theory）、社会规划论（social planning theory）。参见 ［美］斯蒂芬·R. 芒泽编《财产的法律和政治理论新作集（影印本）》，中国政法大学出版社 2003 年版，第 168—199 页。

"主义"可拿来,"问题"需土产,"理论"要自立。① 在支配与被支配结构的全球化时代,中国需要脱离照搬西方知识产权理论的固有模式,建立并发展本土化的知识产权理论,摆脱西方思维的束缚,破除西方知识产权治理范式及特定知识系统的支配,达至思想上的反思性自觉。中国知识产权学界有必要在现代知识产权保护的理念、思路、方法等学术范式层面作出原创性贡献,改变由西方话语主导本国知识产权研究与实践的话语"非主体性"的被动局面,才能打破西方知识产权霸权话语的主导和支配地位,最终与之形成平等对话与协商。

(三)理论创新有助于阐释、指导中国知识产权实践

实践是社会秩序生成的物质基础,反映于抽象的理论当中。按照诠释学的观点,在某种特定的社会理论和某种特定的社会实践之间,常常存在一种同源性关系,即结构上的相似性。理论和实践共享着某种特殊的文化,也因此而共享一些共同的意义。在很多情况下并非基础理论被运用于社会实践,而是基础理论首先要理解、反映社会实践,进而又指导、建构社会实践。具体而言,从实践到理论,然后回到实践,形成一种因循关系。理论创新是此循环中的一个重要环节,其有实体性内容,既能反映实践、满足实践的需求,也能诠释对实践的自我理解,是一个双向过程。

改革开放 40 多年以来,中国知识产权事业快速发展,实践成就令世人瞩目:建立了符合国际规则、门类相对齐全的知识产权法律法规体系,为创新型国家建设奠定了坚实的制度基础;出现了华为等具有国际竞争力的知识产权密集型企业,积累了一定的知识产权实践经验。"我国知识产权理论建树和制度建设理应服务于中国发展大局,体现中国特色,讲好中国故事。"②"讲好中国故事"就是一个诠释中国知识产权事业实践的过程,既是回顾与总结,又是展望与谋划。通过中国特色的知识产权理论创新,一方面建构中国知识产权实践的自我理解,总结中国知识产权事业发展的创新经验,规划中国知识产权强国建设事业的未来愿景;另一方面打破被动接受西方结构化知识体系的局面,展示后发国家摆脱技术依附的发展路径,为知识产权国际制度变革提供新颖和权威的知识供给。

二 中国特色知识产权理论创新的出发点

中国特色的知识产权理论创新是一项艰巨而复杂的任务,基于中国视

---

① 何家栋:《我们来自何处,又往去哪里?——当前"中国问题"研究的三种进路》,《社会科学论坛》2003 年第 4 期。
② 吴汉东:《知识产权事业发展新常态》,《知识产权报》2015 年 7 月 3 日。

角，立足中国经验，针对中国实践是中国知识产权理论创新工程的出发点。

（一）基于中国视角

中国知识产权研究以学习域外理论、阐释他国法条为开端和中心。从忠实追随到开始认真反思，中国学界要走出西方知识产权理论的思维定式，就必须思考在哪些议题、什么范围、何种程度上，中国能够更新和发展现有的知识产权理论认识，这是知识产权理论"中国化"首先需要回答的问题。

"中国视角"代表中国究竟可以在多大程度上按照本国的战略思维、体制机制和思想观念，重新审视、反思以往的知识产权理论积累和西方中心主义基础上的知识产权哲学，对支撑西方主流知识产权话语的财产权、激励论等理论假说进行批判性思考，引导出现实土壤中可能萌发的理论生长点，更新知识产权制度赖以建立、维系的理论假设。例如，西方知识产权理论的分析视角往往基于其自身国家利益和知识产权产业集团的价值偏好，中国视角的研究应当尽力保持自主性，放眼、关注和思考作为发展中国家、新兴国家的本我真正面临和需要解决的难题，并做出新的理论阐释。

（二）立足中国经验

现代知识产权理论主要源于西方的历史、哲学等文化传统，为解释和维护既有的知识产权国际保护秩序服务。改革开放40多年来，中国知识产权事业发展可谓一场伟大的制度创新实践。与西方国家发展的模式、进程不同，知识产权事业建设在中国具有不同于以往大国崛起的国际背景、时代情景和本土语境，这就导致了知识产权"中国问题"的存在及解决问题的"中国路径"的特殊性。例如，巨大的市场规模，庞大的经济总量，复杂的政治、经济环境，悬殊的地区差距以及并非协调统一的法律和政策等因素导致中国知识产权保护出现了两极分化的情况，既有高度创新的冲动与实力，也存在数量惊人的侵权与盗版。美国、日本和韩国等国家均有从盗版盛行过渡到尊重、严格保护知识产权的经历，但针对中国知识产权领域所表现出的两极分化，现有知识产权理论和经验数据均难以进行诠释和论证，[①] 此即为典型的知识产权"中国问题"。对此，既无法依赖西方世界的理论工具做出诠释，也不可能借用他国经验模式进行复制，唯

[①] Peter K. Yu, "China's Innovative Turn and the Changing Pharmaceutical Landscape", *University of the Pacific Law Review*, Vol. 51, No. 3, September 2020, p. 14.

有总结、归纳、挖掘本土实践经验所蕴含和依凭的发展观念、创新思想和法律意识，[1] 立足本国国情重新审视和分析"西方中心主义"模式下的知识产权理论总结和经验依据，才能建构起本土的知识产权理论体系并对实践加以指导和阐释。

因此，总结分析中国经验也是中国知识产权理论创新的现实路径。从中国经验出发，寻求知识产权保护的独特规律，并以此为基点审视西方知识产权理论范式和概念体系在适用条件、解释能力等方面的局限性，在此基础上提出思想概括和理论假说。这不失为一种理论创新尝试，尽管其可能存在相当的难度。

（三）针对中国实践

将西方现有的知识产权保护范式、理论和概念视为先验的出发点指导中国实践，这在中国知识产权制度建立的初期发挥了积极作用，但无法激发中国知识产权理论研究的创新和活力。西方知识产权理论可以作为一种有意义的理论来源与治理的参照系统，但不能以其格式化中国实践。

中国知识产权理论创新的基本路径，是基于中国特色的制度安排和实践发展，构建更有解释力和预测性的知识产权理论框架。从中国知识产权事业发展的现实需要出发，将其置于具体的知识产权实践之中，通过阐释实践现象的复杂性、条件性，生产出有关知识产权保护现象的丰富洞见，探讨本土语境下的制度建设、产业发展、环境治理、文化养成等重大问题，实现知识产权研究多学科、多层次、多角度的协同发展。

我们需要依据中国内生的国家利益以及外部的知识产权制度环境约束，针对"超大型崛起""差异性发展""跨越式转型"等中国独特的现实情况，[2] 提炼本国知识产权矛盾问题，确定知识产权法所保护法益的优先顺序，明确知识产权理论的发展方向和研究规划。把中国特色的知识产

---

[1] 吴汉东：《知识产权理论的体系化与中国化问题研究》，《法制与社会发展》2014年第6期。

[2] 吴汉东归纳了知识产权"中国问题"的独特性："超大型崛起""差异性发展""跨越式转型"。"超大型崛起"是对以往大国崛起模式的超越，是指作为有世界影响的知识产权大国和发展中大国，超大型人口规模、产业规模、经济规模以及社会规模的中国崛起是史无前例的。"差异性发展"是指中国经济与社会发展的不平衡胜于不发达。城乡差异、中西部差异、产业差异等，决定了中国知识产权事业的发展不可能是"一刀切""齐步走"。"跨越式转型"是指中国作为新兴工业化国家，只用了不到二十年的时间，知识产权制度就实现了从低水平向高水平的转变，完成了从本土化到国际化的过渡，也导致政府对制度环境治理不够、企业对制度运用经验不足。参见吴汉东《知识产权理论的体系化与中国化问题研究》，《法制与社会发展》2014年第6期。

权理论创新理解为一种独特的、昭示中国知识产权治理能力、知识产权事业发展全面升级的中国实践理性的体现和结晶，回应中国创新型国家建设的时代要求，加快大数据、云计算、人工智能等新领域新业态知识产权立法，对本土知识产权实践进行学理提纯和法理提炼，将其转化为具有解释力、说服力、传播力的中国特色知识产权话语体系和理论体系。既为创新国家建设贡献理论支持，又为中国争取知识产权国际保护的规则制定权和话语权、开展知识产权外交提供智识支撑。

三　中国特色知识产权理论创新的切入点

本书并不着重于知识产权基础理论研究，无法就此提供系统建议，但期望后文关于中国特色的知识产权理论创新研究切入点的讨论可以为以后的研究提供些许参考与指引。"虽然地基不能遮风避雨，但它还是能让人们对屋顶产生些许想象。"[1]

（一）西方知识产权基础理论：价值贡献与现实局限

西方知识产权理论（包括其理论主张和制度实践）是人类探索智力成果保护方式的可贵尝试，其提出的智力成果资源私权化理念及相应的基本制度设计一直沿用至今，并输出、移植至全世界。经过数百年的发展，西方国家形成了利益目标明确、形式要素完备、制度实践能力强，并有成熟的话语生产与输出能力的知识产权体系。

应当看到，西方知识产权制度依托财产权理论建构而来，在为知识产权的正当性做出证成的同时，私权保护基调的确立也导致智力成果财产权化的泛滥，知识产权的垄断习性被放大，招致广泛质疑和批评。在当代，知识产权的过度扩张和膨胀已成为不争的事实，知识产权的财产权神圣之维，因与表达自由、隐私权、药品获取权等基本人权相冲突而褪去不少光环。并且，财产无形化有进一步演变为财产封建化的发展趋势。各种物质与非物质形态，包括知识、信息、数据在内的资源正相继成为经济稀缺性的建构对象。民间文学艺术、地方性传统知识、传统生物资源，这些原本属于社区共享和发展中国家有优势的知识形态，也都可能成为由资本主导的知识产权封建化圈地运动的牺牲品。[2]

除了财产权思维备受诟病之外，主要知识产权基础理论或多或少存在

---

[1] ［美］詹姆斯·G. 马奇：《决策是如何产生的》，王元歌、章爱民译，机械工业出版社2014年版，第209页。

[2] 余盛峰：《知识产权全球化：现代转向与法理反思》，《政法论坛》2014年第6期。

"漏洞、冲突、模棱两可和脱离实际"的问题。① 例如，作为知识产权正当性证成的代表性理论，财产权劳动学说存在局限性。以技术方案的保护为例，同一发明创造完全有可能由不同的个体独立完成，但专利权独占的授予并不符合财产权劳动学说所秉持的道德观念。再如，激励论赖以证成的思想实验前提已经被心理学研究部分推翻；激励效果亦得不到历史经验事实的有效支撑；且具体知识产权制度尚存阻碍技术进步之可能。② 还有学者提出，传统知识产权理论暴露出许多现实问题，主要表现为不宜笼统预设和夸大物品的稀缺性，产权激励并非首要的乃至唯一的选择，人力资本的增加才是知识创造的源泉，③ 从而批判了西方知识产权保护范式的自然主义与功利主义的理论基础。

值得注意的是，分析长期以来占据主导地位的西方知识产权理论的局限与不足，并不代表必须对其加以全盘否定。传统知识产权基础理论在当代仍然具有指南意义。其一，尽管它们未能为理想的知识产权制度构造提供全面指导，但是借助这些理论，人们可能发现那些并非显而易见却颇为可取的解决特定问题的办法。其二，它们能够鼓励在法律形成过程中的参与各方之间展开有价值的对话。④ 中国特色的知识产权理论创新研究可以在关注、探讨西方知识产权理论的价值贡献与现实局限之基础上，对其加以批判性继承，探讨如何打破既有知识产权理论的思想统治，以中国特色理论创新推进知识产权基本理论的多元化发展，进而实现知识产权理论的推陈出新。

（二）中国特色知识产权理论：传统文化与当代实践

西方传统文化强调个人主义与自由主义精神，在知识产权国际法治结构中占据主导地位。以儒家思想为代表的东方文化关注社会与群体利益，在知识产权国际法治中的影响非常有限。对于中国特色的知识产权理论而言，基于自身文化与传统而形成的传承日久、根深蒂固的文化品性和集体认同观念，如何在当代知识产权全球化背景下得到发扬？中国知识产权保护实践在多大程度上受传统文化的影响？中国特色知识产权理论创新如何

---

① ［美］威廉·费歇尔：《知识产权的理论》，黄海峰译，载刘春田主编《中国知识产权评论》第 1 卷，商务印书馆 2002 年版，第 12 页。
② 王烈琦：《知识产权激励论再探讨——从实然命题到应然命题的理论重构》，《知识产权》2016 年第 2 期。
③ 谢晓尧、吴楚敏：《转换的范式：反思知识产权理论》，《知识产权》2016 年第 7 期。
④ ［美］威廉·费歇尔：《知识产权的理论》，黄海峰译，载刘春田主编《中国知识产权评论》第 1 卷，商务印书馆 2002 年版，第 37 页。

吸纳、利用抑或扬弃这些挥之不去的思想观念？是否存在一种可以建立在中国传统文化中"重义轻利""述而不作""文以载道"等思维与行为价值基础之上的，更加倡导知识共享的知识产权理论？[1] 上述问题值得探讨。

本书从中国的文化传统与当代实践中探索中国特色知识产权理论的内涵，目的在于发现和整理中国传统文化中的历史经验和思想认识，从中找寻知识产权理论创新研究的历史、文化和现实根源。一方面，以中国文化的合理内核为构成元素，发掘知识产权理论体系中的"中国文化元素"，植根本土文化资源，选择传统文化的积极之处，并对其进行必要的继承、梳理、选择和改造，[2] 发挥中国文化独特的价值观、认识论的积极作用，探索中华传统文化对知识产权国际秩序改良的启示作用，修正西方中心主义的知识产权国际立法价值取向；另一方面，分析和总结改革开放40多年来，中国知识产权保护实践与知识产权事业建设的经验，对其进行理论概括，基于中国知识产权保护的内在要求和外部约束，探索知识产权强国建设的具体路径，以夯实知识产权理论创新的中国特色文化历史内涵和现实问题导向。

（三）知识产权价值理念：制度情境与中国选择

知识产权的价值理念是知识产权法律制度的价值化体现，也是知识产权制度变革发展的价值目标的法律化指引。对知识产权价值理念的考察，既关涉制度正当性的证成和评判，又影响制度设计时重心与规则的确立，无论是对理论研究还是法律实践都至关重要。

本书认为，中国特色知识产权理论体系在知识产权价值层面的研究，应当有以下两个着力点。

一方面是基于制度情境的知识产权价值理念研究。知识产权制度发展经历了从早期萌芽到制度形成，再到变革发展的持续演进阶段。在不同的历史环境和社会背景下，均有立法者寻找、认识和选择知识产权价值的意图和努力。显而易见，不同的制度情境（如政治体制、国家立场和发展阶段等）均会带来知识产权价值观的冲突，不同的制度与政策也渗透着有差异性的价值偏好。长期以来，中美双方很难在知识产权的执行力度上

---

[1] 邵则宪探讨了中国文化在今日世界的真实大用以及中国传统文化参与全球知识治理建构的可能性。参见邵则宪《昭隆传统之大美：中国文化如何成为全球治理的建构者》，清华大学出版社2019年版，第140—183页。

[2] 吴汉东：《知识产权理论的体系化与中国化问题研究》，《法制与社会发展》2014年第6期。

达成共识，涉及知识产权与技术转让的争端也是近期中美经贸摩擦的焦点问题，上述分歧的原因在一定程度上即源自双方知识产权价值理念的冲突。中美对于知识产权制度有着不同的理解。美国更多的将知识产权看作个人与企业等私主体的垄断利益，如专利就是用来排除竞争、催生赢家和输家的工具，国家的职责在于设定知识产权游戏规则分配、平衡各方利益。与之相比，中国的政治体制能够支持更大范围地追求国家长远利益，而不受国内政治限制。中国把知识产权成果看作迈向创新领军地位的社会集体推动力，如列出要获得专利总数的明确目标，[1] 对自主知识产权（积极发展独立或自我控制的知识产权）的强调也与西方知识产权价值观格格不入。基于政治体制、国家立场和发展阶段等制度情境，研究分析知识产权价值理念及其冲突，对于中国知识产权话语方略的设计，以及话语交锋中回答中美两国谁才是技术民族主义与重商主义的争执，均能起到理论支持和决策咨询作用。

另一方面是中国知识产权制度的价值选择。知识产权的价值立场带有强烈的国家利益本位的价值色彩。知识产权价值理念的中国研究既要借鉴西方经典理论，拓展思维张力，提升想象力，又要基于中国实践发展和现实需求，增强理论阐释的解释力和适用性。现代知识产权制度建构充分体现了西方个人主义、理性主义的价值观念和自由主义意识形态。这些价值观念和意识形态深刻嵌入全球知识产权规则体系的脉络中，提供了诸多共识假设，并成为评判各国知识产权制度的主流价值标准。但被奉为圭臬的西方知识产权价值观也遭到了在部分发达国家和发展中国家中出现的否定知识产权制度价值思潮的质疑和冲击。应当认识到，中国和西方国家知识产权价值观生长的制度情境有很大差异，中国知识产权价值理念研究所处的"学术场域"也与西方学术场域存在差别。中国本土知识产权价值理念的研究必须超越视野限制，充分认识到知识产权在正义、自由、秩序、效率等人类社会基本价值方面的特殊意蕴，围绕知识产权保护私人利益与维护公共利益的二元均衡，明确中国的价值选择。在此基础上，分析论证能够给发展中国家和发达国家均带来效益的知识产权制度的价值目标与价值构造，提供应对既有挑战的知识产权国际公共产品。

（四）知识产权制度建设：二元均衡与实用主义

完善的知识产权理论体系是基础理论分析和制度建设实施的有机整

---

[1] 黄育川：《技术民族主义时代，中美如何找到最大公约数》，《南华早报》2019年12月28日。

体,制度建设是知识产权理论体系研究的重要内容。吴汉东归纳了当前中国知识产权理论研究的重点和难点的"十大关系"问题,其集中表现就是知识产权制度建设问题。①

中国特色知识产权制度建设的相关研究可以关注以下两方面内容。

其一,知识产权制度建设中静态保护与动态利用的二元均衡。在私权神圣叙事搭建的话语机制下,"保护知识产权"这一内涵不明确、外延可以无限扩大的措辞,已成为不容质疑的六字真言。② 知识产权国际保护也将重点放在知识产权保护制度的一体化方面,技术援助、能力建设、文化交流等辅助措施的采取也是为了助推知识产权高标准保护。实际上,人类社会发展需要保护智力成果私权与促进知识传播利用的相辅相成与二元均衡。在可持续发展与包容性、参与性增长成为全球发展共识的时代背景下,"知识产权理论研究者应该关注利用不足造成的浪费问题,而不是过度使用造成的枯竭问题"。③ 对于知识产权制度舶来品,中国学术界一直将维权作为研究重点,而忽视了对知识产权经营利用问题的研究,有关知识产权资本价值以及经营规律等基础理论问题的研究较薄弱;有关知识产权经营的制度性研究较滞后;有关知识产权保险、信托投资、证券化等创新经营模式的研究较欠缺,直接影响知识产权经营方面的立法工作。④ 强化知识产权制度建设中保护与利用的二元均衡研究,充分理解静态保护和动态利用中法律理性、经济理性与管理理性的平衡,合理设计规则,不仅有助于深化知识产权基础理论研究,还有利于中国知识产权制度体系的完善。

其二,知识产权制度建设的实用主义。在创新型国家建设全面展开的时代背景下,知识产权理论研究要把握经济发展方式转变对知识产权制度的需求与影响,知识产权制度回应应当更加注重目标导向与问题导向。当前,中国知识产权理论研究存在对国情掌握不足、服务产业发展能力不够的现实问题。研究范式以法学为主,偏重于法条解释、规范推理,其中不乏高屋建瓴的宏观理论构造,但往往缺乏深入国情的精准分析,忽略实证

---

① 吴汉东:《知识产权理论的体系化与中国化问题研究》,《法制与社会发展》2014 年第6期。
② 邵科:《知识产权公众阵营之后现代主义倾向》,《政法论丛》2014 年第6期。
③ Benjamin G. Damstedt, "Limiting Locke: A Natural Law Justification for the Fair Use Doctrine", *The Yale Law Journal*, Vol. 112, No. 5, March 2003, pp. 1179 – 1221.
④ 杨延超:《我国知识产权的研究重点应当从"维权"转向"经营"》,《中国知识产权》2012 年第9期。

研究和情境分析，跨学科研究成果不足。① 近期知识产权案例指导制度、知识产权法院的建立等司法改革举措表明，中国知识产权法从"规则中心主义"向解决实际问题的思路转变。② 规则存在的意义和价值在于解决社会问题，当下中国特色知识产权理论创新，知识产权无疑应当强化实用主义思维，加强知识产权实证调查分析和交叉学科研究，为现实问题的解决提供切实可行的方案。

（五）知识产权国际保护：利益识别与共赢期待

本书重点探讨知识产权国际保护的"中国之道"。中国参与知识产权全球治理的话语传播手段与技巧等"术"需要切实提升，但深层次的知识产权国际保护中的利益识别、利益认同与共赢期待等境界、气度方面的"道"的问题更为关键。

倡导命运共同体意识，树立知识产权国际共生发展理念是中国参与知识产权全球治理的责任担当。在国家间交往日益密切的时代，单个国家利益的实现有赖于与其他国家的关系，而这自然也将带出对国际共同利益乃至人类共同利益的想象。中国对知识产权国际保护的积极参与，本质上是基于国家利益需求的驱动，既要以实现本国关切为目标，又要顾及公共利益和他国的利益。人类命运共同体为全球治理提供了"中国方案"，能够建构知识产权国际保护领域自我与他者相关联的叙事，并提供知识产权国际秩序的发展、使命以及未来走向的特定想象。利益钟爱当前性和直接性，至少期望在可预计的时间内能够被兑现。"想象"是有边界、有约束的，知识产权领域的人类命运共同体"想象"需要在地化的检验——既需要利益的切实保证，又需要控制在想象力能够企及的范围之内。

一方面，中国特色的知识产权国际保护理论研究需要对国家利益做出识别和界定。中国特色的大国外交必须坚持以国家核心利益为底线，维护国家主权、安全、发展利益。在人类命运共同体理念指引下，中国参与知识产权全球治理的话语实践，不是乌托邦式的想象，也不是空泛的说教，必然有自身现实利益诉求在内。识别利益层级，才能集中、释放解决迫切需要的优先事项所需要的资源。本研究点可以具体分解为下列问题：在知识产权国际保护领域内，中国的核心利益与一般利益、重要利益与次要利益、长远利益与即期利益分别是什么？作为知识产权大国和发展中国家，

---

① 马一德：《完善中国特色知识产权学科体系、学术体系、话语体系》，《知识产权》2020年第12期。
② 何鹏：《知识产权立法的法理解释——从功利主义到实用主义》，《法制与社会发展》2019年第4期。

中国在知识产权全球治理中的国家利益与其他国家的利益之间的相互关系？在知识产权全球保护的利益分析中，如何避免以空间维度思维代替时间维度的思维？

另一方面，中国特色的知识产权国际保护理论研究需要分析思考利益的认同与共赢。经过十多年的"为知识而战"（fight for ideas），全球各国通过知识创新来实现自我发展、区域贸易和全球秩序变革的憧憬更加个性化，现行的一元、强势的全球知识治理体系，无法满足不同国家的共赢期待。[1] 本研究点从阿多诺"星丛"理论出发，分析知识产权国际保护领域的利益认同与共赢的实现。"价值星丛"是对二元对立思维的一种替代方案，将各种价值符号之间的关系视作一种动态的对话，它们彼此界定、阐释、探照，而绝无压制和臣服。在"价值星丛"中，各民族的利益将得到最充分的实现，其文化特殊性亦将得到最充分的展现。[2] 基于"星丛"理论，知识产权国际保护理论的利益也是相互存在、共生的相互利益。中国参与知识产权全球治理，需要研究、分析集体潜意识中的冲突性情结以及技术民族主义情绪对中国科技创新与知识产权政策和知识产权对外合作政策的影响；探讨积聚利益认同、共识与互信的方法，以及尊重、关切他者利益，实现共赢期待的必要性、方式以及路径。

第三节　中国知识产权国际保护话语推进的立场、原则与秩序主张

话语绝非无立场、透明中性的交往工具，而是主体认知、情感、态度、价值判断和愿望的表达，其背后往往代表着不同言说者的价值立场与利益诉求。话语立场与原则是话语推进的立足点与出发点，一方面可以表达言说者的观点，传递价值理念；另一方面能够建立和维持说者与听者之

---

[1] 非洲、南美的发展中国家现在要求建立政府出资搭建的共有平台，以经营其丰沃的生物资源和原住民知识，并禁止跨国公司盗取资源。印度一直是反对跨国公司药品专利霸权的主力，中国则致力于建设宏大的国家创新体系，以突破中国经济对西方技术的依赖，并释放国内巨大的环境、社会和就业压力；而像新加坡、澳大利亚、新西兰这样的小型发达国家，几乎是欧美日韩知识产权的"净进口国"，所以主张寻求自己独特的知识产权模式。参见邵则宪《昭隆传统之大美：中国文化如何成为全球治理的建构者》，清华大学出版社2019年版，第20页。

[2] 金惠敏：《价值星丛——超越中西二元对立思维的一种理论出路》，《探索与争鸣》2015年第7期。

间、作者与读者之间的关系。话语立场与原则规制了话语推进的形式与内容,本部分研究中国知识产权话语推进的立场、原则与秩序主张,借以把握中国知识产权话语策略的一般性、规律性问题。

一 中国知识产权国际保护话语推进的立场

根据奥斯汀(John Langshall Austin)的言语行为理论,"言语即行事"。[①] 话语立场是由行为者以口头或者书面言语的方式,通过外在的交际手段发出的,评价客体、定位主体并与其他主体建立联系的公开行为。随着国际权力格局的变化,新兴国家参与国际组织、改革国际制度安排的意愿日渐强烈,致力于改变世界创新版图,创造知识产权国际保护的新气象。当下中国具有发展中国家、新兴国家、技术后发国家与知识产权大国的多重身份,在知识产权国际保护论域采取何种话语立场是一个值得探讨的问题。

(一)中国知识产权话语立场之困

由于身份(发展中国家)、制度(被动移植)与现实(技术后发国家)的处境,长期以来中国属于知识产权国际规则的学习者、遵循者,在知识产权国际论域处于追随、应对、无言甚至失语的状态。

经济状况的发展决定了知识产权政策制定的优先事项。随着整体实力的快速增长和知识产权大国身份的确立,中国出现了主动更新知识产权制度并积极参与全球治理的自我驱动并表达了明确意愿。相关研究认为,当一国从落后的模仿国家转变为一个先进的创新国家时,对知识产权保护的立场就会发生相应的转变,即从知识产权强保护的抵制者转变为支持者。[②] 国外有研究预测,中国在知识产权国际保护标准方面将向发达国家靠近,如美国布鲁金斯学会的一份研究报告认为,"随着中国专利数量的增多,随着走向全球的中国企业的增多,中国对保护知识产权的兴趣应该和西方创新者趋于一致";[③] 有研究提出"中国很大程度上已经成为现有

[①] 奥斯汀的言语行为理论认为,语言是人们为了实现交际、交流的目的,在具体语境下对特定语言的运用,包括说话行为和所说的话,说话本身就是一种行为(speaking is doing)。参见[英]J.L.奥斯汀《如何以言行事——1955年哈佛大学威廉·詹姆斯讲座》,杨玉成、赵京超译,商务印书馆2013年版。

[②] Chidi Oguamanam, *Intellectual Property in Global Governance: A Development Question*, London: Routledge, 2013, p.123.

[③] Jeffrey A. Bade, "A Framework for U.S. Policy toward China: Order from Chaos Foreign Policy in a Troubled World", *ASIA Working Group Paper* 3, March 2016.

规则制定者建立的知识产权框架的支持者";① "与美国的历史经验相似，当中国转型为创新驱动型经济后，中国将更加重视知识产权保护"。② 国内也有学者提出，"随着我国近年来海外投资和高技术产品出口的不断增长，全球知识产权保护的'TRIPS 递增'趋势可能更加符合我国的长远发展利益，我国长期以来形成的知识产权弱国心态需要改变"。③ 实践中，中国知识产权话语立场似乎仍然面临两难困境。在自身经济与创新实力不断提升的现实背景下，从惯常的发展中国家身份定位与思维习惯出发，抨击知识产权高标准保护的道义立场无异于刻舟求剑，无助于本国利益诉求的实现；而中国积极参与、推进中日韩、中美欧日韩知识产权局对话合作机制，已经引起了部分发展中国家的非议。较长时间以来，中国并未形成明确、统一的知识产权话语立场，"在对外知识产权谈判中立场模糊，甚至时常面临不知道如何表态的尴尬境地"。④

中国知识产权话语立场选择的困局主要由于下列原因。

其一，国内巨大的知识产权区域、行业差异，部门林立、各自为政的知识产权行政管理机制，以及分散化、地域化的知识产权审判组织布局下的案件裁判标准与法律适用不统一等问题约束了相关法律、政策的制定与实施。此种情况无疑会影响统一知识产权话语立场的形成。

其二，中国是发展中国家还是发达国家的身份定位之争，在知识产权领域同样存在。中国以发展中国家的身份参与知识产权全球治理，但在 WIPO 中国既不是发展之友小组的成员，也不是发展议程集团的成员，在专利方面经常与"北方国家"持有类似立场和观点。⑤ 中日韩知识产权局局长对话机制与中美欧日韩知识产权五局合作机制联系紧密，而中国是其中唯一的发展中国家。

其三，中国针对知识产权话语体系的相关研究刚刚起步，处于应对

---

① Jean-Frederic Morin et al., "Rising Economies in the International Patent Regime: From Rule-breakers to Rule-changers and Rule-makers", *New Political Economy*, Vol. 23, No. 1, July 2018, p. 10.
② M. Peng et al., "History and the Debate Over Intellectual Property", *Management and Organization Review*, Vol. 13, No. 1, March 2017, p. 15.
③ 詹映：《国际贸易体制区域化背景下知识产权国际立法新动向》，《国际经贸探索》2016年第4期。
④ 徐元：《中国参与知识产权全球治理的立场与对策》，《国际经济法学刊》2018年第4期。
⑤ 徐元：《我国参与国际知识产权秩序构建的角色定位与立场选择》，《太平洋学报》2019年第1期。

型、临时性状态，尚未从宏观、长远出发，作为一项各部门统合进行战略系统研究与执行的重要项目来开展，系统研究和统一认识的缺乏掣肘了知识产权话语立场的形成，亟须动员更多优质学术资源进行针对性研究，奠定知识基础。

(二) 中国知识产权话语立场选择

中国参与知识产权全球治理的立场选择，不仅是国内外关注的热点问题，也是尚未达成共识的争论性问题。

立场具有公开性（可被他人感知与解释）、互动性（由参与者合作形成）、索引性（能唤起广阔的社会文化框架或物理背景）以及结果性（对参与的个人或团体会导致一定的结果）。[1] 以现实为依托，由于发展阶段、国际地位的不同，中国参与知识产权全球治理的观察视角、战略目标、关注重点和具体实践都会发生变化，所采取的话语立场随之也会产生变动。知识产权制度建立的初期，中国作为知识产权国际规则的参与者、学习者和遵循者，从发展中国家的身份出发，强调技术后发国家的特殊性，拒斥西方知识产权霸权。此种思维方式有其必然性和合理性，因为弱者的强大在于其特殊，强调弱者不可整合的特殊性是打破普遍性专制的不二法门。[2] 而在中国成为知识产权大国的新时代，弱国心态不仅有违现实而且在实践上有害，会将自身绑缚于弱势、另类和边缘的位置上，阻碍本国知识产权主张的推进，妨碍自身知识产权全球行动。

基于上述分析，本书认为知识产权话语立场的选择并非二元对立、非黑即白、非此即彼的单选题，跳出身份之困，放下道义负担，摆脱意气之争，从理性、务实的角度思考、选择中国参与知识产权全球治理的话语立场，当为题中应有之义。在中国由国际知识产权事务的"遵循者"向"主动作为者"转变，由知识产权大国向知识产权强国迈进的现阶段，中国对知识产权全球治理的积极参与，应当是一种人类命运共同体新文明观指导下，"去西方中心化"的"知识产权发展观"话语立场——不拘泥于身份之困，以维护现有的知识产权国际多边体制为前提，反对一元化、强势财产权思维和工具理性模式，主张关照、回应多元主体的发展利益诉求，建立公正合理、活力充沛、共治共享的知识产权国际保护秩序，推动知识产权国际保护的良法与善治。

---

[1] 姚双云：《〈话语中的立场表达：主观性、评价与互动〉评介》，《外语教学与研究》2011年第1期。

[2] 金惠敏：《价值星丛——超越中西二元对立思维的一种理论出路》，《探索与争鸣》2015年第7期。

二 中国知识产权国际保护话语推进的原则

习近平总书记有关"构建人类命运共同体""走和平发展道路""构建以合作共赢为核心的新型国际关系""推动国际秩序与全球治理体系朝着更公平合理的方向发展"的重要论述，不仅是中国对外交往和参与全球治理的先进理念指导，也是中国参与知识产权全球治理体系建构和应对知识产权国际制度变革的方向。[①] 2015 年 9 月 28 日，习近平主席在第七十届联合国大会一般性辩论时的讲话指出，"要坚持多边主义，不搞单边主义；要奉行双赢、多赢、共赢的新理念，扔掉我赢你输、赢者通吃的旧思维。协商是民主的重要形式，也应该成为现代国际治理的重要方法，要倡导以对话解争端、以协商化分歧"。[②] 受此启发，知识产权中国话语的推进应当秉持维护多边体系、避免二元对立、支持平等对话的基本原则。

（一）维护多边体系

进入 21 世纪以来，经济和技术飞速发展，引发一系列深刻变革，变革的累积效应使国际机制运行效率持续下降，国际事务面临危急时刻，频发的全球危机加剧了各国对全球化的质疑和背离。然而，多边合作始终是推动全球安全保障和繁荣发展的关键因素，2020 年新冠疫情大流行更加凸显国际合作抗疫的重要性。中国是现行国际体系的参与者、建设者、贡献者，同时也是受益者；改革和完善现行国际体系，不意味着另起炉灶，而是要推动它朝着更加公正合理的方向发展。维护多边主义是中国参与全球治理的基本准则，也是追求和谐世界目标内在的方法论要求。[③] 在近期的发展历程中，中国已经从全球化的参与者逐渐转变为反哺全球化的重要力量。

在知识产权领域，相对于区域、双边与单边主义，多边体制提供了低成本、广覆盖、便利化的知识产权制度供给。此外，与知识产权密切关联的环境保护、公共健康维护、气候变化等一系列人类社会可持续发展所面临的全球性公共问题，也必须在各国的通力合作之下才能加以解决。"全球规则的改变不必推翻现有国际条约秩序，而是应当在 20 多年间由各国

[①] 吴汉东：《中国知识产权法律变迁的基本面向》，《中国社会科学》2018 年第 8 期。
[②] 习近平：《携手构建合作共赢新伙伴 同心打造人类命运共同体》，《人民日报》2015 年 9 月 29 日第 2 版。
[③] 国纪平：《大变局中的中国与世界——写在新中国成立 70 周年之际》，《人民日报》2019 年 9 月 25 日第 1 版。

一同戮力、衔泥筑成的 TRIPS 平衡机制上继续前行。"① 改革开放 40 多年来中国综合实力显著增强，改变了知识产权国际力量的对比态势，但中国并非知识产权国际秩序的"挑战者"，"建设性塑造"是当下中国积极参与知识产权全球治理的现实策略。

维护知识产权多边体系的话语原则意味着在话语指向层面，中国并不寻求改变既有知识产权国际秩序中的基石性制度，挑战既定规范，而是支持、维护 WTO 与 WIPO 框架下多边协调机制的主导地位，将重心放在提供公共产品和解决方案上，推动知识产权国际秩序向更加公平、合理、平等的方向变革；在话语路径层面首选多边体制下的对话与协调渠道，通过合作与磋商推行本国知识产权主张，推进渐进式的、能够给发展中国家及发达国家同时带来效益的制度变革。

（二）避免二元对立

在维护多边体系的同时，中国知识产权国际话语的推进还应当避免二元对立，防止用空间思维代替时间思维（将传统与现代的对立当作中西对立）。要辩证地看待中国在知识产权国际关系中的权利与责任问题，妥善处理和协调国家利益与全球利益，注意灵活性与协调性；管控风险与冲突，摆脱因"守成大国"与"崛起大国"之间权力转移可能产生的战略困境和零和局面，更灵活、深入地融入知识产权国际体系。

避免二元对立的话语原则，意味着中国在参与知识产权全球治理的话语表达中无须"南北分立""中西对立"。一方面，"南北分立"不可取。知识产权一向被视为"穷国的毒药，富国的粮食"，这是知识经济时代强国与弱国之间产生分歧的主要原因，南北国家之间围绕知识产权保护的论争与指责旷日持久。在多边贸易谈判中，知识产权也是展现南北国家之间清晰分野的领域。②但值得注意的是，某些知识产权细分领域并不能简单区分为"南北矛盾"，如地理标志保护方面的国际矛盾和分歧主要存在于美国与欧盟之间，而非南北世界的对立。另一方面，"中西对立"不可为。如前文所述，由于对利益的现实追求，各国知识产权国际保护的立场会随着自身经济、技术实力的变化悄然发生改变。有学者提出，全球经济动态的变化和中国技术能力的提高可能导致角色转换，引发"翻转效

---

① 邵科：《跨界的视域：西方知识产权研究菁藻与东方观察》，《人大法律评论》2019 年第 2 期。

② Peter K. Yu, "Intellectual Property Negotiations, the BRICS Factor and the Changing North-South Debate", in R. Neuwirth et al., eds. *The BRICS-Lawyers' Guide to Global Cooperation*, Cambridge: Cambridge University Press, 2017, p. 123.

应",即中国在可预见的未来成为知识产权最大化保护制度的捍卫者,①其他新兴国家也完全有可能发生类似的情况。② 因此,中国在对外知识产权话语交流中有必要化解集体潜意识中的冲突性情结,加强换位思考。

(三) 倡导平等对话

在全球化时代,知识产权话语权力的失衡是规则的主导国家和被动遵循国家之间不平等的互动和协商的结果,主要表现为规则主导者的言说和被动遵循者的失语。

如前文所述,哈贝马斯话语民主理论给出了知识产权国际立法程序实现话语伦理的路径指引。哈贝马斯所倡导的民主商谈、交往理性和公共领域对于防止工具理性的膨胀,防止多数人的缺位,防止以金钱和权力为媒介的理性的经济系统和行政系统对作为文化再生产的生活世界的侵蚀,具有重要价值。哈贝马斯特别强调通过批判的公共性、自主的公共交往中开放的对话机制重建公共领域和交往理性,以民主的方式阻挡系统对生活世界的殖民式干预。③

在话语民主理论的指引下,多主体、多部门合作制度是实施知识产权全球治理的基本形式与有效机制,良法、善治的知识产权全球治理秩序必然是多元主体之间平等对话、协商的结果。中国参与知识产权国际体系的本质在于参与全球互动和集体决策,通过理性知识产权话语的推进来表达和实现国家利益。在此过程中,避免知识产权全球治理中一元化、威权式的权利保护单向度独白,倡导平等对话与协商合作必不可少。应当充分考虑各方关切,征求利益攸关方意见,使新的规制具有广泛代表性和充分合法性,反对知识霸权国的任性作为和单边主义;应当在理性务实、统筹兼顾中解决自身与他者的合理关注,增进共识,在规则博弈和对话谈判中寻求制衡与共赢,避免卷入抱怨和对抗的恶性循环,实现知识产权国际保护的话语伦理。

---

① Peter K. Yu,"The Rise and Decline of the Intellectual Property Powers", *Campbell Law Review*, Vol. 34, August 2012, p. 555.
② 欧盟地理标志资源丰富,将地理标志保护作为巩固特定农产品的声誉和市场根基、维持农产品出口数量与质量水平的利器,以及降低 WTO 框架下削减农业补贴、扩大市场准入承诺负面效应的政治和经济平衡器;而美国利益攸关在于扩大农产品的全球市场准入,地理标志保护被看作农产品准入方面的市场障碍。在地理标志国际保护方面,欧洲主张强化地理标志的义务模式,美国则推行强化商标的义务模式。参见杨静《自由贸易协定知识产权条款研究》,法律出版社 2013 年版,第 184 页。
③ 衣俊卿:《现代性的维度及其当代命运》,《中国社会科学》2004 年第 4 期。

三 中国知识产权国际秩序主张与行动模式

国际秩序的走向本质上是"世界向何处去"的命题,[1] 虽非一国之力所能左右,但国家的参与实践本身就是国际秩序变革的自变量,对秩序演进起着能动作用。中国对"公正合理"的知识产权国际保护的秩序主张,不应停留于口号,而必须转化为应对知识产权全球性问题的可执行方案和有效的行动。

艾肯伯里(G. John Ikenberry)和利姆(Darren J. Lim)提出了中国对待多边制度的五种行动模式,即维持现状的利益相关者(遵从国际制度的现有规则和实践)、追求权威的利益相关者(通过重新分配决策权以寻求更大的发言权)、制度性阻挠(改变、阻挠或遏制不受欢迎的规则、实践和规范)、外部创新(通过提供替代合作节点或者在制度内部推广替代规则/规范以建立新的制度)以及抵制(完全反对或不参与现有的制度安排)。[2] 借鉴贺凯和冯惠云将国际秩序分解为规范、权力以及规则三个层面的分析框架,[3] 将当前中国"公正合理"的知识产权国际秩序主张在规范层面、权力层面以及规则层面进行具体化,并对行动模式设计如下。

表 5-2　　中国知识产权国际秩序主张与行动模式

	秩序维度	类型化	秩序主张	行动模式	总体设计
空间:国际秩序变革 本土:建设知识产权强国 外部:美国对华战略遏制	规范层面	"国民待遇原则"等基本原则	维护	"维持现状的利益相关者"	中性化改进、建设性塑造
	权力层面	两个中心(WIPO和WTO)、美国主导、多种力量	平衡与合作	"追求权威的利益相关者"	
	规则层面	机制复合体	包容与有效	"追求权威的利益相关者"以及"外部创新"	

---

[1] 周桂银等:《中国与国际秩序笔谈:"观念与战略"》,《国际展望》2021年第1期。

[2] G. John Ikenberry, Darren J. Lim, "China's Emerging Institutional Statecraft: The Asian Infrastructure Investment Bank and the Prospects for Counter-hegemony", the Project on International Order and Strategy at Brookings, 2017, pp. 7-9.

[3] 贺凯、冯惠云:《中国崛起与国际秩序转型:一种类型化分析》,《当代亚太》2020年第3期。

国际秩序的规范层面是用以规范基础的组织原则，由决定参与者行为的基本规范和原则以及国际关系的基本博弈构成。"国民待遇原则""最低保护标准原则""最惠国待遇原则""优先权原则"等基本原则是当代知识产权国际秩序规范层面的内核。西方主流话语的强势支配造就了现行知识产权国际秩序的相对稳定性，并形成了强烈的路径依赖。"全球规则的改变不必推翻现有国际条约秩序，而是应当在20多年间由各国一同戮力、衔泥筑成的TRIPS平衡机制上继续前行。"[1] 从现实角度出发，中国应当作为"维持现状的利益相关者"，维护现行知识产权国际秩序的内核，践行知识产权国际保护规范层面的基石性制度。

国际秩序的权力层面是行为体实力对比所造就的叙述结构。现行知识产权国际秩序呈现出"两个中心（WIPO和WTO）、美国主导、多种力量（相关功能性国际组织、主权国家、利益集团、非政府组织和社会参与者）"的权力格局，在知识产权全球治理权力流散的背景下，中美博弈是知识产权国际机制中最重要的一组权力关系。鉴于大国崛起的力量性，在知识产权国际秩序的权力层面，中国应当作为"追求权威的利益相关者"，主张"平衡与合作"。一方面，倡导知识产权国际秩序权力格局的平衡性，支持、维护WTO与WIPO框架下多边协调机制的支配性地位，反对将单边主义和"小圈子"集团凌驾于知识产权多边主义国际体系之上，破坏多边体系权威性的做法。倡导多边体系下与国家实力相匹配的权力结构、多元主体参与的平等性以及话语的非支配性，推动新型多极化的、有别于"西方中心"以及"霸权稳定"模式的知识产权新型复合权力秩序的形成。另一方面，倡导知识产权国际秩序权力格局的合作，主张知识产权全球治理的合作共赢以及风险和冲突的管控。应当认识到，中美两国都在寻求"进步"与"增长"的政治经济学中注重强化知识产权保护，中美就知识产权保护问题并非完全对立，如在知识产权跨境执法、气候变化等领域知识产权方面有广阔的合作前景，可以通过合作供给相应的全球知识产权公共产品。

国际秩序的规则层面由国际机制和国际法等次要制度构成。现行知识产权国际秩序的规则层面主要呈现出全球性规则（WIPO条约体系、TRIPS协议和其他国际体制下的知识产权规则）以及区域、双边等小型体

---

[1] 邵科：《跨界的视域：西方知识产权研究菁藻与东方观察》，《人大法律评论》2019年第2期。

制下 TRIPS-plus 规则组成的机制复合体。规则是国家实现自身利益的战略手段，现阶段中国应当作为"追求权威的利益相关者"，主张知识产权国际规则的"包容与有效"。倡导规则秩序的包容性（发展导向与情境适应），要求知识产权国际保护关照、回应多元主体的发展利益诉求，主张发展中国家以及新兴经济体为实现技术追赶的自主创新政策的合法性。采取"外部创新"模式，对发展中国家具有优势，但目前仍处于"权利真空状态"的传统知识和遗传资源，设置"传统资源权"及其国际保护的规则体系，提供国际规则层面的公共产品。

第四节　中国知识产权国际保护话语推进的现实路径

"语言作为社会生活的一个基本要点，不仅可以映像真实的存在，更重要的是可以产生有意义的社会实践，把所说的内容变为人们认为是存在的东西。"[1] 综合国力的迅速上升改变了中国在全球的身份、地位与利益，观念、预期与行动。知识产权话语建构以成熟的理论基础和深厚的理论积淀为基础，还要在综合考虑内外部环境的前提下，思考知识产权话语建构的现实路径、空间与方式，以推动国际知识产权利益关系的合理调整以及话语权力、治理权威的重新分配。本书认为，中国知识产权话语的有效推进需要提炼内功（增强知识产权话语力），强化外功（提升国际知识产权话语权），内外协同，促进知识产权话语宣称与利益主张转化为国际社会能够接受的一般规则。

话语权不仅仅是一种权利，更是一种权力。在权利层面，表现为发言权与表达权；在权力层面，则体现为对公共事务的影响力与控制力。国际话语权是指在本国利益认知的基础上，对某个问题进行定义、评判、裁决等方面的主导权或控制权，意味着一种被共同认可的合法性的资格与软性权力。[2] 话语权本质上是一国在国际社会权力结构中的地位影响力的体现，是国家软实力的重要组成部分。本书认为，国际知识产权话语权是在现行国际政治经济权力格局与知识产权国际保护的体系框架下，一国

---

[1] 孙吉胜：《从话语危机到安全危机：机理与应对》，《国际安全研究》2020 年第 6 期。
[2] 李昕蕾：《国际政治中的国家学习机制与话语建构：中国能源安全观念的绿化及其对能源和气候外交的影响》，《复旦国际关系评论》2013 年第 1 期。

对知识产权国际事务、国际事件的定义权，对知识产权国际标准和规则的制定权以及对是非曲直的评议权、裁判权，是一国对知识产权国际保护的知情、表达和参与的权力运用，体现为知识产权国际保护的理念贡献能力、议程设置能力、政治操作能力以及舆论主控能力。表5-3是知识产权国际保护话语权的构成以及中国知识产权国际保护话语推进的现实路径。

表5-3　知识产权国际保护话语权的构成以及中国现实路径

	话语权体现	构成要素	中国的现实路径
知识产权国际保护话语权	定义权、制定权、评议权、裁判权	理念贡献能力	中国特色知识产权理论创新①
		议程设置能力	增强软硬实力
			建构话语议题
		政治操作能力	提高协调能力
			强化南南合作
			发挥民间力量
		舆论主控能力	提升话语质量
			借助话语场域
			拓展知识产权外交

话语权不是天然的禀赋，而是行为体角逐、争取、斗争的产物。知识产权国际话语权竞争的实质是国家利益的博弈。当代知识产权国际保护话语权分布呈现明显的"西强东弱"格局，西方主流话语支配着知识产权议题的设定、规则的制定和事件的判定。中国尚未拥有与自身实力相匹配的话语权，增强理念贡献能力、议程设置能力、政治操作能力以及舆论主控能力，充分运用组织与物质力量提升本国话语权，占有、支配话语渠道和资源，提高影响力势在必行。

一　议程设置层面

（一）增强软硬实力

增强知识产权软硬实力是强化外功、提升话语权的基石。硬实力构成话语权的物质基础，话语权同时又是软实力的体现。整体软硬实力的增强是提升中国知识产权话语权的有效举措。政治权力或社会权力是在物质优

---

① 本书第五章第二节分析了中国特色知识产权理论创新的必要性、出发点和切入点。

势和价值感召力的共同作用下转化成话语权力的。一方面，话语权与物质权力密切关联。批判的武器不能代替武器的批判，物质的力量只能由物质来摧毁。① 发展中国家要想在国际上获得平等的知识产权话语权，除了进行道德呼吁外，首要的是要发展技术，积极推进经济、社会、文化的发展与进步，增强综合国力，为促进与西方的平等对话奠定必要的物质基础。另一方面，有说服力的话语是规范性知识的聚合体。在物质基础之外，观念和文化的输出还需要具备理念与知识方面的优势，这样才会卓有成效。国际话语权的获取与各国在知识产权相关领域的实践和规范性知识的提炼、供给密切相关。本书认为，除了知识产权制度的持续完善之外，中国知识产权软硬实力的提升举措包括但不限于以下两个方面。

其一，大力发展知识产权密集型产业。近年来，以知识产权要素密集为表征的产业经济贡献引起了各国的普遍关注。2011—2013 年，知识产权密集型产业对欧盟经济产出的贡献率为 42%。② 2014 年，美国 81 个知识产权密集型产业创造产值 6.6 万亿美元，提供直接就业岗位 2790 万个，占全部就业岗位的 18.2%，对 GDP 的贡献率达 38.2%。③ 2019 年，美国知识产权活动占国内经济活动的 41%，知识产权密集型产业创造产值 6.6 万亿美元，提供直接就业岗位约 4720 万个，占美国总就业岗位的 33%，对 GDP 的贡献率达 36.4%。④ 知识产权密集型产业不仅能够带动一国的实体产业发展、促进经济进步，并能推动一国法律制度、产业政策的更新。中国大力发展以战略性新兴产业为代表的知识产权密集型产业，既能有力促进经济高质量转型，增强国家经济实力；又有助于获取知识产权产业发展方面的实践经验和知识性权力，从而有效促进中国知识产权软硬实力的提升。

其二，加强知识产权工作的顶层设计和治理能力。当下中国知识产权体制机制仍然附属于科技管理和市场监督等体制机制，缺乏整体性、自主性和主体意识。有必要继续探索国家治理现代化进程中的知识产权体制改革，一方面，升级目前依托于国家知识产权局的"国家知识产权战略实

---

① 阮建平：《话语权与国际秩序的建构》，《现代国际关系》2003 年第 5 期。
② Intellectual Property Rights Intensive Industries and Economic Performance in the European Union，http：//documents. epo. org/projects/babylon/eponet. nsf/0/419858BEA3CFDD08C1258056 0035B7-B0/ \$ File/ipr_intensive_industries_report_en. pdf.
③ 《知识产权密集型产业对美国经济的贡献》，2017 年 4 月 5 日，国家知识产权局网站，https：//www. cnipa. gov. cn/art/2017/4/5/art_1415_133054. html。
④ Andrew A. Toole，Richard D. Miller，Nicholas Rada，*Intellectual Property and the U. S. Economy*：*Third Edition*，USPTO Report，March 23，2022.

施工作部际联席会议"制度，强化顶层设计，提升国家知识产权战略的制定、整合与执行力，[①] 统一发出知识产权保护的中国强音；另一方面，继续优化知识产权行政管理体制，建设知识产权公共事务协调机制，进一步推动知识产权大司法体制的形成，以促进知识产权治理结构的平衡，提升国家知识产权现代化治理能力。

（二）建构话语议题

全球治理中的议题设置是指行为体将利益关切问题化，并使议题进入全球治理议程，促使国际社会予以关注并加以解决。"设置议题的作用不仅在于告诉受众注意什么，更重要的是告诉他们该考虑什么，即诱导他们从传媒的视角和立场观察、解释和评价世界。"[②] 全球治理议题设置的关键在于选定合适的议题，框定、强化、放大议题属性，增加议题显著性和议题关联度，凝聚其他行为体对议题的政治共识，汇聚政策预期。议题设定权随着行为体的影响力、执行力和国际地位的变化而消长。[③]

知识产权在当代的蓬勃发展显示出民族国家与资本力量愈益倾向于使用这一制度作为竞争战略的重心。[④] 随着知识产权问题的全球化、危机化和综合化，基于新兴国家迅速崛起、知识产权南北矛盾日益加剧、非政府组织对知识产权国际事务的深度参与等客观现实，现有知识产权国际架构内的力量对比发生了变化，知识产权国际议题设定权的分配也应当随之改变，以促进治理角色的多元化、合理化发展。应对知识产权国际秩序变动带来的契机与挑战，中国要积极参与知识产权的议题设置与法律规则标准制定，提升议题设定能力、话语输出能力和战略反制能力。

全球治理资源的有限性决定了在特定的时间和空间条件下，全球治理议题容量的有限性。作为发展中国家和新兴大国，成功设置议题是中国在知识产权全球治理中发挥主导性作用的前提。由于在硬实力和软实力的权力总量上并不占优，中国在知识产权全球议题设置中应更加务实。注重议题的领域性、框定恰当的议题属性、建立议题联盟、联合非政府组织将有助于提高全球议题设置成功的可能性。[⑤] 由于软硬实力的总量给定，中国

[①] 易继明：《国家治理现代化进程中的知识产权体制改革》，《法商研究》2017年第1期。
[②] 戴元光：《传播学研究理论与方法》，复旦大学出版社2003年版，第47页。
[③] 赵隆：《全球治理中的议题设定：要素互动与模式适应》，《国际关系研究》2013年第4期。
[④] 余盛峰：《知识产权全球化：现代转向与法理反思》，《政法论坛》2014年第6期。
[⑤] 唐纲：《中等强国参与全球治理研究——议程设置的视角》，博士学位论文，上海外国语大学，2012年。

可以选择不需要投入大量资源而又属于全球普遍关注或新兴经济体利益关切的议题，如"应对全球公共健康危机的知识产权合作""气候变化中的知识产权问题""清洁能源技术跨境协同创新中的知识产权问题""国际科技合作中的知识产权保护和管理""知识产权跨国犯罪刑事司法协助"等次级议题；可以采取下列举措：框定知识产权议题的人权属性、发展属性、伦理属性、公共政策属性，强调议题中蕴含的普世性价值，对持反对态度的国家施加舆论和道义压力；进行大范围的议题动员，与其他国家和相关的非政府组织建立议题联盟，弥补力量的不足，获取更广泛的国际力量和知识性权力的支持；借助国际组织特别是非政府组织和跨国倡议网络的力量，降低知识产权议题的政治敏感性，争取更多的市民社会力量的投入。此外，创建知识产权国际机制下新的议事规则、选择合适的议程进入渠道也有助于议题的成功设置。

二　政治操作层面

（一）提高协调能力

提高参与知识产权全球治理的整体合作能力是提升中国话语权的有效路径。对国际组织的影响和掌控是大国力量的重要组成部分以及国际地位的重要标志。在知识产权国际保护领域，WTO、WIPO 等国际组织为成员之间就知识产权保护的效力、权属、范围、维护及行使提供了磋商场所，并发挥着监督管理各成员知识产权义务实施情况的职能，WTO 还提供了成员间争端解决机制。少数发达国家长期掌控 WTO、WIPO 等重要国际组织，压制发展中国家。中国应当重视在 WTO、WIPO 等组织中的知识产权事务协调能力的提升，主动谋求话语权。

在 WIPO 体系中，随着 WIPO 成为联合国专门机构，发展中成员数量的增加，原本占主导地位、与 WIPO 原始功能实质高度一致的发达国家力量受到遏制。以"发展议程"的提出和制度性确认为标志，由于组织自主意志及其与国际社会其他主体间博弈的共同作用，WIPO 功能产生异化，功能实质由私权定位异化为公权定位，而功能实现路径则由公法路径异化为兼具公私法的路径。[①] 对中国而言，积极应对此种功能异化，改善在知识产权利益博弈中长期以来疲于应对的被动局面，更显紧迫。中国应当明确本国在两大体系，即世界贸易组织 TRIPS 协议体系与 WIPO 体系中的具体定位，兼顾"知识产权大国"与"发展中国家"的立场，主动在

---

① 于文婕：《世界知识产权组织的功能异化与中国定位》，《知识产权》2014 年第 12 期。

知识产权全球治理体系中承担应有的国际责任，积极推进 WIPO "发展议程"的完善和充分实施，赢取话语权。2014 年 7 月，WIPO 中国办事处正式在北京启用，这是中国在 WIPO 地位上升的象征和标志。2017 年 5 月，国家知识产权局和 WIPO 签署《加强"一带一路"知识产权合作协议》，有利于双方围绕"一带一路"建设开展全面深入合作，促进"一带一路"沿线国家和地区知识产权发展。

WTO 机制下，中国同样应当积极参与、充分利用 WTO 知识产权议事平台，维护和实现国家利益。TRIPS 协议的缔结，使 WTO 得以深度介入知识产权保护问题，进而在 WIPO 之外形成了一套独立、崭新的知识产权国际保护体制，并一度有取代 WIPO 成为知识产权全球治理核心机构的态势。基于成员驱动的本质，在 WTO 博弈制度安排下，协商一致的决策方式，意味着成员只有参与 WTO 的各项决策，才能有效表达自己的关切并维护自己的利益。所谓"互利共赢"常常是发达国家成员获利多、发展中国家成员付出多的"共赢"，并非实质意义上的对等。中国无疑应当在 WTO 知识产权多边博弈中担当建设性角色，使本国的立场和观点在其中得到反映和尊重。

值得注意的是，自 TRIPS 协议谈判、实施以来，WIPO 与 WTO 之间始终存在知识产权治理功能的冲突、重叠与交叉的动态博弈关系。除了 WIPO 与 WTO 治下的知识产权国际机制外，目前，包括世界卫生组织、国际标准化组织、国际海关组织、国际刑警组织、绿色和平组织、世界粮农组织、国际电信联盟、万国邮联、国际商会等专业性国际组织都开始关注知识产权问题，并就本组织管辖议题所涉及的知识产权问题制订标准和规则，参与知识产权全球治理活动。FTA 也已成为各国力量角逐、利益博弈、扩大影响、传播知识产权规范与价值观的重要平台。发达国家及知识产权利益集团通过体制转换和论坛选择，在 WIPO 与 WTO 之间，以及多边、区域、双边体制之间钟摆式循环往复，通过知识产权规则创新，主导新规则的制定。国际体制在立法方法（是谈判硬法条约还是设定软法标准）、监控和争端解决机制（是要求国家将争端提交国际法庭还是通过自愿提交程序）、制度文化（是对政府间组织官员进行更多的还是较少的授权来推进特定目标）以及对外部影响的渗透性（是国家主体才有参与资格还是 NGO 也能参与）等方面存在诸多差异。这些不同的制度特色为国家和非国家参与提供了丰富的产生反体制标准的舞台，因此，体制转换是强大和弱小的行为体都能玩的游戏。① 中国同样可以实行体制转换策略，增强在不同国际组织、不同体制下的知识产权协调能力，探索建立知识产权合作的新体例与新模式；并利用"一带一路"的区域经济合作契机，影响知识产权相关标准与规则的制定，提升知识产权影响力和话语权。

(二) 强化南南合作

后 TRIPS 时代，发展中国家在国际知识产权领域的南南合作可谓成绩斐然。通过在世界卫生组织、联合国粮食及农业组织以及联合国人权体制下团结一致、采取集体行动，在公共健康、遗传资源和人权等领域取得了抑制知识产权过度扩张的积极成果；南南合作在影响《海关统一知识产权执法的临时标准》（SECURE）谈判进程方面也发挥了关键作用——发展中国家通过及时干预和有效协调，阻止了在 2008 年 6 月世界海关组织理事会期间仓促通过 SECURE 草案，2008 年 12 月在阿根廷举行的 WCO 政策委员会上取得了中止 SECURE 工作组任务的重要成果，从而一举扭转了发达成员企图在世界海关组织推行严重超 TRIPS 协议新标准的危险局面。② 面对"富国俱乐部"的话语霸权对知识产权国际组织的支配与主导，中国需要有效地整合集团力量，积极主动与发展中成员协调立场，努力与发展中国家共进退，协同发挥硬实力，共谋话语权。

在多极化向前推进的全球格局中，中国应当强化与发展中国家的磋商和协调，强化南南合作，推动知识产权全球治理结构变革。南南合作并不仅限于在国际机制、国际论坛中的齐发声、共进退，还包括制度层面的立法交流与信息共享。例如，研究如何全面和有效地利用多边条约中的灵活性条款和政策空间促进发展中国家技术和经济发展，以及产业层面的技术合作、知识与技术的共享。中国可以以知识产权南南合作为导引和先行，推动国内知识产权密集型产业"走出去"，既促进自身的技术研发、产业

---

① Laurence R. Helfer, "Regime Shifting: The TRIPs Agreement and New Dynamics of International Intellectual Property Lawmaking", *The Yale Journal of International Law*, Vol. 29, No. 13, January 2004, p. 17.

② 作为一个相对较小的国际组织，世界海关组织被发达国家挑选为绕过 WTO 推进超 TRIPS 协议知识产权标准的场所。2007 年 2 月，发达成员在世界海关组织发起了 SECURE 项目谈判，该临时标准"知识产权立法和实施制度发展"一节提出了知识产权实施的 12 条标准，在主题、范围、保护措施、处置方法和成员国权利与义务等方面均背离 TRIPS 协议。一旦通过并实施，SECURE 将损害发展中国家的经济增长，其影响包括两个层面：一是增加海关部门的执法义务，加大知识产权实施成本；二是面临新的贸易壁垒，使企业的经营前景面临更大的不确定性。参见李轩《世界海关组织〈关于海关统一知识产权执法的临时标准〉（SECURE）：一项严重超 TRIPS 标准的知识产权实施动议之流产的启示》，南方中心研究论文第 19 号，2008 年。

升级，也有助于推进深度交融的经贸技术合作，形成认知共同体，为南方国家统一认识、协调立场、赢取国际知识产权话语权奠定基础。

应当看到，随着国际政治经济形势的变化，在发展中国家阵营内部，各国之间经济发展不平衡的问题日益突出，发展水平级差客观存在，不同国家对知识产权问题有着各异的利益诉求和并不协调一致的立场、看法。正如一些学者所述："某些知识产权问题不仅没有能够让发展中国家团结起来，反而使他们出现了分裂。"① 此种情形给发达国家实施"分而治之，各个击破"（divide and conquer）策略，分化发展中国家整体阵营提供了机会。当中国硬实力的运用确实无法得到更多的发展中国家策应时，可以在求同存异的基础上，联合利益相近的其他新兴国家，组成议题联盟，实现紧密的对话合作，共同影响知识产权国际法律进程，催生更加合理的知识产权国际新规则。

（三）发挥民间力量

如约瑟夫·奈所述，"最好的交流者不是政府，而是私人和非政府组织同其他国家交往，是私人之间面对面的交流（即距离为三英尺的交流）"。② 在官方力量和正式渠道之外，中国知识产权话语的推进还需要重视市民社会的民间力量和民意渠道，促进话语传播的多样化和多渠道发展。

当下知识产权全球治理的一个突出特点是非政府组织的积极参与和深度介入。与主权国家相比，非政府组织（NGO）没有任何强权机构和强制手段，从其成立宗旨到活动形式均呈现出一种"柔性"状态，从而强化了 NGO 的号召力和影响力。在信息传递方面，NGO 发布的内容虽然不像政府和媒体那样及时、连续、具有确定性，但正是由于其偶然性、随机性和不确定性，才让受众觉得更真实，从而更容易被认可和接受。2005 年在中国香港举行的 WTO 第六次部长级会议中，分别有 3 个中国非政府组织以及国际非政府组织在华分支机构参加了此次会议，这是中国本土非政府组织在 WTO 部长级会议上的首次亮相。NGO 与中国政府、媒体及企业一道，共同发布立场、诠释观点，向国际社会展示中国的知识产权实践，加深了国际社会对中国知识产权现实状况的了解。在知识产权国际交流中，知识产权 NGO 也能以其灵活、柔性的优势延伸和补充政府对外工

---

① Peter Drahos, "Developing Countries and International Intellectual Property Standard-Setting", *Journal of World Intellectual Property*, Vol. 5, No. 5, November 2005, p. 782.

② Joseph S. Nye, "Soft Power and American Foreign Policy", *Political Science Quarterly*, Vol. 119, No. 2, Summer 2004, p. 267.

作。以中国知识产权研究会为例，通过定期进行知识产权学术交流、开放学术交流平台、与国外知识产权 NGO 签署合作协议、举办有影响力的高层国际论坛等方式，不断拓展知识产权国际交流合作力度，促进政府间的知识产权合作发展，为政府知识产权外交工作提供了有益的补充和支撑。2015 年国务院《关于新形势下加快知识产权强国建设的若干意见》（国发〔2015〕71 号）提出，"拓宽知识产权公共外交渠道，拓宽企业参与国际和区域性知识产权规则制订途径，推动国内服务机构、产业联盟等加强与国外相关组织的合作交流"，明确了非政府组织参与知识产权外交事务的地位和作用，也有助于为之提供渠道和便利。

总之，注重发挥民间力量将有利于形成官方与社会力量"两条腿"走路的话语机制，使中国知识产权话语以亲民的方式，潜移默化地将本国的知识产权立场和作为传递给国际社会，从而有效提升国家知识产权形象。

三 舆论主控层面

（一）提升话语质量

我们应当明确，西方主流知识产权话语是一种选择性话语，其背后有明显的政治价值观和国家利益考量，知识产权问题的严重性、非道德性和紧迫性在很大程度上经由西方话语建构而来。因此，在与西方国家的知识产权话语交锋中，中国应当摆脱附着于知识产权问题上的沉重的道义负担，走出与知识霸权国话语互动的"指责—否认"与"指责—申辩"模式，着眼于提升话语质量，有理有据地进行话语的生产、应对和推进。

1. 以人类命运共同体理念为指导

中国政府正在积极推行有中国特色的大国外交，提出了一系列顺应世界发展潮流、有感召力的话语和理念，包括"构建人类命运共同体""共商、共建、共享""开放、包容、普惠、平衡、共赢""正确义利观""亲诚惠容"等新理念和新话语，这些理念和话语初步形成了有中国特色的全球治理话语体系，受到国际社会的关注、接纳和认同。知识产权全球治理是中国参与全球治理的重要组成部分，全球治理理念与知识产权治理理念二者是普遍与特殊、总体与局域的关系。[①] "人类命运共同体"为全球治理提供了"中国方案"，能够建构知识产权国际保护领域自我与他者

[①] 徐元：《中国参与知识产权全球治理的立场与对策》，《国际经济法学刊》2018 年第 4 期。

相关联的叙事,并提供知识产权国际秩序的发展、使命以及未来走向的特定想象。中国知识产权话语应当遵循国家全球治理理念,并以前者为指导,结合知识产权国际保护秩序变革的情势和语境,提出核心概念、框定议题,控制议程,进行有效的话语实践。

2. 提出中国特色知识产权话语主张

顺应知识产权全球化的语境,因应创新型国家建设的内生需求,中国宜提出明确、具体的关于知识产权全球治理思路与主张的本土话语。长期以来,对于并不合理的知识产权国际保护秩序,包括中国在内的发展中国家反复强调"公平""正义""利益平衡"等核心词,但由于缺乏翔实、有针对性、实质性的解决方案,上述措辞淡化为空洞的言辞,甚至被发达国家当作发展中国家避免承担知识产权保护义务的托词。观察气候外交领域,中国"共同但有区别责任原则"话语的提出,反映了发展中国家整合经济发展与环境治理的关切,为公平分配全球环境治理的责任和义务赢取了话语权,有助于发展中国家正当要求和权益的实现,也提高了中国在国际气候变化谈判中的地位,使中国成为气候领域国际机制主导规范的确立者。效仿气候领域的中国话语,在知识产权领域,中国同样可以就知识产权国际保护秩序的改良、完善提出有说服力和明确逻辑主线的话语,以及实质性的建设方案,为知识产权全球治理义务的承担和利益的分配设置一种语境,框定基本原则。本书认为,中国可以考虑如下面向的知识产权话语。

(1)"发展"话语

"发展"话语是进行社会动员、形成发展目标和发展路径的重要思想资源,新发展知识能够回应中国等发展中国家如何在既定的世界秩序中动员自有资源、整合外部力量、探索发展路径,从而进一步重塑国际发展秩序的问题。[1] 知识产权领域可以运用新发展观,把知识产权问题界定为发展问题,强调知识产权保护不是一种脱离历史条件和发展阶段的抽象的公平正义,任何国家的知识产权保护都具有阶段性的发展特征和保护需求,都需要历史地看问题;[2] 强调知识产权全球治理不能以阻止或牺牲发展中国家的发展为代价。

---

[1] 徐秀丽、李小云:《发展知识:全球秩序形成与重塑中的隐形线索》,《文化纵横》2020年第1期。

[2] 孔祥俊:《我国知识产权保护的反思与展望——基于制度和理念的若干思考》,《知识产权》2018年第9期。

（2）"命运共同体"话语

"命运共同体"话语可摆脱政治制度差异，超越意识形态分歧，推进全球文明交流与互鉴。[1] 在知识产权领域推进"命运共同体"话语，开展全球知识治理合作，是对人类命运共同体理念的细化、落实和升华。在全球治理中，民族主义即民族国家的自私本质从未被彻底驯服，[2] 知识产权全球治理充斥着霸权国家利益和集团的操控话语和自利行为。"命运共同体"话语强调知识产权全球治理要拒斥霸权国的宰制，传递顾及、尊重、关切他者利益的主张，分享一国利益的实现有赖于国家之间知识生产与利用的相关关系的理念，从而自然引出对人类社会知识产权共同利益的想象，完成风月同天、文明互鉴、知识共享的逻辑建构。"命运共同体"话语能够体现中国参与知识产权全球治理的境界、气度和胸怀，更好地激发受众的情感认同。

（3）"二元均衡"话语

强调知识产权的全球治理应当促成知识产权静态保护与知识产权动态利用的共治与平衡，强调公共利益保护、公共健康维护、技术转让与传播、知识共享与利用。主张知识产权治理不应仅局限于权利人财产保护层面，"二元均衡"应当成为评判知识产权制度正当性的标准和知识产权方法论的重要内容，从而与关注私权保护的西方话语相对垒，纠正仅注重私权保护的偏颇。

（4）"本土化"话语

以意识形态的多元主义为理论基础，"知识产权本土化"强调知识产权保护标准和强度与本国发展阶段的适应性，强调重视知识产权霸权主义的负面效应，强调知识产权理论研究与实践探索的独立性。本土化并不等于拒绝参与契约精神基础上的知识产权的国际化，而是反对知识产权发展与变革过程中，如国际化进程的霸权主义行径。

（5）"生态权"话语

"生态权"是建立在文化多元主义基础上的概念，不同于以洛克财产权劳动学说为基础的知识财产权理念，"生态权"话语强调在原住民非物质文化遗产的保护方面，不以确认财产所有权为皈依，不以所谓的充分开发和利益的合理分享为终极目的，而是以保存、维护文化形态和生存方式

---

[1] 汪少华、张晶：《后疫情时代提升"人类命运共同体"全球塑造力的话语路径》，《光明日报》（理论版）2020 年 7 月 4 日。

[2] ［德］汉斯·乌尔里希·维勒：《民族主义：历史、形式、后果》，赵宏译，中国法制出版社 2013 年版，第 169 页。

多样性为宗旨,① 为其自我生存和发展创造积极的条件。

3. 提升知识产权话语的说服力与影响力

中国应当提升知识产权话语的可信度和说服力,在既往的外交运作中,中国在争取国际话语权时面临的最大尴尬是"中国声音"的国际公信力不强。个中原因错综复杂,但话语质量不高、话语结构单一、模式固定僵硬是陷入自说自话困境的重要原因。由此可见,提升知识产权话语效能必不可少。

在话语可信度层面,可以应用国际公认的社会、文化、经济以及政治等方面的指标,采用科学方法和学术话语客观评价知识产权国际保护现实和潜在的影响,加强对知识产权高标准保护的定量研究评估,取代一些措辞模糊、非技术性而偏激的指责和抱怨。可以在二元制的叙事框架下建构中国知识产权话语:一是时间的二元叙事,即介于"当下自我"与"往昔自我"之间,知识产权实践今昔对比的叙事;二是空间的二元叙事,即介于"自我"与"他者"之间,知识产权利益认同与共赢期待的叙事。基于此两种二元叙事框架的运用,实现有可信度的中国知识产权话语与主张的符号化建构过程。

在话语说服力层面,可以采用恰当的修辞、隐喻、叙事手法,结合历史与现实,从"建构"与"解构"两个平行、独立、关联的层面推进知识产权话语。"建构"即树立新形象、确立新观念,"解构"即打破旧印象、突破旧理念。以"你穷,是因为你没有强的知识产权保护""盗用知识财产与恐怖主义无异"等知识产权原教旨主义话语为例,可以解构其中所蕴含的"先进—落后""正义—邪恶"之简单划分及二元对立思维,指出其狭隘性,破除其话语权威。在此基础上,提出多元属性是事物存在的本质特征和进步的基础,建构"知识产权保护的情境性与共生性"话语,推进、传播中国知识产权主张。

总之,遵循传播规律和认知规律,避免抽象的说教,采用适宜的叙事框架、形象的语言和国际化的表达把中国知识产权理念与主张、努力与成就有效传递至国际社会,形成一种生产性的建构力量。

(二) 借助话语场域

话语的传播需要借助一定的话语场域,使一国或少数国家的局部认同逐步延伸并渗透为国际社会的群体性认同。话语场域可以分为正式的话语平台和非正式的公共领域。

---

① 李扬:《知识产权霸权主义与本土化应对》,《法商研究》2005年第5期。

话语平台是行为体借以进行话语表达并影响话语对象的载体、渠道或方式。良好的话语输出效果难以经由恐吓、暴力和军事等强制手段达成，通常是在一定的话语平台层面，借由一定的媒介渠道，采用策略的方式加以获得。话语平台决定了反映行为体主观意识的话语表达和规则运用模式，限定了特定制度安排下言说的主体、内容、方式与时空等。在现行知识产权国际体制下，中国可以借助多层次的话语平台来传递话语理念，进行意义争夺，积聚挑战主流知识产权话语支配地位的舆论资本和支持力量。目前，中国可以利用的话语平台包括多边（如 WTO、WIPO、WHO 等国际组织的各种论坛）、区域（如"一带一路"区域新型合作机制、金砖国家合作机制、上海合作组织等）、双边层面（如双边 FTA 谈判、中美知识产权峰会等），此外，还包括一些高层次的国际学术会议、正式的期刊出版物等话语平台。

在正式的话语平台之外，以互联网为代表的公共领域在知识产权立法论证、制度建设与政策制定中发挥着重要作用。中国知识产权话语的建构与传播应当注重利用公共领域这一重要的，将话题集中、放大和突出的非正式话语场域，如加强智库建设，发挥专家学者的学术引导作用；利用互联网、自媒体等新媒介。作为一种共振板和传感器，在非实体空间的公共领域，沟通之流以一定的方式酝酿、过滤与综合特定议题，集束形成公共意见或公共舆论。值得注意的是，知识产权国际保护领域正经历着哈贝马斯所述的"公共领域的再封建化"这一现实尴尬，众多国际媒体已经沦为知识产权利益集团金钱与权力的俘获对象，商业公关无孔不入，干预公共理性的形成。知识产权国际机构设定的诸多权限规则限制了公众进入公共领域的自由。在此种情况下，可以开辟广告、影像、图书等媒介话语渠道，使知识产权话语策略与文化认同、文化消费有效地重合在一起，在西方主流媒介话语之外构建替代性的公共领域以传递中国知识产权声音与理念。

(三) 拓展知识产权外交

当前国际政治经济环境越趋复杂，知识产权日益成为一国的对外贸易政策工具以及外交谈判和政治斗争的手段。在中国经济不断崛起的时代背景下，以美国为首的西方国家对中国知识产权问题异常敏感，对此加以突出强调并政治化，"知识产权侵权大国"成为西方对中国加贴的身份标签。面对不利的外部环境，中国迫切需要在思想、观念和认知上变被动应对为主动作为，确定中国知识产权外交的指导思想、认知要素和观念体系，改变将知识产权作为交换筹码的惯性思维，将知识产权作为独立领域开展外交活动；在新时代中国特色大国外交思想理论体系指导下，坚持合作共赢，拓展外交空间，以"大国心态"和"积极的国际主义心态"应对知识产权国际事务，强化本国话语的认知有效性，推广知识创新、塑造国家形象、提升国际影响力，以赢取国际知识产权话语权。

知识产权外交是主权国家元首、政府首脑、政府各个部门的官员以及专门的外交机构，围绕知识产权问题开展的访问、谈判、签订条约、参加国际会议和国际组织等对外交往的活动。作为国家整体外交的重要组成部分，知识产权外交要围绕中国整体外交的目标开展，为国家整体利益服务。知识产权外交具有经济性、政治性、技术性和层次性，有两种表现形式：其一是指国家为实现知识产权目标而进行的外交活动，即以外交为手段为国家谋求知识产权方面的利益，如通过加入国际组织和对外交往，引进技术、设备和设施，扩大知识产权人才的交流，保护本国优势产业等；其二是国家为实现外交目标（在政治上或军事上提高本国的国际地位等）而进行的知识产权活动，即以知识产权为手段为国家谋求对外关系上的利益，如通过向其他国家提供知识产权援助以提高本国的国际地位、扩大在国际问题上的发言权等。

传统的公共外交多强调"走出去"，带有明显的宣传色彩和形象营销。在知识产权领域，中国国家形象的建构则应着重强调基于自觉的身份识别与声誉积累，通过隐性的、静态的、对话式的形象建构机制向国际社会传递正面、积极的国家形象。由于公共场域中积累的信任与声誉可以无缝转化为专业场域中权力扩张的象征资本，[①] 得到普遍认可的正面国家形象又能够以一种复式的、匿名的、生产性的政治资本方式直接作用于知识产权国际政治场域的对话与博弈过程，提升中国话语权。这正是当下多元范式和场域重叠生态下，知识产权外交所潜藏的多元共赢现象。

在具体事务层面，中国当下的知识产权外交可以着眼于拓宽国际合作领域，参与《外观设计法条约》《专利合作条约》《实体专利法条约》协调以及中美欧日韩五大知识产权（专利）局专利协调等国际规则磋商与谈判；做好中日韩FTA知识产权议题的谈判；开展针对主要国家和贸易伙伴知识产权制度与政策的研究；加强知识产权对外信息交流与国际合作；鼓励开展地方知识产权外事活动。在话语层面，中国知识产权外交话语应当更加主动和及时。例如，在多边谈判会议前公布基本目标和立场、

---

① 刘涛：《环境传播：话语、修辞与政治》，北京大学出版社2011年版，第284页。

定期发布知识产权白皮书、举行新闻发布会和边会，提高知识产权外交话语的主动性和时效性。同时，进一步细化、具体化知识产权外交话语，增加信息量，对于西方的质疑、歪曲和猜忌，给予及时、专业、务实的回应或反驳，维护、提升国家知识产权形象。

第五节　案例研究：《马拉喀什条约》缔结中的中国话语策略[①]

一　《马拉喀什条约》缔结背景

根据世界卫生组织提供的资料，全球视障者人数约有 2.85 亿人，其中 3900 万人双目失明，90% 的视障者生活在发展中国家。[②] 视力障碍者的信息获取能力有限，向视障者提供适合其信息接收特点的、专门制作的作品版本，即"无障碍格式版"，包括盲文版、大字号版以及有声版本等是帮助视障者获取信息、接受教育、参与文化生活的重要手段。然而，版权保护限制了无障碍格式版本的制作和传播，造成全球普遍存在的视障者的"书荒"问题。

为了解决这一问题，2013 年 6 月 WIPO 在摩洛哥马拉喀什缔结了《关于为盲人、视力障碍者和其他印刷品阅读障碍者获得已出版作品提供便利的马拉喀什条约》（以下简称《马拉喀什条约》）。与以往的 WIPO 版权条约致力于提升保护水平、扩张权利范围不同，《马拉喀什条约》设定了缔约方规定版权的"限制与例外"的义务，旨在推动作品无障碍格式版跨境交换，建立无障碍格式版制作、提供、交换的中介机制，保障视力障碍者和其他印刷品阅读障碍者获取信息、欣赏作品、接受教育权利的实现。《马拉喀什条约》有助于缓解全球数亿视障者所面临的"书荒"问题，其缔结有重要的历史性意义，被认为是全球版权领域的首个人权条约。2016 年 9 月，为纪念《马拉喀什条约》生效，WIPO 组织活动，把音频格式的无障碍图书从加拿大盲人协会转让到澳大利亚视障者协会，使澳大利亚视障者协会不必重新制作无障碍书籍，每本书节省了 2000 美元左

[①] 本部分内容的写作得益于与华东政法大学王迁教授的邮件交流。王迁教授作为中国代表团成员，参加了《视听表演背景条约》《马拉喀什条约》等条约的外交会议，并但任起草委员会委员，特此鸣谢！

[②] WHO, "10 Facts about Blindness and Visual Impairment", http://www.who.int/mediacentre/factsheets/fs282/en/.

右的成本。

二　中国在《马拉喀什条约》缔结中的立场与话语策略

中国积极参与了《马拉喀什条约》的谈判。在谈判过程中，就例外与限制的范围、正常渠道的商业可获得性、三步测试法的适用方式以及直接向受益人发行等问题，发展中国家与发达国家之间分歧巨大，条款直接触及知识产品输出国视为经济命脉的版权产业利益。由于《马拉喀什条约》的立法本意有关照视障者利益、同情弱势群体的正义性导向，在知识产权国际秩序变动的背景下，中国顺势而为，联合其他发展中国家，采取得当的话语策略，最终促成了条约的达成。以《马拉喀什条约》的缔结为表征，知识产权国际法治出现了注重知识产品消费者利益，将公共利益至于首位的发展端倪。《马拉喀什条约》也是中国由知识产权国际规则的被动接受者到主动塑造者、建构者的积极尝试。

作为世界上最大的发展中国家，近年来中国在国际社会的地位不断上升，影响力不断加强，中国致力于提升知识产权国际制度层面的话语权与行动能力。同时，中国也是世界上视障者最多的国家之一，视障者总数达到1300万人。[①] 上述现实状况决定了中国参与《马拉喀什条约》谈判的话语立场和基本原则：最大限度争取有利于视障者的谈判结果。

在条约谈判中发达国家与发展中国家分歧巨大的情况下，中国采取了隐喻修辞策略以及"人权"话语表达，促使发达国家在一些关键问题上做出了让步。

就适用版权限制与例外的专有权利的争议，发展中国家要求对表演权、翻译权、改编权、邻接权等专有权利规定限制与例外。发达国家则认为，条约制定的目的是使视障者与视力正常人享有同等的机会与权利，如果专门为视障者规定部分版权的例外与限制，会形成事实上的视障者与视力正常者之间的权利"不平等"，违反"机会均等"原则，[②] 因此反对对上述权利规定限制与例外。对此，中国代表团以"上海世博会热门场馆为坐轮椅的残疾人设置快速通道"的隐喻，[③] 传递了给予弱势群体优惠待遇的价值观与意识形态。实际上，《联合国残疾人权利公约》确立了残疾

[①] 《中国视障群体过千万，国内互联网无障碍水平待提高》，《中国青年报》2016年7月12日。
[②] WIPO, Doc. SCCR/SS/GE/2/13/3 Prov., Draft Report, p. 26, 29.
[③] 王迁：《论〈马拉喀什条约〉及对我国著作权立法的影响》，《法学》2013年第10期。

人人权保护的"有差别的平等原则",明确规定由于身体或官能上的缺陷可以得到特别对待。中国代表团的这一话语隐喻形象地说明了赋予视障者的差别待遇是手段,是为了促进视障者与正常人获得平等的机会和社会生活环境的必要手段,也符合《联合国残疾人权利公约》的规定。话语的政治性、权力性和建构性影响人们对"现实"的理解,隐喻作为一种话语策略,可以影响思维、重塑态度,甚至帮助重组现实,因此也被认为是"政治行动的许可证"。① 隐喻修辞策略的得当采用化抽象为具体,引导谈判各方感知、理解"平等"一词的含义,使中国代表团的主张获得了与会国家代表的广泛认同,最终说服发达国家对能够适用版权限制与例外的专有权利做出了让步。②

在条约有关规避技术措施条款方面,中国代表团策略性选择词汇,通过"人权"话语表达为发展中国家争取到有利的结果。在《马拉喀什条约》谈判的外交会议上,美国和欧盟出于维护版权产业集团商业利益的需要,担心技术保护措施的削弱会导致盗版泛滥,要求采用《视听表演北京条约》有关技术措施的议定声明,即只有在受益人合法获取作品,而权利人不愿提供解密手段等原因时,才能允许规避技术措施。包括中国在内的发展中国家对此方案加以反对,认为其为规避技术措施设定的条件过于严格。

中国代表团以"人权"话语回应美国与欧盟的主张,指出《视听表演北京条约》的立法目的与《马拉喀什条约》完全不同。前者旨在加强对表演者的邻接权保护,设置较严格的规避技术措施的条件是与条约的主旨相吻合的;而《马拉喀什条约》具有人权条约的性质,是一部意在保护视障者的人权、对版权进行限制的条约,应当体现给予视障者这一弱势群体以特殊优惠待遇的人道主义精神。《马拉喀什条约》对技术措施的规制,是为了使视障者能够以较低的成本尽快获取作品的无障碍格式版,因此照搬《视听表演北京条约》的议定声明并不恰当。中国代表团的发言得到了其他发展中国家的积极响应,发达国家最终作出了较大让步,不再

---

① 翁青青:《气候外交话语中的隐喻和身份构建——以英国、加拿大、中国在历次气候大会上的发言为例》,《当代亚太》2013 年第 5 期。
② 发达国家不再反对规定对公开表演权的限制与例外,同意以"议定声明"的方式规定条约中能够适用版权限制与例外的"作品"范围,包括"有声书"等以声音形式表现的作品,同时允许在复制和提供以声音形式表现的作品时,对有关邻接权适用限制与例外,不再反对在将作品制成无障碍格式版时进行修改。参见王迁《论〈马拉喀什条约〉及对我国著作权立法的影响》,《法学》2013 年第 10 期。

坚持美国提案中以"有权合法获取作品"作为规避技术措施的前提条件，并将权利人自愿提供解密手段置于优先地位的苛刻条件。更有意义的是，《马拉喀什条约》为缔约方设定了防止技术措施妨碍受益人享受版权限制与例外的义务，第7条"关于技术措施的义务"明确规定，"缔约各方应在必要时采取适当措施确保在其为制止规避有效的技术措施而规定法律保护和有效的法律救济时，这种法律保护不妨碍受益人享受本条约规定的限制与例外"，从而确保条约规定的版权限制与例外条件不至于对无障碍格式版的制作带来较高的成本。

三 《马拉喀什条约》得以达成的话语条件与影响因素

《马拉喀什条约》的成功缔结得益于以中国为代表的发展中国家的积极参与、主动作为。与此同时，WIPO的主持与斡旋，非政府组织的介入与影响，议题联盟的形成等影响因素协同作用，促成了条约的签署。2022年5月5日该条约对中国生效。

其一，WIPO的主持与斡旋。为了协调成员国有关视障者阅读权利保障的相关立法进程，促进作品无障碍格式版本的跨境流动，WIPO主持了《马拉喀什条约》的缔结，自2004年起，WIPO版权及相关权常设委员会（SCCR）就开始研究在国际层面对版权法框架进行修改，为视障者和印刷品阅读障碍者统一某些版权豁免制度。发达国家是无障碍格式版本的生产出口国，发展中国家视障人数众多，主要是进口国，二者之间分歧巨大。虽然经过密集的谈判，但直到马拉喀什外交会议召开之前的最后一次WIPO版权及相关权常设委员会特别会议，与会国家就一些关键问题仍然未能达成共识。为了促进谈判取得实质性成果，WIPO在正常的SCCR会议之外，增加了两次SCCR特别会议和一次SCCR"闭会期间会议"，[1] 并居中斡旋，平衡成员国之间的多元冲突与利益博弈。

其二，非政府组织的介入与影响。非政府组织高度重视、直接参与《马拉喀什条约谈判》的相关工作，包括提出议题、参与讨论、进行连署等，起到了积极的推动与促进作用。为了确保全球范围内特别是发展中国家的视障者阅读、欣赏作品的平权，保障视障者平等、全面、有效地参与社会活动，开发、利用视障者的艺术、智力潜能，促进作品无障碍格式版本在各国之间的流动，并适应数字技术的发展，国际盲人联盟于2008年10月正式提出缔结一部以版权限制与例外为内容的国际条约，该项提议

---

[1] 王迁：《〈马拉喀什条约〉简介》，《中国版权》2013年第5期。

得到了包括中国在内的广大发展中国家的支持。在《马拉喀什条约》谈判过程中,包括美国盲人委员会(American Council of the Blind)、亚太广播联盟(Asia-Pacific Broadcasting Union)、欧洲难语症协会(European Dyslexia Association)在内的 64 个非政府组织以观察员身份参加了 SCCR 会议。[①] 针对发达国家的立场(没有必要制订一部具有强制拘束力的条约,可以通过鼓励出版商自愿向发展中国家的相关机构发放许可来满足发展中国家的视障者获得无障碍格式版作品的需求),同情发展中国家及视障者的非政府组织对此强烈反对,提出局部地域范围内的立法合作以及个案鼓励的方式并不能缓解全球范围内的视障者"书荒"问题;要求制订国际条约明确各国可以不经许可将外国作品制作成无障碍格式版向视障者提供,还要求以尽可能宽松的条件规定限制与例外,以免妨碍视障者方便、快捷地获取无障碍格式版作品。通过发出倡议,提供意见书,直接与政府、行业代表交流等举措,不断向发达国家施加舆论和道义上的压力,非政府组织的强烈呼吁最终产生了积极效果。

其三,议题联盟的形成。议题联盟是指国际行为体在某一跨国议题上存在利益相同或相近的情况,并据此自愿形成的一种合作形式。[②] 全球化背景下,各个国家行为体复合相互依赖,全球治理的任务日益庞杂繁重,而单一国家行为体的行为能力难免捉襟见肘,议题联盟成为各国参与全球治理的重要方式以及拓展国家力量的有效手段。议题联盟灵活性强,所需时间成本、行政成本和机会成本较低,参与者在相互信任的基础上协同行动,以同一个声音说话,有助于在复杂的利益博弈与实力较量中赢取有利结果。在《马拉喀什条约》谈判中,就面向教育、研究机构以及其他残疾人的限制和例外制度,埃及代表团提出《伯尔尼公约》第十条第 1 款和第 2 款规定了研究机构和教育机构对作品的合理使用,但是,许多发展中国家民众迫切需要以能够承受的价格获取必要的教育资源,在这方面,《伯尔尼公约》的条款难以适用,建议《马拉喀什条约》强化版权例外和限制制度。埃及代表团的这一提议得到了南非、肯尼亚、塞内加尔、尼日利亚、几内亚共和国、喀麦隆、赞比亚代表团的积极响应,纷纷明确表示支持埃及代表团。[③] 发展中国家通过抱团增加了谈判实力,群体性力量迫使发达国家最终做了让步。

---

① WIPO, Doc. SCCR/SS/GE/2/13/3 Prov., Draft Report, p. 5, 26.
② 王存刚:《议题联盟:新兴大国参与全球治理的新方式》,《中国社会科学报》2015 年 3 月 11 日 B3 版。
③ WIPO, Doc. SCCR/24/12., p. 34 – 40.

四 《马拉喀什条约》缔结的话语秩序意义

按照建构主义的观点,国际谈判是一个共有知识形成的过程,共有知识建构行为体的身份和利益,进而影响未来国际制度的安排与演进。[①] 在《马拉喀什条约》谈判中,以中国为代表的发展中国家采取得当的话语策略,建构、定义了关于视障者权益保护的社会现实(无障碍格式版远远不能满足视障者的需求)与共有知识(例如,对视障者给予优惠待遇符合人道主义理念,具有正当性);WIPO 的斡旋、非政府组织的介入、发展中国家议题联盟的结成等话语条件和影响因素协同作用,产生了溢出效应——促使发达国家在一些关键问题上做出了让步,发展中国家也予以灵活应对,最终促成谈判在规定时限内取得积极进展,顺利达成。世界知识产权组织时任总干事弗朗西斯·高锐评价《马拉喀什条约》是一个具有"历史意义的条约,将给视障者带来真正的福利。条约不仅是盲人、视障者和印刷品阅读障碍者的胜利,也是多边体系的胜利。国际社会以这部条约证明了其解决具体问题,找出协商一致的解决办法的能力。这是一项平衡的、兼顾了各方不同利益的条约"。[②]

本书认为,《马拉喀什条约》的缔结有如下话语秩序意义。

其一,知识产权国际秩序良法和善治的目标有望企及。晚近在版权保护总体扩张的态势下,《马拉喀什条约》是首个将公共利益置于首位,专门面向知识产品特定消费群体的国际条约,是对既往以私权保护为中心的知识产权立法范式的革新。长久以来,既有知识产权国际保护体系将注意力集中于大产业的利益以及私权的保护,而有意无意地忽视了分散个体、弱势群体的利益维护。《马拉喀什条约》的缔结有里程碑式的历史意义:在给全球数以亿计的视障者带来福祉的同时,更代表了知识产权国际政治的新动向——知识产权国际体系迈出了走向平衡的第一步。更重要的是,此种转向获得包括发展中国家、发达国家、政府间国际组织、非政府组织、权利人、部分知识产权产业集团、视障者在内的多重主体的广泛认同,昭示着未来知识产权国际保护秩序的发展方向。

其二,发展中国家积极的话语参与有助于知识产权国际法律制度实体规范以及程序设计方面的平衡。知识产权全球治理体系正处于深刻的变动

[①] [美]亚历山大·温特:《国际政治的社会理论》,秦亚青译,上海人民出版社 2014 年版,第 26 页。

[②] 《知识产权组织帮全球视障者解决"书荒"问题》,2013 年 7 月 2 日,行者物语网站,http://xz.tqiantu.com/article-5212-1.html。

与转型进程之中,对此,发达国家与发展中国家之间一直存在着难以调和的分歧。《马拉喀什条约》是中国由知识产权国际规则的参与者到建构者的积极尝试。中国从本国实际出发,明确了自身在国际知识产权体系中空间与地位的坐标,在条约谈判过程中,通过积极的话语参与,赢取了有利于视障者权益保护的谈判成果,显示了中国作为新兴国家和知识产权大国在知识产权国际体系中的影响力,也建构了知识产权规则形成的主动参与者、塑造者的身份形象,有利于中国今后在知识产权国际保护的建制与改制中发挥更加积极的作用。

结　语

20世纪中后期以降，全球化和知识经济所带来的分配方式与控制力的变迁令知识产权成为国际舞台及一国内部最具利益纷争与政治争议的命题，由强势集团按照自身的利益需求通过话语建构炮制而成的知识产权国际保护制度正处于"动荡"年代：公共健康、环境保护、人权维护、气候变化、技术创新、文化教育、贸易竞争等领域的各种话语型塑着国际与国内层面的知识产权相关立法与决策，参与主体复杂、利益取向多元，制度演化面临纷扰、复杂的环境。知识产权国际秩序也面临一系列重大挑战：一方面，传统的多边协调体系为各种小型体制下的知识产权区域主义所削弱、侵蚀和瓦解，规范多样化和碎片化的趋势愈加明显；另一方面，以人工智能为代表的新技术革命带来前所未有的挑战，不仅与既有的知识产权法律秩序形成冲突，甚至会颠覆人们业已形成的法律认知。

作为技术后发国家，中国知识产权制度设计与政策制定受制于包括国际公约普遍性管辖和知识霸权国单边施压在内的外部环境约束，解决中国自主创新问题的规范需求，与传统国际法律规范供给以及知识产权出口国的利益要价之间存在日益明显的张力。知识产权是中美经贸往来"战争"还是"和平"状态的关键决定因素，2018年以来愈演愈烈的中美经贸摩擦实质上是大国之间以知识产权为核心议题的关涉未来的创新经济主导权的争夺。美国以知识产权话语指涉为急先锋，对中国采取各种遏制打压手段，隐藏于其后的是整平场地、把控规则、重建秩序以维持自身竞争优势的诉求。中国亟须积极、深度参与知识产权全球治理，在知识产权理论创新的基础上实施相应的话语构造行动，发出中国声音以应对西方知识产权责难，传递中国理念以修正西方中心主义的知识产权国际立法倾向；促进治理权威的重新分配，谋求构建更加公正、合理的知识产权国际秩序。《马拉喀什条约》的成功缔结表明，发展中国家积极的话语参与有助于知识产权国际法律制度设计的平衡，也昭示着未来知识产权国际保护秩序的发展方向——良法和善治的目标有望企及。

主要参考文献

一　中文文献

［澳］彼得·达沃豪斯、［澳］约翰·布雷斯韦特：《信息封建主义》，刘雪涛译，知识产权出版社2005年版。

［澳］布拉德·谢尔曼、［英］莱昂内尔·本特利：《现代知识产权法的演进：英国的历程》，金海军译，北京大学出版社2006年版。

［澳］托马斯普拉蒂普·N. 托马斯、［澳］简·瑟韦斯：《亚洲知识产权与传播》，高蕊译，清华大学出版社2009年版。

［德］哈贝马斯：《在事实与规范之间》，童世骏译，生活·读书·新知三联书店2014年版。

［德］海德格尔：《在通向语言的途中》，孙周兴译，商务印书馆2005年版。

［德］沃尔克玛·金斯纳、［意］戴维·奈尔肯：《欧洲法律之路——欧洲法律社会学视角》，高鸿钧等译，清华大学出版社2010年版。

［德］乌尔里希·贝克：《风险社会：新的现代性之路》，张文杰、何博闻译，译林出版社2018年版。

［法］福柯：《惩罚与规训》，刘北成译，生活·读书·新知三联书店2019年版。

［美］丹·L. 伯克、［美］马克·A. 莱姆利：《专利危机与应对之道》，马宁、余俊译，中国政法大学出版社2013年版。

［美］佛兰克·I. 谢克特：《商标法的历史基础》，朱冬译，知识产权出版社2019年版。

［美］贾格迪什·巴格瓦蒂：《现代自由贸易》，雷薇译，中信出版社2003年版。

［美］罗伯特·考特、托马斯·尤伦：《法和经济学》，施少华、姜建强译，上海财经大学出版社2002年版。

［美］玛丽·安·格伦顿：《权利话语——穷途末路的政治言辞》，周威

译，北京大学出版社2006年版。

［美］玛莎·费丽莫：《国际社会中的国家利益》，袁正清译，浙江人民出版社2001年版。

［美］苏姗·K. 塞尔：《私权、公法：知识产权的全球化》，董刚译，中国人民大学出版社2008年版。

［美］约翰·M. 康利、［美］威廉·M. 欧巴尔：《法律、语言与权力》，程朝阳译，法律出版社2007年版。

［美］威廉·M. 兰德斯、［美］理查德·A. 波斯纳：《知识产权法的经济结构》，金海军译，北京大学出版社2005年版。

［美］熊玠：《无政府状态与世界秩序》，余逊达、张铁军译，浙江人民出版社2001年版。

［美］亚当·杰夫、［美］乔希·勒纳：《创新及其不满：专利体系对创新与进步的危害及对策》，罗建平、兰花译，中国人民大学出版社2007年版。

［美］亚历山大·温特：《国际政治的社会理论》，秦亚青译，上海人民出版社2000年版。

［美］约翰·米尔斯海默：《大国政治的悲剧》，王义桅、唐小松译，上海人民出版社2008年版。

［美］詹姆斯·G. 马奇：《决策是如何产生的》，王元歌、章爱民译，机械工业出版社2014年版。

［美］詹姆斯·M. 布坎南、［美］戈登·图洛克：《同意的计算》，陈光金译，上海人民出版社2017年版。

［英］诺曼·费尔克拉夫：《话语与社会变迁》，殷晓蓉译，华夏出版社2003年版。

陈拯：《建构主义国际规范演进研究述评》，《国际政治研究》2015年第1期。

董涛：《"中国特色知识产权理论体系"研究论纲》，《知识产权》2013年第5期。

董涛：《全球知识产权治理结构演进与变迁——后TRIPs时代国际知识产权格局的发展》，《中国软科学》2017年第12期。

杜颖：《知识产权国际保护制度的新发展及中国路径选择》，《法学家》2016年第3期。

鄂晓梅：《NGO和WTO：国际非政府组织对国际贸易规则的影响》，《武大国际法论》2010年第2期。

方江宁：《知识产权法基础理论研究方法论略》，《南京理工大学学报》（社会科学版）2014年第4期。

冯春海：《从"话语权"到"话语力"——全媒体语境下"政府传播能力建设"路径探寻》，《新闻爱好者》2019年第7期。

冯象：《知识产权的终结——"中国模式"之外的挑战》，李一达译，《文化纵横》2012年第3期。

冯晓青：《新时代中国特色知识产权法理思考》，《知识产权》2020年第4期。

冯晓青：《知识产权制度与技术创新之内在联系研究——以两者内在协同机制、模仿和知识产权保护强度为考察视角》，《时代法学》2013年第2期。

高柏：《对等开放：中国迈向发达国家的必由之路》，《文化纵横》2021年第1期。

高宣扬：《当代法国思想五十年》，中国人民大学出版社2005年版。

古祖雪：《从体制转换到体制协调：TRIPS的矫正之路——以发展中国家的视角》，《法学家》2012年第1期。

古祖雪：《后TRIPS时代的国际知识产权制度变革与国际关系的演变——以WTO多哈回合谈判为中心》，《中国社会科学》2007年第2期。

何华：《知识产权全球治理体系的功能危机与变革创新——基于知识产权国际规则体系的考察》，《政法论坛》2020年第3期。

何鹏：《知识产权立法的法理解释——从功利主义到实用主义》，《法制与社会发展》2019年第4期。

贺凯、冯惠云：《中国崛起与国际秩序转型：一种类型化分析》，《当代亚太》2020年第3期。

胡鞍钢、郑云峰、高宇宁：《对中美综合国力的评估（1990—2013年）》，《清华大学学报》2015年第1期。

胡波：《话语伦理视阈下的专利立法程序》，《法制与社会发展》2010年第4期。

胡波：《专利法的伦理基础》，博士学位论文，西南政法大学，2009年。

胡春阳：《传播的话语分析理论》，博士学位论文，复旦大学，2005年。

黄海峰：《知识产权的话语与现实——版权、专利与商标史论》，华中科技大学出版社2011年版。

黄平：《人类命运共同体为全球治理提供"中国方案"》，《红旗文稿》2019年第20期。

金惠敏：《价值星丛——超越中西二元对立思维的一种理论出路》，《探索与争鸣》2015 年第 7 期。

孔祥俊：《我国知识产权保护的反思与展望——基于制度和理念的若干思考》，《知识产权》2018 年第 9 期。

李琛：《论知识产权法的体系化》，北京大学出版社 2005 年版。

李春锋：《知识产权国际保护 WIPO 体系与 TRIPS 体系的价值冲突与协调——以平衡发展中国家与发达国家的利益为视角》，《知识产权法研究》2011 年第 1 辑。

李玲娟、温珂：《新形势下我国知识产权全球治理环境挑战与对策建议》，《中国科学院院刊》2019 年第 8 期。

李晓辉：《立法论证：现代法律的正当性基础》，《甘肃理论学刊》2015 年第 5 期。

李昕蕾：《国际政治中的国家学习机制与话语建构：中国能源安全观念的绿化及其对能源和气候外交的影响》，《复旦国际关系评论》2013 年第 1 期。

李雨峰：《论专利公开与排他利益的动态平衡》，《知识产权》2019 年第 9 期。

梁志文：《政治学理论中的隐喻在知识产权制度调适中的运用》，《政治与法律》2010 年第 7 期。

蔺雪春：《全球环境话语与联合国全球环境治理机制相互关系研究》，博士学位论文，山东大学，2008 年。

刘北成：《福柯思想肖像》，上海人民出版社 2001 年版。

刘良灿、张同建：《知识产权战略与自主技术创新的联动效应研究——基于我国产业集群升级的视角》，《特区经济》2011 年第 7 期。

刘劭君：《知识产权国际规则的内在逻辑、发展趋势与中国应对》，《河北法学》2019 年第 4 期。

刘涛：《环境传播：话语、修辞与政治》，北京大学出版社 2011 年版。

刘涛：《新社会运动与气候传播的修辞学理论探究》，《国际新闻界》2013 年第 8 期。

刘雪凤：《知识产权全球治理视角下 NGO 功能研究》，知识产权出版社 2012 年版。

刘银良：《国际知识产权政治问题研究》，知识产权出版社 2014 年版。

刘雨辰、杨鲁慧：《国际秩序转型视域下中国的角色转换》，《浙江大学学报》（人文社会科学版）2018 年第 5 期。

刘志云：《国际法研究的建构主义路径》，《厦门大学学报》（哲学社会科学版）2009 年第 4 期。

刘志云：《国际机制理论与国际法学的互动：从概念辨析到跨学科合作》，《法学论坛》2010 年第 2 期。

马一德：《全球治理大局下的知识产权强国建设》，《知识产权》2021 年第 10 期。

马一德：《完善中国特色知识产权学科体系、学术体系、话语体系》，《知识产权》2020 年第 12 期。

马一德：《中国在知识产权上不输理》，《奋斗》2019 年第 12 期。

马忠法、谢迪扬：《〈中美经贸协议〉与我国知识产权法律应对》，《武大国际法评论》2020 年第 6 期。

毛艳：《中国气候外交议题策略探析》，《国际展望》2011 年第 1 期。

冒婷婷、吕苏榆：《美国知识产权保护规则的新一轮变迁——以〈双边投资协定〉为拓展的保护手段》，《科技管理研究》2016 年第 8 期。

苗红娜：《国际政治社会化：国际规范与国际行为体的互动机制》，《太平洋学报》2014 年第 10 期。

亓光：《政治话语分析的基础理论阐释：理论前提、问题域与实践性诠释》，《政治学研究》2020 年第 1 期。

任琳，黄宇韬：《技术与霸权兴衰的关系——国家与市场逻辑的博弈》，《世界政治与经济》2020 年第 5 期。

任希鹏：《美欧跨大西洋关系的中国挑战》，《文化纵横》2020 年第 5 期。

邵科：《跨界的视域：西方知识产权研究菁藻与东方观察》，《人大法律评论》2019 年第 2 期。

邵科：《知识产权公众阵营之后现代主义倾向》，《政法论丛》2014 年第 6 期。

邵则宪：《昭隆传统之大美：中国文化如何成为全球治理的建构者》，清华大学出版社 2019 年版。

申长雨：《迈向知识产权强国之路——知识产权强国建设基本问题研究》，知识产权出版社 2016 年版。

沈太霞：《立法合理性问题研究》，《暨南学报（哲学社会科学版）》2012 年第 12 期。

盛建明、钟楹：《关于 WTO"协商一致"与"一揽子协定"决策原则的实证分析及其改革路径研究》，《河北法学》2015 年第 8 期。

宋涛：《再殖民化与抵抗政治——国际知识产权保护的后现代性剧场》，

《科技与法律》2011 第 2 期。

苏长和：《共生型国际体系的可能——在一个多极世界中如何构建新型大国关系》，《世界经济与政治》2013 年第 9 期。

孙吉胜：《从话语危机到安全危机：机理与应对》，《国际安全研究》2020 年第 6 期。

孙吉胜：《国际关系理论中的语言研究：回顾与展望》，《外交评论》2009 年第 1 期。

唐纲：《中等强国参与全球治理研究——议程设置的视角》，博士学位论文，上海外国语大学，2012 年。

唐世平：《国际秩序变迁与中国的选项》，《中国社会科学》2019 年第 3 期。

唐艳：《知识产权私权话语表达之探讨——以对〈TRIPS 协定〉"private rights"的翻译为切入点》，《知识产权》2013 年第 4 期。

田旭：《人类命运共同体与全球治理民主化的中国方案》，《党政研究》2019 年第 6 期。

万勇：《知识产权全球治理体系改革的中国方案》，《知识产权》2020 年第 2 期。

王博雅：《知识产权密集型产业国际竞争力问题研究及政策建议》，《知识产权》2019 年第 11 期。

王达、李征：《全球疫情冲击背景下美国对华"脱钩"战略与应对》，《东北亚论坛》2020 年第 5 期。

王赓武等：《国际秩序的构建：历史、现在和未来》，《外交评论》（外交学院学报）2015 年第 6 期。

王金强：《知识产权保护与美国的技术霸权》，《国际展望》2019 年第 4 期。

王烈琦：《知识产权激励论再探讨——从实然命题到应然命题的理论重构》，《知识产权》2016 年第 2 期。

王迁：《〈马拉喀什条约〉简介》，《中国版权》2013 年第 5 期。

王迁：《论〈马拉喀什条约〉及对我国著作权立法的影响》，《法学》2013 年第 10 期。

王守文、宋林洁：《中美贸易战背景下知识产权异质均衡保护研究》，《知识产权》2018 年第 11 期。

王伟男：《国际气候话语权之争初探》，《国际问题研究》2010 年第 4 期。

王泽君：《"一带一路"倡议与知识产权区域制度一体化问题研究》，《电子知识产权》2019 年第 4 期。

魏磊杰:《全球化时代的法律帝国主义与法治话语霸权》,《环球法律评论》2013 年第 5 期。

温芳芳:《专利计量与专利合作》,中国社会科学出版社 2015 年版。

翁里、唐卓然:《绿屋会议改革研究:构建 WTO 决策机制中的"埃俄罗斯之风"与"忒弥斯之秤"》,《时代法学》2013 年第 6 期。

翁青青:《气候外交话语中的隐喻和身份构建——以英国、加拿大、中国在历次气候大会上的发言为例》,《当代亚太》2013 年第 5 期。

吴汉东:《人工智能时代的制度安排与法律规制》,《法律科学》(西北政法大学学报)2017 年第 5 期。

吴汉东:《知识产权的多元属性及研究范式》,《中国社会科学》2011 年第 5 期。

吴汉东:《知识产权的制度风险与法律控制》,《法学研究》2012 年第 4 期。

吴汉东:《中国知识产权法律变迁的基本面向》,《中国社会科学》2018 年第 8 期。

吴汉东、郭寿康:《知识产权制度国际化问题研究》,北京大学出版社 2010 年版。

吴猛:《福柯话语理论探要》,博士学位论文,复旦大学,2003 年。

吴瑛:《中国话语权生产机制研究——对外交部新闻发言人与西方媒体的解读》,博士学位论文,上海外国语大学,2010 年。

肖刚、杜德斌、戴其文:《中国区域创新差异的时空格局演变》,《科研管理》2016 年第 5 期。

肖尤丹:《历史视野中的著作权模式确定:权利文化与作者主体》,华中科技大学出版社 2011 年版。

谢晓尧、吴楚敏:《转换的范式:反思知识产权理论》,《知识产权》2016 年第 7 期。

刑玲、高信奇:《言语、行动与共识:协商民主的三重面向》,《学海》2013 年第 5 期。

熊洁:《知识产权保护的国际政治经济学:一项研究评估》,《世界经济与政治》2013 年第 2 期。

熊文聪:《后现代主义视角下的著作权的正当性及其边界——从个体权利到基于商谈的共识》,《政治与法律》2010 年第 6 期。

熊文聪:《事实与价值二分:知识产权法的逻辑与修辞》,华中科技大学出版社 2016 年版。

徐崇利：《软硬实力与中国对国际法的影响》，《现代法学》2012 年第 11 期。

徐红菊：《知识产权国际秩序构建的中国理念与路径》，《宏观经济研究》2017 年第 4 期。

徐秀丽、李小云：《发展知识：全球秩序形成与重塑中的隐形线索》，《文化纵横》2020 年第 1 期。

徐元：《美国知识产权强保护政策的国际政治经济学分析——基于霸权稳定论的视角》，《宏观经济研究》2014 年第 4 期。

徐元：《中国参与知识产权全球治理的立场与对策》，《国际经济法学刊》2018 年第 4 期。

许良：《恩格斯现代性批判思想研究》，上海财经大学出版社 2017 年版。

杨健：《知识产权国际保护制度：困境分析与正当性价值之追问》，《学术交流》2011 年第 12 期。

杨健：《知识产权国际法制探究》，博士学位论文，吉林大学，2013 年。

杨健：《中美贸易战视阈下知识产权保护"超 TRIPS 标准"发展趋势探究》，《北方法学》2019 年第 6 期。

杨静：《话语视角下的知识产权国际保护秩序：以 ACTA 立法进程为例》，《东方法学》2016 年第 1 期。

杨静：《欧盟贸易协定知识产权规范：演变、动因与趋势》，《商业研究》2013 年第 7 期。

杨静：《中日韩 FTA 谈判知识产权议题：基点、展望与策略》，《中国软科学》2014 年第 8 期。

杨静：《自由贸易协定知识产权条款研究》，法律出版社 2013 年版。

杨石华：《中国新闻传播学的国际话语体系建构：基于全球的学术变迁理论》，《新闻界》2019 年第 11 期。

杨延超：《我国知识产权的研究重点应当从"维权"转向"经营"》，《中国知识产权》2012 年第 9 期。

姚双云：《〈话语中的立场表达：主观性、评价与互动〉评介》，《外语教学与研究》2011 年第 1 期。

衣淑玲：《〈反假冒贸易协定〉谈判述评》，《电子知识产权》2010 年第 7 期。

衣淑玲：《国际人权法视角下〈TRIPS 协定〉的变革研究》，厦门大学出版社 2010 年版。

易继明：《国家治理现代化进程中的知识产权体制改革》，《法商研究》2017年第1期。

易继明：《后疫情时代"再全球化"进程中的知识产权博弈》，《环球法律评论》2020年第5期。

易继明、初萌：《后TRIPS时代知识产权国际保护的新发展及我国的应对》，《知识产权》2020年第2期。

易继明、李春晖：《我国知识产权制度及科技法律政策之新节点——评2017美对华301调查报告及我国之应对》，《陕西师范大学学报》（哲学社会科学版）2019年第1期。

尹锋林、肖尤丹：《以人工智能为基础的新科技革命对知识产权制度的挑战与机遇》，《科学与社会》2018年第4期。

于文婕：《世界知识产权组织的功能异化与中国定位》，《知识产权》2014年第12期。

余盛峰：《从GATT到WTO：全球化与法律秩序变革》，《清华法治论衡》2014年第1期。

余盛峰：《知识产权全球化：现代转向与法理反思》，《政法论坛》2014年第6期。

袁真富、郑舒姝：《反假冒贸易协定（ACTA）：制度评价及其国际影响》，《国际贸易问题》2012年第7期。

曾令良：《中国国际法学话语体系的当代构建》，《中国社会科学》2011年第2期。

詹映：《国际贸易体制区域化背景下知识产权国际立法新动向》，《国际经贸探索》2016年第4期。

张灿：《美国2020年特别301报告中关于我国商标制度的关切及其评论》，《中华商标》2020年第6期。

张海柱：《公共政策的话语建构》，博士学位论文，吉林大学，2014年。

张海柱：《话语与公共政策：政策制定的话语分析——以中国"新农合"决策过程为例》，《天府新论》2013年第6期。

张海柱：《环境政策论争的话语分析——以PM2.5争议与环境空气质量标准修订为例》，《太平洋学报》2012年第6期。

张惠彬：《从工具到财产：商标观念的历史变迁》，《知识产权》2016年第3期。

张惠彬：《后TRIPS时代国际知识产权保护新趋势——以〈反假冒贸易协定〉为考察中心》，《国际商务》（对外经济贸易大学学报）2013年第

6 期。

张慧斌：《商标财产化研究》，博士学位论文，西南政法大学，2014 年。

张建邦：《国际投资条约知识产权保护制度的现代转型研究》，《中国法学》2013 年第 4 期。

张丽君：《气候变化与中国国家形象：西方媒体与公众的视角》，《欧洲研究》2010 年第 6 期。

张猛：《反假冒贸易协定 ACTA 解析：标准之变与体制之争》，博士学位论文，吉林大学，2013 年。

张勤、朱雪忠：《知识产权制度战略化问题研究》，北京大学出版社 2010 版。

张谊浩、裴平、方先明：《国际金融话语权及中国方略》，《世界政治与经济》2012 年第 1 期。

赵骏：《全球治理视野下的国际法治与国内政治》，《中国社会科学》2014 年第 10 期。

赵克祥：《文化冲突与中国版权制度移植——基于典型话语的分析》，《知识产权》2014 年第 2 期。

赵亮：《马克思主义与中国特色知识产权制度建设》，《人民论坛》，2019 年第 33 期。

赵隆：《全球治理中的议题设定：要素互动与模式适应》，《国际关系研究》2013 年第 4 期。

赵万里、穆滢潭：《福柯与知识社会学的话语分析转向》，《天津社会科学》2012 年第 5 期。

周桂银等：《中国与国际秩序笔谈："观念与战略"》，《国际展望》2021 年第 1 期。

周宪：《福柯话语理论批判》，《文艺理论研究》2013 年第 1 期。

朱立群：《中国与国际体系：双向社会化的实践逻辑》，《外交评论》（外交学院学报）2012 年第 1 期。

朱雪忠、杨静：《中国知识产权话语策略研究：基于话语与秩序相互建构的视角》，《中国软科学》2017 年第 5 期。

朱振：《中国特色社会主义法治话语体系的自觉建构》，《法制与社会发展》2013 年第 1 期。

朱振明：《权力的消失：被扭曲的福柯——基于〈话语与社会变迁〉的分析》，《国际新闻界》2020 第 4 期。

庄琴芳：《福柯后现代话语观与中国话语建构》，《外语学刊》2007 年第

5 期。

邹彩芬等：《知识产权保护与技术创新关系研究》，《科技进步与对策》2015 年第 18 期。

二 英文文献

Annemarie Bridy, "Copyright Policymaking as Procedural Democratic Process: A Discourse-Theoretic Perspective on ACTA, SOPA, and PIPA", *Cardozo Arts and Entertainment Law Journal*, Vol. 30, No. 3, April 2012.

Asher Alkoby, "Global Networks and International Environmental Lawmaking: A Discourse Approach", *Chicago Journal of International Law*, Vol. 8, No. 2, February 2008.

Benjamin G. Damstedt, "Limiting Locke: A Natural Law Justification for the Fair Use Doctrine", *The Yale Law Journal*, Vol. 112, No. 5, March 2003.

Betty Yung, "Reflecting on the Common Discourse on Piracy and Intellectual Property Rights: A Divergent Perspective", *Journal of Business Ethics*, Vol. 87, No. 1, June 2009.

Brad Sherman, Lionel Bently, *The Making of Modern Intellectual Property Law: The British Experience*, 1760 – 1911, London: Cambridge University Press, 1999.

Carrie Shu Shang, Wei Shen, "Beyond Trade War: Reevaluating Intellectual Property Bilateralism in the US-China Context", *Journal of International Economic Law*, Vol. 24, No. 1, March 2021.

Charles F. Meyer, *English Corpus Linguistics: An Introduction*, Cambridge: Cambridge University Press, 2002.

Chidi Oguamanam, *Intellectual Property in Global Governance: A Development Question*, London: Routledge, 2013.

Christiana Ochoa, "Advancing the Language of Human Rights in a Global Economic Order: An Analysis of a Discourse", *Boston College Third World Law Journals*, Vol. 57, No. 23, January 2003.

David Green, *Shaping Political Consciousness: The Language of Politics in America from McKinley to Reagan*, New York: Cornell University Press, 1987.

David S. Levine, "Bring in the Nerds: Secrecy, National Security And The Creation Of International Intellectual Property Law", *Cardozo Arts & Entertainment Law Journal*, Vol. 30, No. 2, April 2012.

David S. Levine, "Transparency Soup: The ACTA Negotiating Process and 'Black Box' Lawmaking", *American University Washington College of Law*, Vol. 26, No. 3, February 2011.

Fiona Rotstein, "Is there an International Intellectual Property System? Is there an Agreement between States as to what the Objectives of Intellectual Property Laws should be", *European Intellectual Property Review*, Vol. 33, No. 1, February 2011.

Frank I. Schechter, "The Rational Basis of Trademark Protection", *Harvard Law Review*, Vol. 40, No. 6, 1927.

Graeme B. Dinwoodie, "Copyright Lawmaking Authority: An Inter Nationalist Perspective on the Treaty Clause", *Columbia Journal of Law and the Arts*, Vol. 30, No. 1, January 2007.

Graeme B. Dinwoodie, "The International Intellectual Property Law System: New Actors, New Institutions, New Sources", *Marquette Intellectual Property Law Review, Marquette Intellectual Property Law Review*, Vol. 10, No. 2, May 2006.

Graeme W. Austin, "Intellectual Property Politics and the Private International Law of Copyright Ownership", *Brooklyn Journal of International Law*, Vol. 30, No. 3, April 2005.

Iara Lessa, "Discursive Struggles within Social Welfare: Restaging Teen Motherhood", *British Journal of Social Work*, Vol. 36, No. 2, February 2006.

J. A. Conti, *Between Law and Diplomacy: The Social Contexts of Disputing at the World Trade Organization*, California: Stanford University Press, 2010.

Jeffrey Scott McGee, "Exclusive Minilateralism: An Emerging Discourse within International Climate Change Governance", *Journal of Multidisciplinary International Studies*, Vol. 8, No. 3, September 2011.

Joseph Blocher, "Public Discourse, Expert Knowledge, and the Press", *Washington Law Review*, Vol. 87, No. 2, June 2012.

Joseph Stiglit, *Making Globalization Work*, New York City: W. W. Norton & Company, Inc., September 17, 2006.

Joseph S. Nye, "Soft Power and American Foreign Policy", *Political Science Quarterly*, Vol. 119, No. 2, Summer 2004.

Laurence R. Helfer, "Regime Shifting: The TRIPs Agreement and New Dynamics of International Intellectual Property Lawmaking", *The Yale Journal of*

International Law, Vol. 29, No. 13, January 2004.

Lewrence Lessig, *Free Culture: How Big Media Uses Technology and the Law to Lock Down Culture and Control Creativity*, London: Penguin Books, 2004.

Lionel Bently, Jennifer Davis, Jane C. Ginsburg, *Copyright and Piracy: An Interdisciplinary Critique*, London: Cambridge University Press, 2010.

Maarten Hajer, "Discourse Coalitions and the Institutionalization of Practice: The Case of Acid Rain in Great Britain", in Frank Fische, John Forester and Durham, *The Argumentative Turn in Policy Analysis and Planning*, London: Duke University Press, 1993.

Margo A. Bagley, "Academic Discourse And Proprietary Rights: Putting Patents In Their Proper Place", *Boston College Law Review*, Vol. 47, No. 1, April 2006.

Moira Chimombo, Robert L. Roseberry, *The Power of Discourse: An Introduction to Discourse Analysis*, New York: Routledge, 1998.

Muzaka V. Linkages, "Contests And Overlaps in the Global Intellectual Property Rights Regime", *European Journal of International Relations*, Vol. 17, No. 4, December 2011.

M. Peng et al., "History and the Debate Over Intellectual Property", *Management and Organization Review*, Vol. 13, No. 1, March 2017.

Norman Fairclough, *Discourse and Social Change*, Cambridge: Polity Press, 1992.

Oliver Budzinski, Katelin Monostori, "Intellectual Property Rights and the WTO: Innovation Dynamics. Commercial Copyrights and International Governance", *International Law Research*, Vol. 1, No. 1, 2012.

Patrick Russell Goold, "The Evolution of Normative Legal Scholarship: The Case of Copyright Discourse", *European Journal of Legal Studies*, Vol. 2, No. 35, March 2013.

Peter Drahos, "Developing Countries and International Intellectual Property Standard-Setting", *Journal of World Intellectual Property*, Vol. 5, No. 5, November 2005.

Peter Drahos, "Global Property Rights in Information: The Story of TRIPS at the GATT", *Prometheus*, Vol. 13, No. 1, June 1995.

Peter K. Yu, "China's Innovative Turn and the Changing Pharmaceutical Landscape", *University of the Pacific Law Review*, Vol. 51, No. 3, September 2020.

Peter K. Yu, "TRIPs and its Discontents", *Marquette Intellectual Property Law*

Review, Vol. 10, No. 2, March 2006.

Robert J. Cox, *Environmental Communication and the Public Sphere*, Thousand Oaks: Sage Publications, 2006.

Robin Jacob, "International Intellectual Property Litigation in the Next Millennium", *Case Western Reserve Journal of International Law*, Vol. 32, No. 3, 2000.

Rohit Malpani, "All Costs, No Benefits: How the US-Jordan Free Trade Agreement Affects Access to Medicines", *Journal of Generic Medicines*, Vol. 6, No. 3, May 2009.

Ron Harris, "The Transplantation of the Legal Discourse on Corporate Personality Theories: From German Codification to British Political Pluralism and American Big Business", *Washington and Lee Law Review*, Vol. 63, No. 4, September 2006.

Susan K. Sell, "The Rise and Rule of a Trade-Based Strategy: Historical Institutionalism and the International Regulation of Intellectual Property", *Review of International Political Economy*, Vol. 17, No. 4, October 2010.

Susan K. Sell, Christopher May, "Moments in law: contestation and settlement in the history of intellectual property", *Review of International Political Economy*, Vol. 8, No. 3, August 2001.

Susan K. Sell, *Private Power, Public Law: The Globalization of Intellectual Property Rights*, Cambridge: Cambridge University Press, 2003.

Tai-Heng Cheng, "Power, Norms, and International Intellectual Property Law", *Michigan Journal of International Law*, Vol. 28, No. 1, Fall 2006.

Thomas A. Birkland, "Agenda Setting in Public Policy", in Frank Fischer, Gerald Miller, Mara Sidney, eds. *Handbook of Public Policy Analysis: Theory, Politics Methods*, Boca Raton: CRC Press, 2007.

Zellig S. Harris, "Discourse Analysis", *Language*, Vol. 28, No. 1, 1952.

后　记

本书落笔于知识产权国际保护的"话语"与"秩序",实际还关涉知识产权保护的"理论"与"规则"。理论是话语的源泉和思想基础,理论深度决定话语力度;话语是理论的外在表达,理念作为语词的现实核心,从深处被释放出来,并行使其赋名权;规则驻泊于话语之中,与话语实践密切相关;秩序则源于规则的建立和维护。"理论""话语""规则"与"秩序"因循关联。本书试图以话语为进路,在知识产权理论、国际保护的规则与秩序之间经纬穿梭,观察知识产权国际规范的兴起、扩散与内化,提供一种对现行知识产权治理模式及话语机制进行审视与反思的思维和视角,提供一种对知识产权国际秩序演进与变动的解释。话语规训着学术研究的眼界所及与思考方向,"不是我在说话,而是话在说我",本书内容的是非曲直留由诸位看官评判。

本书在我的博士学位论文基础上经实质性修改而成,深深的谢意首先要送给平生最敬重的恩师朱雪忠教授。回首求学期间和老师的相处,点点滴滴难以忘怀,倍感珍惜。恩师潜心学术、治学严谨;积累厚重、贡献良多;教书育人、关爱学生;实为楷模、堪称典范!感谢老师的垂青和提携,使学生得到了深造、进步的机遇;感谢老师的悉心指导,使学生拓宽了学术视野,领悟了治学之道;感谢老师的殷切期望,鞭策学生不敢懈怠。高山仰止,景行行止,期待以恩师为榜样,在学术道路上不断跋涉和前行。

特别感谢著名知识产权学者吴汉东教授的关心和帮助。书稿修改过程中幸得吴老师赐教,建议修改书名以契合研究主旨与研究内容的变化;提示修改思路,以此为基础对书稿进行了若干重要增删改动。与众多知识产权同仁的经历类似,我的知识产权学习研修之路深受吴汉东教授学术思想的滋养与启迪,一路伴随着研读吴老师的经典著述与智慧文字成长起来。"知识产权的法律之光,当为保护私人知识财产的智慧之光,更是维护社会知识进步的理性之光"——吴汉东教授学术贡献的事业之光和启迪后学的师道之光,也将鼓舞、指引我辈在求知道路上远行不辍。

衷心感谢国家社科基金后期资助项目的支持,使本成果得以面见世人。还要感谢匿名评审过程中五位学界大咖一语中的、高屋建瓴的修改建议,为学海一叶扁舟的我启示了论题的开放性、纵深性以及进一步研讨的方向与进路,展示了学术求知的星辰大海与无限可能。

问学求道识愈新。我珍视"2016年度全国知识产权类优秀博士学位论文第一名"的荣誉,本书虽已成稿,但对这一论题的研究思考与勤笔积撰仍将持续下去。